D1641240

Politik im Taschenbuch

Band 22

Georg Werckmeister

Die Jobmaschine

Mit Produktideen
Arbeitsplätze
schaffen

Verlag J. H. W. Dietz Nachfolger

Herausgegeben von Frank D. Karl
Friedrich-Ebert-Stiftung

Die Deutsche Bibliothek – CIP-Einheitsaufnahme

Werckmeister, Georg:
Die Jobmaschine : mit Produktideen Arbeitsplätze schaffen /
Georg Werckmeister. [Hrsg. von Frank D. Karl]. –
Bonn : Dietz, 1998
(Politik im Taschenbuch ; Bd. 22)

ISBN 3-8012-0267-4

Inhalt

1. Arbeitslosigkeit

Wachsender Zorn erfüllt zunehmende Teile der Bevölkerung. Zorn und Unverständnis über ein Ausmaß von Arbeitslosigkeit, das schon offiziell fast die Fünf-Millionen-Marke erreicht hat,

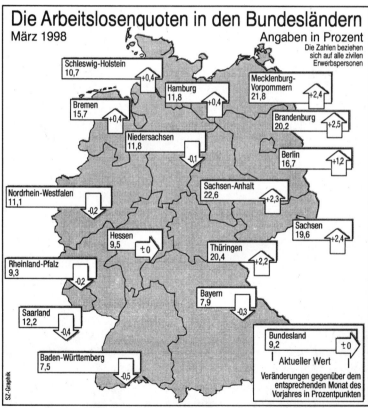

Die Arbeitslosenquoten in den Bundesländern

März 1998

Angaben in Prozent

Die Zahlen beziehen sich auf alle zivilen Erwerbspersonen

Schleswig-Holstein
10,7
+0,4

Hamburg
11,8
+0,4

Mecklenburg-Vorpommern
21,8
+2,4

Bremen
15,7
+0,4

Brandenburg
20,2
+2,5

Niedersachsen
11,8
-0,1

Berlin
16,7
+1,2

Nordrhein-Westfalen
11,1
-0,2

Sachsen-Anhalt
22,6
+2,3

Sachsen
19,6
+2,4

Hessen
9,5
±0

Thüringen
20,4
+2,2

Rheinland-Pfalz
9,3
-0,2

Bayern
7,9
-0,3

Saarland
12,2
-0,4

Bundesland
9,2
±0

Aktueller Wert

Baden-Württemberg
7,5
-0,5

Veränderungen gegenüber dem entsprechenden Monat des Vorjahres in Prozentpunkten

SZ-Graphik

Saisonbedingt sank die Zahl der Arbeitslosen im März um 196 000 Personen auf 4,623 Millionen. Die Arbeitslosenquote verringerte sich um einen Punkt auf 12,1 Prozent. Im März 1997 hatte sie 11,7 Prozent betragen.

wobei jeder weiß, daß die nicht ausgewiesene Erwerbslosigkeit, etwa der Schul- und Hochschulabgänger, die keinen Anspruch auf Arbeitslosenunterstützung haben, nochmals zwei bis drei Millionen ausmacht. Und diese Arbeitslosigkeit steigt ungebremst weiter, betrachtet man nur die Personalstrategien der Unternehmen und die Kostenbelastung der öffentlichen Hand, und fällt nicht dem Zweckoptimismus eines dazu berufenen Ministers zum Opfer, der tapfer eine Wende am Arbeitsmarkt herbeisieht.

Unverständnis ergreift viele darüber, daß nichts Durchgreifendes gegen die anwachsende Arbeitslosigkeit unternommen wird. Die Maßnahmen, die von den Konservativen und Liberalen als Voraussetzungen zum Abbau der Arbeitslosigkeit bezeichnet wurden, haben, für alle sichtbar, diesen Zweck nicht erfüllt: weder die Abschaffung der Gewerbekapitalsteuer noch die Kürzung der Lohnfortzahlung, weder die Verlängerung der Lebensarbeitszeit noch moderate Lohnabschlüsse oder die Verlängerung der Ladenöffnungszeiten; auch nicht die anderen fünfzig Vorhaben, die abgearbeitet zu haben die letzte Bundesregierung sich rühmte. Die Absichtsbekundungen bleiben abstrakt, auch die ruhmlos begrabene Halbierung der Arbeitslosigkeit bis zum Jahre 2000. Wenn die SPD zu der richtigen Erkenntnis gelangt ist, daß Innovation der entscheidende Punkt ist, um gegen Arbeitslosigkeit vorzugehen, so bleibt es bisher jedenfalls bei der Durchführung eines Kongresses, beim meisterhaft gelungenen Besetzen des Begriffs. Viele Kommentatoren bemerken jedoch, daß es bisher an der konkreten Ausfüllung fehlt. Das aber ist der treibende Beweggrund für dieses Buch: aufzuzeigen, daß und wie konkrete Maßnahmen zur Schaffung von neuen Arbeitsplätzen, zur Innovation, durchgeführt werden können.

Arbeitslosigkeit grenzt aus. Wer keine – bezahlte – Arbeit hat, fällt der Armut und der Abhängigkeit von öffentlicher Unterstützung anheim, die noch dazu ständig verringert wird. Und es fehlt eine Einbeziehung von Fähigkeiten und sinnstiftenden gesellschaftlichen Zusammenhängen: tätig zu sein für andere, die wiederum für einen selbst tätig sind. Ohne diesen Austausch und diese reale Kommunikation gehen dem Leben Halt und Richtung, Selbstwert und Anerkennung verloren. Gewaltbereitschaft und Kriminalität, Fremdenfeindlichkeit und andere Formen der Abneigung zwischen Bevölkerungsgruppen nehmen zu: zwischen Jung und Alt, Männern und Frauen, Ost und West. Die Demokratie verliert ebenso an Rückhalt wie die soziale Marktwirtschaft.

Keineswegs ist damit gesagt, daß Erwerbsarbeit immer eine abhängige Beschäftigung sein müßte. Gerade auch die Zahl der Selbständigen muß steigen, zumal eine Existenzgründung im Durchschnitt vier weitere Arbeitsplätze schafft. Und es ist sicher richtig, daß auch innerhalb der Unternehmen der selbständig denkende Mensch zunehmend gefordert ist. Abhängig beschäftigt zu sein ist eine Notwendigkeit, kein eigener Wert. Selbstbestimmung und Freiheit, auch in der Wirtschaft, bleiben die Werte, denen wir uns, auch mit den zunehmenden Möglichkeiten der technologischen Entwicklung, weiter annähern können.

Das Modell einer unbezahlten, ehrenamtlichen Tätigkeit, einer Bürgerarbeit, kann die Aufgabe der Integration in die Gesellschaft allein wohl kaum erfüllen. Ohne existenzsicherndes Einkommen ist es nur eine Lösung für Menschen, die eine andere Einkommensquelle besitzen. Statt dessen müssen Lösungen gesucht werden, wie die gewaltig anwachsenden Produktionsmöglichkeiten der gesamten Bevölkerung zugänglich gemacht werden können. Es kann doch nicht angehen, daß achtzig Prozent der Bevölkerung im Elend leben, statt den Reichtum zu konsumieren, den die Produktionsanlagen hervorbringen, wenn – wie manche voraussagen – achtzig Prozent der Arbeit wegrationalisiert und automatisiert werden.

Die Erwartung vom Ende der Erwerbsarbeit hat sich bisher nicht erfüllt und wird dies wohl auch in naher Zukunft nicht tun. Im Gegenteil: Immer mehr Frauen streben nach einer eigenen beruflichen Existenz und Unabhängigkeit. Menschen aus anderen Ländern suchen bei uns Arbeit. Die »jungen Alten« wollen sich nicht mehr so schnell aufs Altenteil abschieben lassen.

Was sich hingegen ändert, ist der Inhalt der Arbeit. Mit dem Übergang vom Industrie- zum Informationszeitalter treten vielfach intellektuelle an die Stelle manueller Tätigkeiten. Dies zeigt sich auch an dem veränderten Ausbildungssystem, etwa in der Verzehnfachung der Zahl der Studierenden. Manuelle Produktion fällt aber nicht einfach weg. Sie wird angereichert durch Information und Dienstleistung. Produkte und Werkstoffe werden »intelligenter«. Der Zusammenhang des materiellen Produkts mit schnellen Entwicklungszyklen, engem Kundenkontakt zur Weiterentwicklung, verbessertem weltweitem Service, mit einem Wort: die sogenannte servoindustrielle Kompetenz, bringt eine neue Kombination der immateriellen mit der materiellen Produktion hervor, aber nicht deren Wegfall.

Ein anderer vordringlicher Bereich von Innovation, von neuen Produkten und Dienstleistungen ist der Umweltschutz. Wir haben soviel an natürlichen Lebensgrundlagen unwiderruflich zerstört, daß heute bereits die Existenzbedingungen der Menschheit, der Tier- und Pflanzenwelt auf unserem Planeten bedroht sind. Wir können aber auch vieles tun, um Arbeitsplätze zu schaffen, die die Umwelt retten: Anlagen zur Erzeugung erneuerbarer Energie etwa, für den sauberen Antrieb, um die Luft in unseren Städten wieder zum Atmen geeignet zu machen, und vieles andere.

Diese neuen Tätigkeiten müssen aber erst geschaffen werden. Sie entstehen nicht im Selbstlauf, sondern sind wie jede wirtschaftliche Aktivität das Werk von Menschen, nicht von anonymen oder gar blinden Marktkräften. Dazu muß man etwas tun, können *wir* und müssen *wir* etwas tun: Das ist der Gegenstand dieses Buches. Das schulden wir den Arbeits- und Erwerbslosen. Das schulden wir aber auch den Beschäftigten, damit sie nicht arbeitslos werden.

2. Job Creation: Arbeitsplätze schaffen

Es dürfte keinen Zweifel daran geben, daß die vordringlichste Aufgabe zur Bewältigung der Arbeitslosigkeit darin besteht, neue Arbeitsplätze zu schaffen. Jedes Unternehmen, das heute besteht, hat das einmal getan. Wir können daraus lernen, wie Unternehmen Arbeitsplätze aufbauen: Sie haben ein Produkt oder eine Dienstleistung an den Markt gebracht, haben Abnehmer dafür gefunden und die notwendigen Voraussetzungen für die laufende Produktion geschaffen: von der Finanzierung bis zur Werbung, von der Konstruktion bis zum Versand, mit all den dazwischenliegenden Betriebsfunktionen.

Das Problem liegt nun darin, daß zu viele dieser Arbeitsplätze heute durch Rationalisierung und Kosteneinsparung beseitigt werden und zu wenige neue entstehen. Neben all den vielen Ansätzen, die heute zu diesem Problem vorgeschlagen und manchmal auch praktiziert werden, soll im folgenden ein Konzept dargestellt werden, *wie Arbeitnehmer Anstöße zur Schaffung von Arbeitsplätzen geben können.* Denn es geht nicht nur um die, die schon arbeitslos sind, sondern auch um die, die heute noch Arbeit haben und in Gefahr sind, sie gleichfalls zu verlieren. Zu viele von ihnen grenzen sich von den Arbeitslosen ab, meist aus Angst vor deren Schicksal, und reden sich ein, so etwas könne ihnen nicht passieren, stecken den Kopf in den Sand, oder, je nach Naturell, den Sand in den Kopf, obgleich sie doch vorbeugend etwas tun könnten und müßten, um nicht erwerbslos zu werden.

Die Methode besteht darin, Vorschläge und Ideen zu benennen, wie *im eigenen Unternehmen zusätzliche Produkte oder Dienstleistungen erbracht* werden können. Denn den Mitarbeitern ist bekannt, worin ihr Potential und das ihres Betriebes besteht, und oft auch, wo es nicht ausgeschöpft wird. Sie kennen vielfach die Bedürfnisse der Kunden und des Marktes, die nicht immer in allen Segmenten bedient werden. Sie kennen auch die Widerstände in ihren Hierarchien, die Bedenken, das notwendige Kapital zu investieren und ein Risiko einzugehen, das mit steigendem Kapitalbedarf ebenfalls immer größer wird. Sie kennen die Kolleginnen oder Kollegen, die solche Ideen und Projekte entwickelt haben und glücklich wären, dafür Unterstützung zu finden. Den meisten Außenstehenden ist das unendlich harte Schicksal der Innovatoren kaum bekannt, die fast immer auf den Widerstand der vorhandenen Strukturen stoßen und gemobbt, fertiggemacht und ausgegrenzt werden, obgleich es doch sie sind, denen das Unternehmen und die Gesellschaft vieles verdankt, was sie hat; denn alles, was heute so selbstverständlich erscheint, war einmal neu und mußte erst durchgesetzt werden.

Die Mitarbeiter kennen auch die oft irrationalen Widerstände. Fast normal ist es, daß die etablierten Bereiche eines Unternehmens sich gegen die Einführung neuer Produkte sperren. Denn die Repräsentanten des bisherigen Leistungsangebotes haben ihre Stellung, ihren Aufstieg und ihre Qualifikation mit dem bestehenden Spektrum verbunden und betrachten, nicht immer zu Unrecht, jede Neuerung als eine Bedrohung ihrer beruflichen Stellung. Ihnen müssen Auswege und Übergänge aufgezeigt werden, damit nicht an ihrem Widerstand Vorhaben scheitern, die für das Unternehmen im ganzen überlebensnotwendig sind.

Es wird deutlich, daß für eine Innovationsstrategie zur Sicherung und Schaffung von Arbeitsplätzen nicht an den Mitarbeitern der Betriebe vorbeigegangen werden kann. Die sogenannten japanischen Produktionskonzepte – in Wahrheit ein Re-Import unserer Humanisierungsvorstellungen aus den 70er Jahren – beruhen darauf, das Wissen der Beschäftigten aufzugreifen, um betriebliche Abläufe zu verbessern und Rationalisierungsreserven zu erschließen. Hier gilt es anzusetzen: das Wissen der Angestellten und Arbeiter nicht nur für solche *Prozeßinnovationen* einzusetzen, die Arbeitsplätze reduzieren, sondern auch für *Produktinnovationen,* die zusätzliche Arbeitsplätze schaffen.

Es geht aber nicht nur um die Ausweitung des Leistungsangebotes, um die weitergehende Nutzung des betrieblichen Human-
und Sachkapitals, um Diversifikation. Es geht auch um die Erneuerung des vorhandenen Produktspektrums.

Jedes Unternehmen muß seine Produktpalette irgendwann erneuern. Die Abstände dafür werden – nicht zuletzt unter dem
Druck der weltweiten Konkurrenz – immer kürzer. Leider unter-
liegen viele Unternehmen der Ideologie, sie könnten ihre Wettbewerbsfähigkeit vorrangig durch Kostensenkungen, besonders
Personalabbau, sichern. Das ist jedoch eine recht vordergründige
Betrachtung. Was würden wir von einem Landwirt halten, der

Produktpalette

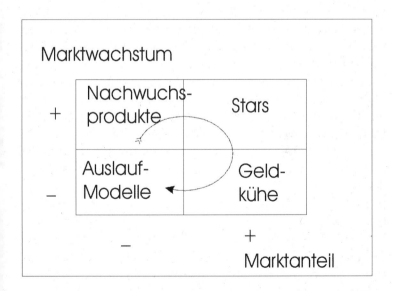

Lebenszyklus von Produkten

glaubt, er könne ernten, ohne zuvor gesät zu haben? Der wirkliche Zusammenhang besteht in folgendem: Wenn ein Produkt schon länger auf dem Markt ist, tritt es zunehmend in Wettbewerb zu anderen Herstellern, besonders solchen, die in Ländern mit niedrigeren Löhnen angesiedelt sind und Produkte kopieren, also den Entwicklungsaufwand einsparen. In einem Kostensenkungswettbewerb zu bestehen, ist meist aussichtslos und führt zu Verlusten und schließlich zur Einstellung der Fertigung.

Die bessere und vorwärtsgerichtete Strategie ist es, die eigenen Produkte ständig zu erneuern, weiterzuentwickeln, zu verbessern und damit im Wettbewerb vorn zu bleiben. Die Konkurrenz sollte auf der Leistungsseite und nicht so sehr auf der Kostenseite stattfinden. Ebenso sollten Menschen – die Arbeitnehmer – nicht als Kostenträger abgebaut, sondern als Leistungsträger für mehr Arbeitsplätze eingesetzt werden. Deshalb ist *Innovation* so wichtig, nicht nur als Prozeßinnovation, die die Kosten senkt, sondern verstärkt als Produktinnovation, die neue Geschäftsfelder erschließt. Jedes Produkt veraltet irgendwann und muß durch ein neues ersetzt werden, sonst stirbt der entsprechende Geschäftszweig ab. Die erfolgreichen Unternehmen lernen aus den Mängeln ihrer alten Produkte, aus den Rückmeldungen über die Erfahrungen und Bedürfnisse ihrer Kunden, wie das neue Produkt gestaltet sein muß.

Neue Märkte mit Innovationen

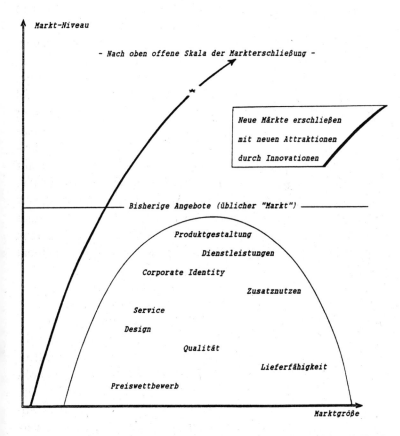

Für Innovation gibt es keine gesättigten Märkte. Integrierte Lösungen sind attraktiver als Einzelprodukte. Dringlicher Bedarf weiß passende Spitzenleistungen zu schätzen. Neuere Erkenntnisse über aktuelle Chancen eröffnen neue Dimensionen.

Quelle: Joachim Lund, WFS Wachstums-Förderungs-Strategie
(Kaiserallee 30, 12277 Berlin, Telefon 030/7211505, Telefax 030/7211512).

Handlungsebene: Taten statt Daten

Und schließlich geht es darum, nicht bei Ideen und Vorschlägen stehenzubleiben. Die Abgrenzung fällt nicht ganz leicht zwischen unserer eigenen Handlungskompetenz und der der anderen Akteure. Die häufigste Selbstbegrenzung liegt darin, Forderungen an andere zu richten, diese aber dann nicht weiterzuverfolgen. Das reicht in den seltensten Fällen aus, vor allem, wenn die Forderungen mit einer Vorwurfshaltung verbunden werden. Dann sperrt sich der Angesprochene zumeist. Notwendig ist es hingegen, auf die *Engpässe* zu achten: Warum greift der Adressat unseren Vorschlag nicht auf? Können wir ihm zur Überwindung dieses Widerstandes Vorschläge machen? Welche anderen Personen und Institutionen können wir noch einbeziehen? Mit einem Satz: Der Verwirklichungsprozeß des Vorschlags muß *organisiert* werden durch *Vernetzung der Akteure*.

Insgesamt gilt: Wir dürfen nicht auf der Informationsebene stehenbleiben, sondern müssen zum konkreten Handeln vorstoßen. Analysen und Datensammlungen reichen zur Lösung eines Problems nicht aus. Wort und Tat, Information und Aktion gehören zusammen wie Kopf und Hand, Arbeiter und Angestellte. Vielleicht ist es ein Mißverständnis über den Charakter der heraufziehenden Informationsgesellschaft, daß heute so viele Bemühungen auf der Informationsebene verbleiben. Eine zunehmende Kritik in der Bevölkerung nennt das dann Sprechblasen oder Worthülsen, symbolische Politik oder Verkündungsrhetorik. Ganz so neu ist die Erscheinung jedoch nicht, wie das Zitat aus Schillers Wallenstein zeigt:

> *Leicht beieinander wohnen die Gedanken,*
> *doch hart im Raume stoßen sich die Sachen.*

Handeln ist wesentlich arbeitsaufwendiger und konfliktreicher als Reden. Das darf aber kein Grund sein, dem Handeln auszuweichen. Daß es möglich ist, und wie es getan werden kann, soll weiter unten eine Reihe von Handlungsbeispielen zeigen.

Handeln ist immer konkret. Man muß sich also auf konkrete Vorschläge einlassen, bestimmte Produkte und Projekte bezeichnen. Es genügt nicht, bei Obertiteln stehenzubleiben, z. B. »Mehr staatliche Investitionen«, oder bei groben Geschäftsfeldern wie »Umweltschutz« oder »Verkehr«. Für die Menschen, die sich auf den abstrakten Politikebenen wie in einem Raumschiff bewegen, ist das »Herunterbrechen« oft sehr schwer. Die Machtverwalter in den Zentralen bilden sich häufig ein, ohne die lebendigen Menschen in der Praxis alles selbst beurteilen und bewegen zu können. Hier kommt es entscheidend darauf an, die konkreten Erfahrungen und Lösungsvorschläge aufzugreifen, über die die Menschen auf der realen Handlungsebene verfügen: Mitarbeiter, Manager, Erfinder, Unternehmer . . . Nur 16 Prozent aller Menschen seien kreativ, behauptet eine Untersuchung aus der Kreativitätsforschung. Vermutlich ist Kreativität den anderen aberzogen worden, solange man Heerscharen von weisungsgebundenen

Gefolgsleuten für die hierarchisch-arbeitsteilig (tayloristisch) organisierten Fabriken heranziehen wollte. Umso wichtiger ist es, die guten und praktikablen Ideen der Menschen, ihre Phantasie bei der Lösung von Problemen, ihre Kreativität und ihren Einfallsreichtum zu fördern, ernst zu nehmen und aufzugreifen: Es sind Goldkörner, die auch einen hohen wirtschaftlichen Wert besitzen. Denn die Erarbeitung von Neuvorschlägen kostet wertvolle Zeit, aber sie sind wirtschaftlich nutzbar. Es mag sein, daß nicht alle Vorschläge brauchbar sind; daß es gute und weniger gute gibt; aber auch dann ist es eine verantwortungsvolle Aufgabe, die Spreu vom Weizen zu scheiden und nicht alles zu verwerfen, weil es auch untaugliche Vorschläge gibt.

Ob Problemlösungskompetenz vorhanden ist oder nicht, ist auch ausschlaggebend für die Fähigkeit zum konstruktiven Verhalten. Wer keine eigenen Ideen hat, besitzt statt dessen zwei andere Optionen: entweder dagegen sein, was andere tun, oder kritiklos dafür sein. Beides trägt nicht zur Lösung unserer Probleme bei. Wenn jemand sich als »Genosse der Bosse« bezeichnen läßt und damit andeutet, man müsse alles tun, was die Wirtschaft will, würde er seine Aufgabe genauso verfehlen wie jemand, der alles ablehnt, nur weil es von den Unternehmern kommt.

Selbstverantwortung

Die kreative Aufgabe besteht in der *Vermittlung* unterschiedlicher, ja auch gegensätzlicher Standpunkte. Die jüngste Geschichte hätte uns lehren können, daß nicht der Satz richtig ist, der sagt: »In Gefahr und größter Not bringt der Mittelweg den Tod.« Nicht die Extrempositionen und ihre wechselseitige Bekämpfung und Vernichtung schaffen die Lösung, sondern die – auch konfliktorische – Erarbeitung gemeinsamer Positionen aus unterschiedlichen Ausgangslagen. Wenn die Zeit der weisungsgebundenen Untertanen zu Ende geht, dann auch die der alleinentscheidenden Herrenmenschen. Der mündige Bürger des Informationszeitalters – so ist zu hoffen – kann gegensätzliche Positionen zum verantwortungsbewußten Handeln zusammenführen. Nicht was andere tun könnten oder sollten, nicht »man müßte . . .«, nicht die Suche nach Schuldigen löst unsere Probleme, sondern das eigene Handeln.

Auch andere haben gute Ideen

Es bleibt noch festzuhalten: Es sind *auch,* aber bei weitem nicht allein die Mitarbeiter in den Unternehmen, die nutzbare Ideen für neue Arbeitsplätze haben. Es sind die zahlreichen Erfinder, die sich genau die Aufgabe gestellt haben, solche Vorschläge zu entwickeln.

Es sind die Unternehmer, die im Regelfall genau das tun oder doch tun sollten: neue Arbeitsplätze schaffen. Es sind aber auch Politiker, die aus Verantwortungsbewußtsein für das von ihnen vertretene Gemeinwesen Investitionen und Innovationen befördern. Die Ministerpräsidenten Stolpe und Biedenkopf stehen in den neuen Ländern für ein solches Politikkonzept. Daran wird auch deutlich, daß die Fähigkeit und der Wille, die Arbeitslosigkeit nicht einfach hinzunehmen, sondern gestaltend einzugreifen, unabhängig von Parteigrenzen ist. Die bayerische Staatsregierung zum Beispiel verfolgt in stetiger Abweichung von ideologischen Grundmustern seit Jahrzehnten eine gestaltende Industrie- und Strukturpolitik. Es geschieht im Großen wie im Kleinen; und das Große setzt sich aus vielem Kleinen zusammen: Wenn der Landrat im rheinland-pfälzischen Kaiserslautern zu einen aluminiumverarbeitenden Rüstungsbetrieb geht und sagt: Könntet ihr nicht Gasflaschen aus Aluminium herstellen – die sind doch viel leichter? Wenn er einen Erfinder, der ein revolutionierendes Energiespeicherkonzept auf Natriumchloridbasis ersonnen hat, mit einem Kreis innovativer arbeitsloser Ingenieure zusammen-

bringt, die ihm in den leerstehenden Räumen einer früheren Telefonfabrik einen Prototypen bauen – dann sind das Beispiele, die in aller Unterschiedlichkeit und Vielfalt ein gemeinsames Grundmuster verantwortungsbewußten innovativen Handelns aufweisen.

So soll es verstanden werden, wenn im folgenden eine Reihe von einzelnen Handlungsbeispielen ganz detailliert beschrieben wird: aus der Perspektive des Handelns und Erlebens eines einzelnen, der irgendwann von anderen, von Mitarbeitern eines Flugzeugbetriebes in Bremen auf die Idee gebracht wurde, daß man sich zur Erhaltung seines Arbeitsplatzes für seine Produkte engagieren muß. Wenn ich hier meine Erfahrungen schildere, dann stehen sie als Beispiele für die Erfahrungen vieler anderer Menschen, die ähnlich oder auch anders dasselbe immer wieder versuchen. Nur sind es immer noch zu wenige. Ihre Zahl zu vergrößern, auch die große Politik von diesen Vorhaben zu überzeugen, aus kleinen Beispielen das Ganze zu formen, ist das Ziel dieses Buches. Es werden die kleinen und mittelgroßen Erfolge, aber – um realistisch zu bleiben – auch Mißerfolge dargestellt. Der große Erfolg steht noch aus. Wenn wenigstens im einen oder anderen Bundesland etwas geschähe, dann wäre ein Weg beschritten, der es uns erlaubte, etwas hoffnungsvoller in die Zukunft zu blicken. Daß Sie, liebe Leserin und lieber Leser, in Ihrem Einflußbereich dazu beitragen; daß Sie von dem Vorgehen überzeugt werden – dazu ist dieses Buch geschrieben.

Dafür liegt ein Konzept vor, das unter der Bezeichnung »Alternative Fertigung« in zahlreichen Einzelfällen erprobt wurde, aber dennoch in der Öffentlichkeit weitgehend unbekannt geblieben ist. Das ist das eigentliche Anliegen dieses Buches: den verborgenen Ansatz bekanntzumachen, zu werben für Aktivitäten, die etwas gegen die Arbeitslosigkeit bewirken können und sie an realen und konkreten Beispielen zu veranschaulichen. Hier ist ein Rezept – so nutzen Sie es! Das möchten manchmal die Akteure, die Insider ausrufen, die wissen, wie es geht und nicht begreifen können, warum ein solches Konzept nicht von mehr Menschen aufgegriffen wird.

Die Wahrheit ist immer konkret! Das Buch will dafür werben, sich nach dem Beispiel der Werftarbeiter, die Windanlagen konzipierten, auf konkrete Produkte einzulassen und nicht bei der abstrakten »Verbesserung der Rahmenbedingungen« stehen zu bleiben, die nun schon seit Jahren eine Zunahme der Arbeitsplätze herbeiführen soll und ebensolange genau das Gegenteil bewirkt, nämlich eine katastrophale Zunahme der Arbeitslosigkeit. Jeder Rahmen braucht einen Inhalt! Das Buch will dafür werben, sich nicht mit Politik und Kultur, mit Sozialpolitik, ABM und Qualifizierungsmaßnahmen – so wichtig sie sind – zufriedenzugeben, sondern auch Wirtschaft und Technik, Arbeit, Produktion und Konsum ernstzunehmen. Nicht erst aktiv zu werden, wenn die Menschen arbeitslos geworden sind, wenn das Kind in den Brunnen gefallen ist, sondern vorbeugend und vorsorgend Arbeitslosigkeit zu vermeiden, und zwar dadurch, daß Arbeitsplätze geschaffen werden. Wir müssen und können an den Ursachen ansetzen und nicht erst an den Folgen. Dazu müssen wir die Vorschläge anderer Menschen positiv aufgreifen, nicht nur analysierend oder gar bedenkentragend kommentieren, negativ beurteilen, verurteilen, be- und verhindern: *Positives Denken und konstruktives Handeln sind angesagt.*

Innovationen Beine machen

Es mag drei Jahre zurückliegen, da rief mich aus München der Franz an, Sekretär der IG Metall. Er hatte in einer Betriebsversammlung bei Siemens Solar gesprochen. Die Kollegen dort waren aufs äußerste beunruhigt, weil ihre Fertigung geschlossen werden sollte. Siemens wollte die Solarzellen lieber in Amerika produzieren, wo die Förderbedingungen besser waren. Deshalb hatte er in seiner Rede darauf hingewiesen, er habe in Frankfurt einen Kollegen, der sich um die Schaffung von Arbeitsplätzen bemühe. Den solle er doch mal anrufen, hätten seine Kollegen gesagt.

Ich plante gerade mit meinem Verein »Netzwerk für Innovation von Technik und Industrie« eine Veranstaltung im Deutschen Patentamt. Einige sehr aktive Studenten der Fachschaft Maschinenbau von der Technischen Universität, angeleitet von einer kleinen Beratungsfirma namens Logomotion, bereiteten mit uns die Tagung vor. Einer von ihnen, Robert Antosch, schlug vor, sie »Innovationen Beine machen« zu nennen. Wir setzten die

Photovoltaik auf Platz 1 der Tagesordnung und ließen einige Herren der Geschäftsleitung ihre Problematik vortragen. Der Betriebsrat war ebenfalls beteiligt. In der Diskussion gab es zwei Vorschläge: das neu zu errichtende Technologiezentrum der Stadt München mit einem Solargenerator zu versehen und die Hallen der Messe, die auf den früheren Flughafen Riem verlegt werden sollte, gleichfalls mit Solardächern auszustatten. Die Veranstalter wurden beauftragt, ein Konzept dafür auszuarbeiten.

Gesagt, getan. Bedenkenträger waren nicht vertreten. So kam es zu einem Brainstorming mit Vertretern von Siemens Solar über die Möglichkeit von Großprojekten der Photovoltaik, um Arbeitsplätze zu sichern. Die Fachleute brachten ihre Zeichnungen mit. Sie berichteten, die Messegesellschaft habe eingewandt, die Hallendächer hätten keine ausreichende Tragfähigkeit. Sie könnten aufgrund des fortgeschrittenen Planungsstandes auch nicht mehr umkonstruiert werden. Wenn man nicht will, findet man immer einen Grund. Die Solarfachleute ließen sich was einfallen: Vor den Hallen verliefen breite Galerien, die zur Begrünung vorgesehen waren. Wenn man nur die Hälfte davon umfunktionierte, könnte man einen ordentlichen Solargenerator bauen.

Etwa zu dieser Zeit kam der bayerische Wirtschaftsminister von einer USA-Reise zurück. Er war sehr beeindruckt von der dortigen Besichtigung einer Solarzellenfertigung. So war es leichter als sonst, ihn und damit die Staatsregierung zu gewinnen. Den Beteiligten wurde Stillschweigen auferlegt, bis die Stromversorgungsgesellschaft ebenfalls für den Plan gewonnen wäre. Sie sollte sich mit dem neuen Konzept ein wenig profilieren und von ihrem konservativen Image befreien. Das fanden wir auch in Ordnung: Schließlich ging es uns um die Arbeitsplätze und die Umwelt und nicht darum, wer am besten dasteht. Dafür bekam ich später viele Vorwürfe. Aber Sie sehen: Es gibt zu der Profilierungspolitik, mit der so viele Politiker uns an der Nase herumführen, durchaus reale Alternativen.

Erstaunlich war für uns die Aussage der Solarleute, daß sie bis dahin nicht auf die Idee gekommen waren, sich aktiv an eine Gebietskörperschaft wie die Landeshauptstadt oder die Landesregierung zu wenden. Warum erzähle ich Ihnen das? Weil es eine Nutzanwendung für Sie hat: Es gibt ein Produkt, das muß verkauft werden, damit es hergestellt werden kann, damit unsere Kollegen Arbeit haben. Aber die Vermittlung zwischen dem vorhandenen Angebot und der vorhandenen oder zu schaffenden Nachfrage, dieser zutiefst marktwirtschaftliche Vorgang, läuft nicht von allein ab. Er ist immer das Werk von Menschen. Diese Menschen konnten auch wir sein, die Mitglieder unseres Vereins, lauter nobodies. Niemand kannte uns in der Öffentlichkeit; unser Verein bestand gerade anderthalb Jahre, die Studenten waren noch nicht einmal in Lohn und Brot, und die Gewerkschaft stand auch nicht richtig dahinter. Und trotzdem konnten wir etwas bewegen. Wahrscheinlich können Sie das auch. Schauen Sie sich einmal um in ihrer Umgebung. Stellen Sie sich vor, die Kreativität, die heute darauf verwendet wird, immer neue Begründungen dafür zu finden, daß etwas nicht geht, würde konstruktiv für die Herbeiführung von Absatz und Produktion, für die Verwirklichung von Vorhaben eingesetzt!

Der größte Solargenerator der Welt

Jetzt erzähle ich Ihnen noch, wie es weiterging, das *happy end* sozusagen. Es wurde nämlich doch noch eine Lösung gefunden, den Solargenerator auf den Dächern anzubringen. Die Architekten waren anfangs sehr skeptisch, als in »ihr Dach« auf einmal eine Photovoltaik-Anlage integriert werden sollte. Doch sie wurden überzeugt und nachträglich sehr beeindruckt. Es wurde vereinbart, daß das Projekt über Veröffentlichungen in Architekturzeitschriften dem Fachpublikum nähergebracht wird. Hier liegt nämlich noch ein großer Engpaß: Wenn die Architekten bereits im Frühstadium auf die Möglichkeit der Solararchitektur hinweisen würden, könnte weit häufiger eine solche Lösung realisiert werden. Die Bauherren erkennen öfter, als man annimmt, die umweltpolitische Bedeutung und den Kosten- und Imagegewinn. Schließlich gibt es heute auch Contracting-Modelle, mit denen ein Investor die Investitionskosten der regenerativen Energieanlage übernimmt und aus den eingesparten Betriebskosten refinanziert. Schließlich verbraucht die Anlage kein Benzin, kein Öl und keine Kohle.

Projektleiter Cunow wies nach, daß – entgegen der im Frühstadium vorherrschenden Meinung von Fachleuten – eine Großanlage auf den jeweils elftausend Quadratmeter großen Hallendächern in Leichtbauweise realisierbar sei. Da für die Statikberechnungen bei der Aufständerung von Solarmodulen keine DIN-Vorschriften bestanden, ließ man Windkanalversuche durchführen. Mit den Ergebnissen war es möglich, besonders leichte Gestelle zu konstruieren. Dies diente nicht nur dem Zweck, die Tragfähigkeit der Dächer zu berücksichtigen, sondern auch dazu, den Material- und damit Energieeinsatz der Trägerkonstruktion so gering wie möglich zu halten, weil man die Erfahrung gemacht hatte, daß Anlagen zur Nutzung regenerativer Energien in dieser Hinsicht besonders kritisch betrachtet werden. Der Dachlieferant lernte, daß sein Produkt Dach sich hervorragend zur Aufnahme großer Photovoltaikanlagen eignet. Auch er wird dies künftig Planern und Bauherren eindrucksvoll belegen können und den Zusatznutzen seines Daches hervorheben.

Man sieht, was alles geleistet werden muß, um die Brücke ins Solarzeitalter zu bauen, aber auch, welche spannenden Abläufe dabei auftreten, mindestens so aufregend wie ein Krimi oder ein Western. Sagen Sie nicht, das ist mir egal, bei mir kommt der Strom aus der Steckdose. Ist es nicht eine interessante Alternative, sich in die Geschichten zu stürzen, die das Leben schreibt? Aber dazu gehörte noch mehr. Es wurde ein neuartiges Solarmodul speziell für Großanlagen konzipiert, das auf die Anforderungen einer ebenfalls neu entwickelten zentralen Wechselrichtereinheit ausgerichtet ist. Bedauerlicherweise sind heute fast alle Verbrauchsgeräte, ob Lampe, Kühlschrank oder Fernseher, auf Wechselstrom ausgelegt, während die Solaranlage Gleichstrom produziert. Der Wechselrichter wandelt den Gleichstrom in Wechselstrom um. Bisher wurden bei Großanlagen dafür viele einzelne, teure, wenig erprobte Sonderanfertigungen eingesetzt, während es hier gelang, für eine zentrale Einheit ein zuverlässiges Standardgerät zu verwenden. Es enthält drei Komponenten, die sich je nach Sonnenintensität zu- oder abschalten.

Schließlich setzte Cunow noch eine neue Montagetechnik ein. Die Solarmodule wurden im Werk vorverkabelt und mit einem neuen, berührungssicheren Steckersystem ausgeliefert. Damit wurde der Verkabelungsaufwand minimiert, Buchsen und Stecker einfach zusammengesteckt. Es entfiel das zeitaufwendige Auf- und Zuschrauben der Anschlußdosen und das Einführen und Anschließen von Kabeln. Montagefehler und eine Verwechslung von Plus- und Minuspol sind ebenso ausgeschlossen wie eine Berührung mit den bei der Verschaltung auftretenden Gleichstromspannungen von mehreren hundert Volt.

So kam es, daß der Solargenerator mit insgesamt 7.812 Modulen in der Rekordzeit von nur sieben Wochen auf sechs von zwölf Messedächern installiert wurde. Im November 1997 wurde er vor großem Publikum in Betrieb genommen. Jährlich erzeugt er eine Million Kilowattstunden Strom und deckt damit außerhalb der Messezeiten fünfzig Prozent des Strombedarfs der Messe. Durch die umweltfreundliche Betriebsweise werden jährlich tausend Tonnen CO_2 vermieden. Man rechnet mit einer Lebensdauer der Anlage von dreißig Jahren. Sie hat zweifellos eine Vorbildfunktion für andere Investoren. Immer mehr Menschen wird klar, daß wir die begrenzten Vorräte an fossilen Energieträgern nicht weiter ausbeuten dürfen, die Belastung der Atmosphäre mit CO_2 ebenso beendet werden muß wie die Vergiftung der Atemluft in den Städten. Auch die Gefahren der Kernkraft wurden an den radioaktiv verstrahlten Castor-Behältern wieder überdeutlich. Die Photovoltaik ist eine wichtige unter den Alternativen, die die konventionellen Energieformen ablösen müssen und werden. Solche Alternativen wären schon längst wirtschaftlich, wenn hier so viel Fördermittel investiert würden, wie es dort der Fall ist. Allein die Leitungsverluste betragen bei den jetzigen Großkraftwerken sechzig Prozent, wohingegen die erneuerbaren Energien dezentral eingesetzt werden. Die Flächen sind vorhanden: Wenn nur die Dachflächen in den Städten herangezogen würden, brauchte man kein zusätzliches Stück Landschaft in Anspruch zu nehmen. Auch für die ästhetische und architektonische Gestaltung eines funktionalen Zweckbaues ist die neue Messe in München ein wegweisendes Beispiel.

3. Alternative Fertigung

Diese Vorgehensweise ist es, die wir vor etwa zwanzig Jahren aus England abgekupfert haben. Damals nannten wir sie »Alternative Fertigung«. Da sie teilweise in der Rüstungsindustrie entstanden ist, bürgerte sich später der Begriff »Rüstungskonversion« ein. Nur leider ist damit ein tiefes, ja schicksalhaftes Mißverständnis verbunden: als handele es sich um eine Methode, die auf die Rüstungsindustrie beschränkt sei. Nein! Es ist ein Rezept, das für die gesamte Industrie und Wirtschaft, ja auch den Dienstleistungsbereich anwendbar ist. Konversion, das heißt eine Umstellung der Produktion, ist auch eine Alternative zur Arbeitslosigkeit. Es waren vor allem die Arbeitnehmer auf den Werften, die sich vor zwanzig Jahren, als der Schiffbau nach Korea abwanderte, Alternativen überlegten: Windenergieanlagen, Zeppelin, Schiff der Zukunft, Meerwasserentsalzungsanlagen. Gegen alle die, die immer sagen, es gebe gegen die Arbeitslosigkeit kein Patentrezept: Doch, dies ist eins!

»Investitionen zu fordern ist richtig, aber welche und wofür? Die IGM-Arbeitskreise Alternative Produktion haben seit vielen Jahren für ihre jeweiligen Betriebe Produktalternativen entwickelt, um die berechtigten Arbeitsplatzängste der Belegschaften von Rüstungsbetrieben zukunftsorientiert aufzunehmen. Bei Blohm & Voss wurde die Energietechnik neu aufgebaut, bei der MaK in Kiel konnte die Produktion von Schienenfahrzeugen erhalten werden. Umstellen auf zivile Märkte – das müssen verantwortungsbewußte Betriebsräte vorantreiben und nicht auf der militärischen Produktion beharren.«

Leserbrief von Lutz Oschmann, IGM-Arbeitskreise Alternative Produktion, Kiel, zu »Arbeitskreis fordert Investitionen« (direkt 3/98)

Zugegeben: es bedarf harter Arbeit und vieler Auseinandersetzungen, um etwas Neues durchzusetzen. Aber dem darf man nicht ausweichen. Weder Analyse noch Kritik, weder schöne Programme noch Forderungen an andere, weder Bildungs- noch Sozialpolitik, weder Steuersenkungen noch verlängerte Ladenschlußzeiten und auch keine Debatten über Globalisierung, über den Terror der Ökonomie oder das Ende der Arbeit können das Aufkrempeln der Ärmel ersetzen.

Bei der britischen Firma Lucas Aerospace, einem Luftfahrt- und Rüstungsunternehmen, sollten – wieder einmal – im Zuge von Umstrukturierungen ein paar tausend Arbeitsplätze abgebaut werden. Die Beschäftigten nannten es »Tal der Tränen«, wenn ein großes Rüstungsprojekt abgeschlossen war: Dann kam erst einmal eine Durststrecke, ehe wieder ein neues Projekt aufgelegt wurde. Außerdem wollten sie lieber friedliche Dinge bauen als Waffen. Sie nahmen 1974 eine Anregung des Industrieministers Tony Benn auf, über die Herstellung »alternativer« Produkte nachzudenken. Ganz ungewöhnlich für die zersplitterte britische Gewerkschaftsbewegung hatte sich ein Combine Comittee aus sämtlichen im Unternehmen vertretenen Gewerkschaften gebildet. Darin sammelte sich ein Kreis von Aktiven, vom Ingenieur bis zum Arbeiter, maßgeblich beeinflußt von Chefkonstrukteur Mike Cooley. Sie erdachten und entwickelten an die 150 alternative Produkte, ein Dialysegerät, an dem damals noch großer Mangel bestand, einen Hybridbus, der auf Schiene und Straße fahren konnte, das Hobcart, ein Fahrzeug, mit dem Kinder mit einer Spaltbildung der Wirbelsäule (spina bifida) sich fortbewegen konnten, die dazu sonst niemals eine Chance hatten, und vieles andere mehr. 3.000 unversorgte Patienten gab es damals im Vereinigten Königreich, die dringend ein Nierenwaschgerät brauchten. Es war reine Machtpolitik, wenn die Unternehmensleitung es grundsätzlich ablehnte, sich damit zu befassen: Wo kämen wir da hin, wenn jetzt die Arbeiter und Angestellten mitreden wollten, was wir produzieren! Produktmitbestimmung nannten wir das später.

Mike Cooley wurde dann Direktor des Friedensinstituts in Kopenhagen. Anschließend leitete er das Greater London Enterprise Board (GLEB), den Unternehmensrat von Groß-London, in dem er vielen vor allem kleinen und mittleren Firmen mit dieser Methode helfen konnte, ihren Bestand zu sichern und auszubauen. Kein Wunder, daß Margaret Thatcher das ein Dorn im Auge war. 1998 konnte Mike Cooley auf die Zeitungsmeldung verweisen, daß das Konzept, mit demselben Fahrzeug auf Schiene und Straße zu fahren, um die Verkehrsträger zu vernetzen, realisiert wird: Die kanadische Firma Bombardier baut in ihrer französischen Tochterfirma die Bombardier-Hybridbahn, eine Straßenbahn, die auf Gummireifen fährt. In der Stadt bewegt sie sich auf Schienen und bezieht ihren Strom aus der Oberleitung. In den Außenbezirken wird sie wie ein normaler Gelenkbus gesteuert und von einem Dieselgenerator mit Energie versorgt. Die Stadt Caen in der Normandie hat 20 Gelenkzüge bestellt und baut eine 13,5 Kilometer lange Schienenstrecke. Man braucht manchmal einen langen Atem.

VFW-614, die Flüsterleise

1975, als die Vereinigten Flugtechnischen Werke (VFW) in Bremen schon einmal mit der niederländischen Flugzeugfirma Fokker fusioniert waren, entwickelten beide gemeinsam die VFW-614, »die Flüsterleise«. Das war ein Flugzeug für 40 Passagiere mit modernster Technologie, mit geringerem Treibstoffverbrauch und weniger Lärmentwicklung als bis dahin gebräuchlich. Nur hatte Fokker am Markt ein älteres Konkurrenzmodell etabliert und wollte davon nicht lassen. Am Flughafen in Belgrad, so erzählte mir mein Vorgänger im Amt des Gesamtbetriebsratsbetreuers von VFW-Fokker, seien sich die Vertreter des einen und des anderen Produkts begegnet und hätten sich geprügelt. Das Resultat war jedenfalls, daß das großartige neue Flugzeug vom Markt verschwand. Sechs Exemplare flogen noch eine Zeitlang beim Bundesgrenzschutz, dann wurden sie eingemottet. Ob Sie sich vorstellen können, wieviel Herzblut von wievielen Menschen daran hing? Im Blaumann demonstrierten einige von ihnen im Bundestag, um das Flugzeug doch noch zu retten – vergeblich.

Ich berichte Ihnen über dieses Beispiel so drastisch und so eindringlich, um Verständnis dafür zu wecken, was an Mühsal und Anstrengung, an Begeisterung und Kreativität von den Menschen in den Betrieben aufgewandt wird, um die Dinge des täglichen Lebens zu ersinnen, zu entwickeln, herzustellen und zu verkaufen, die wir anschließend so selbstverständlich konsumieren. An der sichtbaren Oberfläche der Gesellschaft spielen Politik, Unterhaltung und Kultur eine weit wichtigere Rolle als Produktion und Konsum, die von vielen als öde und schnöde Beschäftigungen mit niedrigen Tätigkeiten abgetan werden, oft nur in ihren negativen Begleiterscheinungen wie Konsumterror, Profitgier und Umweltzerstörung wahrgenommen werden, ja als Industrialismus einer völligen Ablehnung anheimfallen – auch von Menschen, die mit dem Flugzeug auf die Seychellen fliegen. Daß aus einer solchen ablehnenden Haltung heraus viele Einzelvorhaben gefährdet werden, selten einmal eines befürwortet wird, trägt ebenfalls seinen Teil zur Arbeitslosigkeit bei.

Der alte Marx hat schon festgestellt, daß der Arbeiter, wenn er seine Arbeitskraft verkauft hat, von der geschäftigen Bühne des öffentlich sichtbaren Marktes in der verborgenen Welt des Betriebes verschwindet. Nicht daß damit die Marx'sche Welterklärung insgesamt als zutreffend hingestellt werden sollte – ganz im Gegenteil: Marx hat, als er ein Beispiel für ein Produkt bringen wollte, ausgerechnet den Schuhwichsfabrikanten ausgewählt, mit deutlich spürbarer Verachtung für die Niedrigkeit des Erzeugnisses. Sicherlich war er als Intellektueller hoch erhaben über die Notwendigkeit geputzter Schuhe. Vermutlich hätte er auch kein Geld dafür gehabt, weil er ja das »Kapital« schreiben mußte und keine Zeit hatte, im Londoner Hafen Säcke abzuladen. Irgendwo muß wohl ein Fehler in diesem Denksystem gelegen haben, das so viele Menschen in seinen Bann gezogen hat. Möglicherweise lag der Fehler gerade an dieser Stelle: in der Mißachtung menschlicher Bedürfnisse, ihrer Zurücksetzung hinter einen großen theoretischen Systementwurf, der sich gegen die bestehende Realität wandte. Zur Wendezeit machte ein Spruch die Runde:

> *Was ist schlimmer als ausgebeutet werden?*
> *Nicht ausgebeutet werden und Trabi fahren.*

Die Haltung »Das braucht man doch gar nicht« ist mit der DDR nicht untergegangen, auch im Westen nicht. Wenn es zutrifft, daß die Deutschen etwa gegenüber manchen europäischen Nachbarn einen gewissen Zivilisationsrückstand hatten und vielleicht noch haben – wofür die Barbareien des ausgehenden Jahrhunderts durchaus einen Anhaltspunkt bieten; wenn wir bedenken, zu welch' hohen Kulturleistungen unser Volk mit seinen Dichtern, Komponisten und Denkern andererseits in der Lage war, kann es nicht schädlich sein, dem deutschen Hang zum Idealismus, zur Flucht in die schöne Welt der Wünsche und Träume etwas mehr angelsächsischen Pragmatismus und Realismus entgegenzustellen:

> *Britannia rules the waves,*
> *Germany rules the ideas.*

> *(Britannien beherrscht die Meere,*
> *Deutschland regiert die Ideen.)*

Vielleicht könnten wir etwas weniger den Weltuntergang an die Wand malen, etwas weniger in noch so gutgemeintem Mitgefühl mit den Mißständen dieser Welt zerfließen und dafür etwas mehr konkret dagegen tun. Die VFW-614 können Sie aufgeständert im Technikmuseum Speyer, gleich neben den Pfalz-Flugzeugwerken, besichtigen. Sie war zwar gescheitert, aber wie so oft lag in der Niederlage der Keim für spätere Erfolge, eine Herausforderung, es immer wieder zu versuchen.

Glück hat auf die Dauer nur der Tüchtige.
Wer ist tüchtig?
Der es immer wieder versucht.

Alternatives Unternehmenskonzept MBB/VFW

In Deutschland gab es Ende der siebziger Jahre drei größere Luft- und Raumfahrtunternehmen: Dornier, Messerschmitt-Bölkow-Blohm (MBB) und die Vereinigten Flugtechnischen Werke (VFW). Die beiden letzteren sollten zusammengeschlossen werden, um eine schlagkräftige größere Einheit zu schaffen. Die Planungen sahen den Abbau von 5.500 Arbeitsplätzen und die Schließung von vier kleineren Werken vor: Unterhalb einer Größe von 1.000 Beschäftigten könne man nicht mehr wirtschaftlich fertigen. Ich ging ja ungern in Aufsichtsräte, wo man über Rüstungsprojekte beschließen mußte. Da hatte ich einen Kollegen, der im Aufsichtsrat von MBB und von VFW war; heute ist er Bezirksleiter in Frankfurt/M. Er heißt Klaus Mehrens – damit wir uns angewöhnen, nicht nur die Dinge, sondern auch die Menschen beim Namen zu nennen, im Guten und auch im weniger Guten. In einer Betriebsräteversammlung in Delmenhorst gingen wir kurz vor die Tür und berieten uns, ob wir uns trauen sollten. Dann traten wir nacheinander ans Mikrophon und sagten: Man könne doch auch was anderes bauen als Kampfflugzeuge und damit die Arbeitsplätze sichern. Zunächst betretenes Schweigen bei den Kollegen, Hohn und Spott bei der Geschäftsleitung.

Vergoldete Mistgabeln

Wir können nichts anderes bauen als Kampfflugzeuge, sagte Geschäftsführer Schrauben-Johannes, mit richtigem Namen Johannes Schäffler: Sollen wir etwa Badewannen herstellen oder vergoldete Mistgabeln? So etwas hätte tödlich sein können, aber die Kollegen vertrauten uns. Es dauerte etwa anderthalb Jahre, bis diese Kampagne vorüberging. In der Zwischenzeit berief Kurt Waas, stellvertretender Gesamtbetriebsratsvorsitzender von VFW, eine Arbeitsgruppe ein, die Alternativvorschläge erarbeiten sollte. Innerhalb kürzester Zeit legten sie ein Papier von vielleicht 25 Seiten vor, aus dem ein Extrakt im Kasten »Alternatives Unternehmenskonzept MBB/VFW« wiedergegeben ist (bitte umblättern). Es wurde an alle Betriebsräte und Vertrauensleute verschickt. Gefordert wurde als erster Schwerpunkt, daß statt eines einzigen Airbusmodells eine ganze Flugzeugfamilie hergestellt werden solle: große, mittlere und kleine Flugzeuge für kurze, mittlere und lange Strecken. Die braucht jede Luftfahrtgesellschaft. Dafür gebe es keinen Markt, war eines der wichtigsten Gegenargumente. Ein befreundeter Rechtsanwalt, der Hobbyflieger war, besorgte uns andere Zahlen: Bis zum Jahrtausendende würden auf dem Weltmarkt viertausend Flugzeuge gebraucht. Später wurde der Weltmarkt sogar auf zehntausend Flugzeuge veranschlagt. Der zweite Schwerpunkt waren alternative Energien: Wind- und Sonnennergie, Biogasanlagen, Wärmerohre, Heliostate sowie Wärme- und Energiespeicher.

Der einzige, der das Alternativkonzept ablehnte, war Alois Schwarz, der Gesamtbetriebsratsvorsitzende von MBB. Aber er hatte eine enorme Macht in diesem, wie mein Vorgänger und Abteilungsleiter Gerd Kühl zu versichern pflegte, am meisten autoritär geführten Gesamtbetriebsrat der Bundesrepublik. Im Kardinal Wendel-Haus in München tagten beide Betriebsräteversammlungen von MBB und VFW gemeinsam. Das kam damals – vor allem für die VFW-Leute – noch fast einem Skandal gleich:

Betriebsräte und Gewerkschaft bei der katholischen Kirche. Das Papier mit den Alternativvorschlägen lag zur Beschlußfassung vor. In seiner Ausweglosigkeit bat Schwarz mich, ich solle – weil ich doch Berater des Gesamtbetriebsrats war – der Versammlung mit der Autorität des IG Metall-Vorstands sagen, daß sie keine Beschlüsse fassen könne. Aber den Gefallen tat ich ihm nicht. So wurde das »Alternative Unternehmenskonzept« beschlossen. Alle Betriebsräte standen nun dahinter, selbst die in Schrobenhausen. Die »Werksbesichtigung« dort war immer die schärfste. Ein Betriebsrat, ehemaliger Soldat, führte einen zu dem Schießstand, wo meterdicke Stahlplatten von ihren panzerknackenden Granaten durchgeglüht wurden. »Da hängt dem Russen die Lunge zum Hals raus.« Wuff.

Der Katalog der zweitausend Ideen

Gero Madelung, der Vorsitzende der MBB-Geschäftsführung, wurde um diese Zeit von Hanns Arnt Vogels abgelöst. Nun sagen Sie nicht, das ist doch gleichgültig, der eine ist genauso Interessenvertreter des Kapitals wie der andere. Ganz davon abgesehen, daß es da auch Fähige und weniger Fähige gibt. Aber Vogels vollführte einen vollkommenen Schwenk. Er verkündete landauf, landab in den Betriebsversammlungen, man müsse das Know How der Beschäftigten, auch das zivile, nutzen. Es gebe sogar einen »Katalog der 2000 Ideen« mit solchen Vorschlägen. In einer Flautezeit, dem Tal der Tränen, soll ein MBB-Beschäftigter z.B. eine Fabrik für billige tropentaugliche Jeeps entwickelt haben, die in einem Entwicklungsland stehen konnte. Wir versuchten alles, um an diesen Katalog zu kommen, es gelang uns nicht. Als ich viele Jahre später im Juni 1995 den früheren stellvertretenden Vorsitzenden der MBB-Geschäftsführung, Sepp Hort, zu unserer Tagung »Innovationen Beine machen« einlud, behauptete er, es hätte den Katalog gar nicht gegeben. Nur ein Bluff von Vogels.

Wie auch immer: Ich würde gern öfter so geblufft werden, daß Manager behaupten, unsere Vorstellungen gäbe es bei ihnen längst zweitausendmal – und sie würden sie auch verwirklichen.

In der Wirtschaftswoche stand damals zu lesen: »Kommt hinzu, daß die Denkfabrik MBB sich bislang zu fein war, ihre Tüfteleien auch aggressiv zu vermarkten. MBB-Chef Madelung ließ zu Neujahr vor Mitarbeitern den Stoßseufzer los: »Wir hatten immer tolle Ideen, was wir zusätzlich brauchen, sind unternehmerische Mitarbeiter, die solche Programme gewinnträchtig durchziehen.« Da könnte Madelung bei Fichtmüller und Schäffler, der ohnedies schon als sein baldiger Nachfolger gehandelt wird, genau an die richtigen geraten sein. Denn bei MBB bricht die Zeit der Macher an.«

Ich bekam immer die Werkszeitung und las mit stets erneutem Vergnügen, wie Vogels unsere eigenen Argumente noch übertraf.

»Als faszinierend bezeichnete der Geschäftsführungsvorsitzende das Technologiepotential von MBB und was die Mitarbeiter dabei zu leisten imstande seien.Um den kritischen Zeiten begegnen zu können, sei es die gemeinsame Aufgabe, den außerordentlichen Fundus an Wissen und Intelligenz richtig anzuwenden. Als wichtig bezeichnete Dr. Vogels es dabei, die mit Hilfe der öffentlichen Hand erarbeitete Technologie in zivilen Produkten zu verwerten. Hierfür müßten geeignete Partner gefunden werden. Die Kohlefaserverbundbauweise als Beispiel nannte Dr. Vogels eine brillante Entwicklung von MBB. Dieses Gebiet eröffne reichlich Chancen, so etwa im Kraftfahrzeugbau. Die Werkstoffentwicklungsphase müsse jetzt in die Serienreifmachung überführt werden.«

MBB intern 3/82

Sie werden es nicht glauben, aber es hat mehr als zehn Jahre gedauert, bis ich erfuhr, woher diese veränderte Auffassung des neuen Vorstandsvorsitzenden rührte. 1992 ging ich in die Abteilung Technologie beim IG Metall-Vorstand. Nach einiger Zeit berichtete ein Kollege beiläufig, wie er in dem Rüstungsunternehmen DIAG, wo ein gewisser Vogels Vorstandsvorsitzender war, ein sogenanntes ziviles Standbein vorgeschlagen habe. Das Konzept bezog sich auf den Maschinen- und Anlagenbau mit Produkten für die Dritte Welt, z. B. Anlagen für die Herstellung von Futtermitteln sowie Farb- und Klebstoffen aus Zuckerrohr. Da ging mir ein Licht auf! Da hatte also der Herr Vogels – dem man heute noch hier und da als Seniorberater begegnet – einfach gute Erfahrungen mit der Rüstungskonversion gemacht. Da störte es ihn auch nicht, daß die Idee von der Gewerkschaft kam. Hören Sie die Nachtigall trapsen? Es gibt auch übereinstimmende Interessen, und die muß man wahrnehmen. Ihm hatte es genützt, daß er sein Unternehmen auch für andere Zwecke einsetzen und damit Geschäfte machen konnte. So einfach ist das. Wenn es doch nur mehr Leute begriffen.

Das neue, aus der Fusion hervorgegangene größere Unternehmen MBB richtete zwei zusätzliche Unternehmensbereiche ein: Datenverarbeitung und industrielle Energie- und Prozeßtechnik mit den Schwerpunkten Biotechnologie, Photovoltaik, thermische Energiesysteme, mechanische Energiesysteme und Prozeßsteuerung – also mit deutlichem Akzent auf erneuerbaren Energien. Das war zu einer Zeit, als Diversifikation, also die Ausweitung der Geschäftsfelder, noch nicht der Abmagerungsmodewelle zum Opfer gefallen war. Hergestellt wurden Windkraftanlagen und eine Erderkundungskamera, das Zeiterfassungssystem BESSY, vor allem aber eine ganze AIRBUS-Familie statt eines einzigen Modells. Der Intercity Experimental (ICE) wurde nicht eingestellt, und die Magnetschwebetechnik wurde weiterentwickelt. In der Raketenfabrik in Kirchheim-Nabern wurde neben den Raketen HOT, MILAN und ROLAND ein Bereich Mikroelektronik eingerichtet. Selbst an der Solarzellenfabrik in Wackersdorf – wo einmal die Wiederaufbereitungsanlage entstehen sollte – wollte MBB sich beteiligen, wenn es dazu gekommen wäre. Immerhin ist unter dem Namen »Bölkow-Projekt« die Konzeption bekanntgeworden, in der Sahara mit Sonne Strom zu erzeugen und ihn dann nach Mitteleuropa zu transportieren. Keines der Werke wurde geschlossen, niemand verlor seinen Arbeitsplatz.

Alternatives Unternehmenskonzept der Gesamtbetriebsräte Messerschmitt-Bölkow-Blohm/ Vereinigte Flugtechnische Werke (MB/VW)
(Auszüge)

* Mehr als 5.500 Mitarbeiter, d.h. 15% der Belegschaft, sollen ihren Arbeitsplatz verlieren.
* Wir legen hiermit eine Alternativ-Konzeption vor, die einen derart drastischen Personalabbau verhindert.
* Wir stellen fest, daß die bisherige Geschäftspolitik des Managements MBB/VFW ausschließlich auf die *vermeintliche augenblickliche Marktsituation* unter gewinnorientierter Betrachtung ausgerichtet ist.

Weder zeigt sie Zukunftsperspektiven bei der Erschließung neuer Märkte zum Absatz bereits vorhandener Produkte, noch setzt sie Ziele für die Erhaltung des *mühsam aufgebauten* Mitarbeiter-Potentials und des Know how in Entwicklung, Produktion und Betreuung im Unternehmen.

Das einzige Rezept der Geschäftsführung besteht offensichtlich darin, auf die Folgen der Fusion sowie scheinbar geänderte Planungsprämissen mit überzogenen Rationalisierungsmaßnahmen und unverantwortlichen Personalreduzierungen zu reagieren.

Forderungen:

Airbus-Entwicklung
* Konsequente Marktanalyse mit Ausnutzung aller Möglichkeiten auf technologischem und akquisitorischem Sektor.
* Konsequente Weiterentwicklung und Verbesserung der be-

---

reits bestehenden Varianten A 300-B2, A 300-B4 (z.B. Cockpit-Bereich).
- Aufbau einer auf lange Sicht lebensfähigen AIRBUS-Familie.
- Beibehaltung des Entwicklungspotentials im Verhältnis zu unseren AIRBUS-Partnern.

Verkehrstechnik
- Die Rad/Schiene-Technik muß zielstrebig weiterentwickelt werden (gemeint ist der bei MBB unter dem Titel ›Intercity Experimental‹ entwickelte heutige ICE).
- Darüber hinaus bieten sich Möglichkeiten im Waggon-Leichtbau an (U-Bahn, S-Bahn, Spezialzüge).
- Auf dem Gebiet der Magnetschwebe-Technik sind die Marktchancen nicht nur auf dem nationalen Markt, sondern auch international zu prüfen und die sich daraus ergebenden Möglichkeiten konsequent zu nutzen.
- Consulting-Aufträge von Drittländern.

Energietechnik
Wir erwarten, daß die vorhandenen Fähigkeiten, Ansätze und Entwicklungen (Projekte, die bereits bis zur Serienreife geführt sind) aggressiv vermarktet werden. Hierzu gibt es folgende Beispiele:
- Wärme- und Energiespeicher bei ERNO und MBB.
- Wärmerohre (werden zur Zeit nach Österreich vergeben).
- Windenergie MBB.
- Biogasanlage (mit geringen Mitteln serienreif zu machen).
- Heliostate usw.

Die Gesamtbetriebsräte halten eine Beteiligung des Unternehmens in diesem energiepolitischen Bereich für eine außerordentlich bedeutungsvolle Aufgabe (firmenpolitisch/gesellschaftspolitisch).

Anlagentechnik

In der Anlagentechnik sind in den letzten Jahren bei MBB folgende Produkte beinahe produktionsreif entwickelt und dann ohne zwingende Gründe fallengelassen worden:

- Flugzeugwaschanlage (könnte unmittelbar über das AIR-BUS-Vertriebsnetz vermarktet werden; Unterlagen und vielversprechende Marktanalysen sind bereits 1976 erstellt worden).
- Kunststofftechnologie für Kfz-Teile.
- Meeres- und Umwelttechnik (hierzu gibt es erhebliche Aktivitäten im Unternehmensbereich Marine und bei MBB).
- Lecktestgerät (ist bereits in einigen Prototypen in Augsburg im Test, wird jedoch nicht weiterverfolgt, obwohl die Marktanalysen positiv sind).

Auf allen diesen Gebieten sind unternehmerische Entscheidungen und der Wille der Geschäftsführung zu deren Durchsetzung unbedingt erforderlich, um erfolgreich zu sein. Das bedingt:

1. ein konstruktives Unternehmenskonzept,
2. eine klare Prioritäten-Festlegung,
3. Organisation nach Produktgruppen,
4. ein Agieren und kein Reagieren der Geschäftsführung,
5. eine unternehmerische Fortsetzung eines Projektes, auch dann, wenn öffentliche Forschungsmittel nicht mehr bereitstehen.

Du hast keine Chance – nutze sie!

Mein Verleger hat gesagt, ich soll nur alles so erzählen, wie es sich wirklich zugetragen hat. Hoffentlich hat es Sie nicht gelangweilt. Aber jetzt ist es Zeit, ein paar allgemeine Lehren zu ziehen. Wir haben sehen können, wie sich eine zunächst ablehnende Position in eine zustimmende verwandelte. Wir haben gesehen, daß es ablehnende Haltungen nicht nur auf der Unternehmensseite, sondern auch in den eigenen Reihen gab, und wie man sie überwinden konnte. Beides zusammen führt zu dem Ergebnis: Es geht, auch wenn es anfangs nicht so aussieht. Man darf nie die Hoffnung aufgeben. »Du hast keine Chance: Nutze sie!« Und wir dürfen nicht glauben, wir hätten immer recht, und die anderen immer unrecht. Um richtig, d. h. interessengemäß handeln zu können, ist es viel wichtiger, die eigenen Fehler und Irrtümer aufzudecken als die der anderen. Und wir müssen reden mit den Leuten, von denen wir etwas wollen, müssen formulieren, was wir wollen und dann alles zu seiner Durchsetzung tun, statt die anderen anzugreifen und ihnen vorzuwerfen, was sie nicht tun. Natürlich muß man dazu auch alle Einflußmöglichkeiten aufbieten, die einem zu Gebote stehen.

Ein häufiger Einwand gegen den Versuch, mit neuen Produkten Arbeitsplätze zu retten, lautet, dafür sei es zu spät. Das Unternehmen sei schon derart in Schwierigkeiten, daß nun auch keine Mittel mehr vorhanden seien, um etwas Neues aufzubauen. Wenn dieser Einwand wirklich zutrifft und nicht nur eine bloße Ausflucht ist, dann heißt eine Lehre daraus in jedem Fall: Man muß rechtzeitig anfangen, wenn man noch die Möglichkeiten dazu hat!

Positiv denken – konstruktiv handeln

Was ich noch nicht berichtet habe: Ich habe niemals die eigenen Kollegen angegriffen, weil sie Rüstungsgüter herstellten. Mir berichteten zwei Dornier-Kollegen mit Tränen in den Augen, gestandene Betriebsräte, wie es ihnen auf einem IG Metall-Seminar erging, nachdem sie sich vorgestellt hatten: Die ganze Woche habe keiner mit ihnen ein Wort gewechselt, weil sie aus einem Rüstungsbetrieb kamen. Man kann damit auch anders umgehen. Als ich nach Augsburg zu MBB kam, wo sie die Schwenkflügel für den Tornado in fünf Achsen aus dem Vollen frästen, habe ich gesagt: was für eine tolle Technik und Leistung! Damit könnte man bestimmt noch viel mehr tolle Sachen machen . . . Anerkennung des anderen und seiner Leistung, konstruktiver Umgang auch mit Dingen, die einem nicht gefallen – das ergibt einen Ausgangspunkt, um mit den anderen Menschen die Grundlage für gemeinsame Problemlösungen zu schaffen.

4. Konversion

Umwelt- und Ressourcenschonung

1982 wurde bei MBB Augsburg ein Arbeitskreis »Alternative Produktion« gegründet. Sie können sich vielleicht kein Bild davon machen, wieviel Mut dazu gehörte. In solch einem Rüstungsbetrieb, der wichtige Teile für den Schwenkflügler Tornado mit der höchstentwickelten Technologie herstellte, bedeutete »alternativ« ja erst einmal, daß man die gewohnte Arbeit in Frage stellte. Aber die Belegschaft bis hinauf zur Werkleitung erkannte sofort, daß das nicht gegen ihre Interessen gerichtet war. Bedeutsam dafür war auch die immer wieder vorgetragene Behauptung von dem zivil nutzbaren *spin off* bei militärischer Forschung, Entwicklung und Produktion. Wenn solche Ergebnisse vorlagen, mußte ja schließlich auch ein Aufwand für die Überführung vom militärischen in den zivilen Bereich, für das Auffinden und Realisieren von Anwendungsmöglichkeiten betrieben werden.

Der Arbeitskreis machte sich zunächst Vorstellungen über die Felder, auf denen ein Bedarf besteht und der Betrieb ein Potential besitzt: Umweltschutz, Rohstoffrückgewinnung, universell anwendbare Energieerzeugungsanlagen, Anlagen für die Dritte Welt, Notfallmedizin und Medizinanlagen, Produkte für den öffentlichen Nahverkehr u. ä. Die nähere Konkretisierung orientierte sich erst einmal an den früher dargelegten Ideen von Lucas Aerospace. Weiter ging es mit einem Tornado-Konversionskonzept von Jörg Huffschmid, das Meerwasserentsalzungs- und Windenergieanlagen ebenso einschloß wie ein Recycling Center, ein Antiblockiersystem und Teile für lärmgedämpfte Motoren. Natürlich hatte man sich überlegt, was man mit der vorhandenen Qualifikation und Betriebsausrüstung bewerkstelligen konnte. Schließlich entstanden eigene Ideen, wie eine versenkbare Ga-

Programm zur Umweltverbesserung und Ressourcenschonung

Sofortprojekte		Schwerpunktprogramm 1989–92 mit anschl. Umsetzung TEXTILVIERTEL Gewerbliches Entwicklungsgebiet			weiterführende Projekte

Sofortprojekte

Basys
- Direktangebote Gebäudeleitsysteme

Abwassersatzung
- Starkverschmutzerabgabe
- Auswirkung für Industrie
- Maßnahmen- und Gebührenmodelle

"Schulbeispiele"
- Energieplanung für öffentliche Gebäude
- Energiekonzept für Bauleitplanung
- Neubaugebiete Sanierungsgebiete

Schwerpunktprogramm 1989–92 mit anschl. Umsetzung — TEXTILVIERTEL Gewerbliches Entwicklungsgebiet

Städtebau
- Rahmenplanung
  - Nutzung
  - Freiflächen
  - Verkehr
  - Umwelt

Abwassertechnik
- Abwassersammler
- Vorbehandlung Schwermetalle
- Satzungsmodelle → technische Wirkungen
- Schwermetallausfällung

Energietechnik
- Abwärme
- Energieeinsparpotentiale
- regenerative Energietechniken (Solar, Wasser)
- kommunale Satzungen
  - Einspeisen
  - Bürgschaften
  - Tarife
  - Energieverbundsteuerung
- Biotechnologische Abfallverwertung

weiterführende Projekte

- Energieversorgung
  - neue Industriestandorte
- Verkehrsleittechnik ÖV
- CKW-Substitution
- Demonstrationsbeispiele Sanierungsbedarf
- Energiewende
- Szenario: regenerative Energietechnik im Energieverbund

rage, um Grundstücke besser auszunutzen, Abdeckungen für Kläranlagen, damit man näher heran bauen könne, ein mobiles Katastrophenkrankenhaus und ebensolche Behelfswohnungen, der Heidegger-Motor und Wasseraufbereitungsanlagen. In einem weiteren Schritt wurde – in der Öffentlichkeit stark beachtet – das Programm Umweltverbesserung und Ressourcenschonung PUR vorgestellt, das zusammen mit der Stadt Augsburg entwickelt worden war. Es umfaßte ein umweltverträgliches Nahverkehrssystem ebenso wie die Sanierung der Altlasten im früheren Gelände der Textilindustrie, und dies in einer Public Private Partnership zwischen Betrieb und Kommune, die sogar gemeinsam einen Auftrag zur Durchführung an das Münchner Institut für Medienforschung und Urbanistik (IMU) finanzierten.

Wenn auch diese Vorhaben nicht unmittelbar so in die Tat umgesetzt wurden, trugen sie doch erheblich zur Durchsetzung des Alternativkonzepts auf Unternehmensebene bei – und sie setzten Maßstäbe für eine Öffnung des Denkens, für das, was Belegschaften in der Lage sind, an Perspektiven auch über das Bestehende hinaus zu entwickeln, Ängste und Bedenken zu überwinden, und was ein aufgeschlossenes Management bereit ist aufzugreifen. Diese Erfahrungen können uns auch heute wieder leiten, wenn Kleinmut uns hindern will, über den Tellerrand hinauszublicken. Die Laserschweißanlage jedenfalls wurde Realität und findet Absatz in der Automobilindustrie.

Friedensresolution und Arbeitsplätze

»Rüstung ruiniert die Wirtschaft« – unter diesem Titel beschloß 1987 eine IG Metall-Bezirkskonferenz in Karlsruhe eine weitreichende Friedensresolution. Der Blätterwald der Friedensbewegung rauschte auf: Die große IG Metall hat sich für Rüstungskonversion ausgesprochen! Anzustreben seien, so hieß es in der Entschließung, betriebliche Arbeitskreise »Alternative Produktion«, die sich mit der Sicherung bzw. Schaffung von Arbeitsplätzen befassen sollten, »sei es als Alternative zur Rüstungsproduktion oder zu auslaufenden Produkten.«

Hier wird schon deutlich, wie die Beschränkung und Verengung auf das Friedensthema allmählich aufgegeben wird. Es ging nicht mehr nur darum, zivile statt militärischer Güter herzustellen, sondern neue statt alter Produkte. Das Ende der Vollbeschäftigung machte sich bemerkbar. So wurden nun die Begriffe Alternative Produktion, Qualitatives Wachstum und »Statt Rüstung nützliche Dinge« zu einem Thema zusammengefaßt. »Qualitatives Wachstum« war eine Position, die der DGB seit 1977 vertrat, und die zum Inhalt hatte, man brauche zwar Wachstum, aber kein beliebiges, kein schädliches, sondern mehr sozial und ökologisch nützliche Güter. Folgende Produktfelder wurden in der Friedensresolution benannt:

**Alternative Produktion – qualitatives Wachstum –
statt Rüstung nützliche Dinge:**

– Ersatzarbeitsplätze für wegfallende Technologien wie gegenwärtig bei Stahl und Werften, künftig evtl. bei der Automobilindustrie einschließlich Zulieferern;
– Umweltschutz, vor allem im Betrieb (z. B. geschlossener Abwasserkreislauf);
– alternative Energietechnik, z. B. Wasserstofftechnologie;
– besseres Verkehrssystem;
– Abfallwirtschaft/Rohstoffrückgewinnung;
– Stadterneuerung;
– Wohnungsbau.

Ein Fortschritt in der Diskussion – Praxis war es damit ja noch längst nicht – war die Ausweitung des Konversionsthemas auf prinzipiell sämtliche Produktgebiete auch insofern, als noch wenige Jahre zuvor in einem internen Papier beim IG Metall-Vorstand genau dies als ein Mißbrauch des Konversionsthemas gebrandmarkt worden war: Es werde mißbraucht für Ersatzmanagement. Co-Management war damals ein verbreitetes Stichwort, und es war heftig umstritten. Man übe damit Unternehmerfunktionen aus, und dafür sei man nicht zuständig. Im pluralistischen Meinungsspektrum konnte und kann man dazu die verschiedensten, auch gegensätzlichen Standpunkte vorfinden: Für die einen ist Co-Management Klassenverrat und gilt als »rechte« Position, weil man sich Unternehmerstandpunkte zu eigen mache. Für die Gegenmeinung ist es konsequente Interessenvertretung, sich auch um die Schaffung von Arbeitsplätzen zu bemühen, und damit eine »linke« Position. Klassenverrat üben dann diejenigen, die das nicht tun. Sie, liebe Leserinnen und Leser, sehen schon: Wenn man die hitzigen ideologischen Grabenkämpfe ein wenig relativiert, bleibt am Schluß eigentlich nur eins übrig: sich im Interesse der Sache und der Menschen um Vollbeschäftigung und um das Funktionieren der Wirtschaft insgesamt zu bemühen.

Die Stelle des damals so wichtigen Abrüstungsthemas hat heute die Ökologie eingenommen – wie übrigens auch viele der handelnden Personen und vielleicht auch ihre Motive: Gefahren zu erkennen, das Böse abzuwehren und selbst auf der Seite des Guten zu stehen. Nur ist es seit Menschengedenken umstritten, was gut ist und was schlecht. Die Beschränkung der Sorge um Arbeitsplätze auf so schöne ideologisch reine Themen wie Frieden, Ökologie und Soziales jedenfalls ist nicht so gut, wie sie aussieht, denn sie verhindert die Ausweitung auf das Gesamtthema der Arbeitslosigkeit.

Auch für die Unternehmer sind ganz gegensätzliche Einschätzungen möglich: von einer Einmischung in ihre Angelegenheiten (»Herr im Haus bin ich«) bis zur willkommenen Unterstützung bei der Ausweitung oder Erhaltung des Geschäftsumfangs, von Umsatz und Gewinn. Auch die Identifikation der Mitarbeiter mit »ihrem« Unternehmen wird zunehmend weniger als Bedrohung denn als Chance gesehen, das Engagement der Arbeitnehmer einzubeziehen.

Generell ist jedoch bis heute eine gewisse Tendenz spürbar, sich nicht mit so banalen Dingen wie einer Druckmaschine, einer Nähmaschine oder einem Bügeleisen abzugeben. Das Herz schlägt einfach höher, wenn man sich mit den großen Problemen dieser Welt beschäftigen kann. Meine Bitte an alle die idealistischen Freunde ist nur, auch den Abbau der Arbeitslosigkeit zu diesen großen Problemen zu zählen und eine Politik zu unterstützen, die mit neuen Produkten Arbeitsplätze schafft. Was schließlich aus dem Vorhaben wurde, das die Friedensresolution sich gesetzt hatte, dafür folgen jetzt zwei Beispiele.

Vom Zünder zur Solaruhr

Im nördlichen Schwarzwald, idyllisch gelegen, gab es ein Zentrum der Rüstungsindustrie: Oberndorf, mit drei wichtigen Betrieben: der Uhrenhersteller Junghans produzierte Zünder, Mauser, was sonst, das Mausergewehr, und Heckler & Koch das weltweit bekannte Gewehr G 32. Der Standort war wohl weniger touristisch bedingt, sondern eher damit, daß man solche Fabriken nicht so leicht entdecken können sollte. Als Nachfolgemodell für das G 32 war das G 10 in der Entwicklung: mit hüllenloser Munition und einer Durchschlagskraft, bei der, wie nicht ohne Stolz hinzugefügt wurde, es keine Verwundeten mehr gebe, weil selbst ein Streifschuß durch den gewaltigen Schock des Aufpralls tödlich wäre. All das grauste uns sehr, die wir doch in der Friedensbewegung nach Alternativen zur Rüstung suchten. Die Stadt Friedrichshafen, nicht weit entfernt am Bodensee, führte uns vor Augen, mit welcher Zerstörung man bestraft werden kann, wenn man Rüstungszentrum ist.

Wir sahen auch mehr die materiellen Dinge, die Waffen, mit denen Krieg geführt wird, und weniger die Ursachen, Ziele und

Hintergründe, aus denen Kriege entstehen. Eine weißhaarige Dame aus der Friedensbewegung brach in Tränen aus, als ich mich weigerte, meine Kollegen bei Heckler & Koch deswegen anzugreifen, weil sie Waffen produzierten und nicht zu unseren Sitzungen kamen. Wir suchten nach Alternativen, nicht nach Schuldigen. Aber für die Dame der Friedensbewegung war ich mitschuldig daran, daß in Nicaragua Menschen mit dem G 32 getötet wurden. In der Nacht darauf habe ich nicht so ruhig geschlafen. Gesinnungsethik gegen Verantwortungsethik – eigentlich kennt man das schon seit Max Weber. Walter Jens sagt heute noch: Wenn man mir vorwirft, ein Gutmensch zu sein – soll ich denn ein Schlechtmensch sein? Natürlich nicht: Der Gutmensch, der Gesinnungsethiker gibt sich damit zufrieden, die moralisch richtigen Positionen zu vertreten. Der Verantwortungsethiker, der sie in der schmutzigen Welt der Realität durchzusetzen versucht, stößt zwangsläufig auf Widerstände und Grenzen, auch die der eigenen Unzulänglichkeit, und macht sich damit angreifbar. Aber ohne Praxis kann man auch nichts durchsetzen; bleiben die hehren Theorien im Himmel des Erwünschten. Gut gemeint ist nicht immer gut gemacht. So stößt die reine Lehre mit der Realität zusammen – dieser Konflikt entsteht immer wieder neu. Fundis gegen Realos, Helmut Schmidt gegen die SPD, und jede Generation muß die Erfahrung aufs neue machen. Hinterher wundert sie sich, daß die Jungen genau wieder dort anfangen, wo sie selber es einmal tat.

Der DGB in Rottweil unter seinem Vorsitzenden Richard Richter fand sich 1988 bereit, ein Seminar durchzuführen, auf dem alternative Beschäftigungsmöglichkeiten zusammengetragen werden sollten. Es ergab eine Fülle von Vorschlägen, darunter
• Blockheizkraftwerke,
• Ökohaus,
• Dorferneuerung,
• Werkzeugmaschinenbau bei Heckler & Koch,

Solaruhr bei Junghans

aus: SPIEGEL 9/1994

Mut zum Risiko

Der Chef des Uhrenherstellers Junghans hat außergewöhnlichen Erfolg – und macht sich bei seinen Kollegen unbeliebt.

Der Mann sieht aus wie vom Boss-Plakat herabgestiegen: durchgestylter Siegertyp, sportliche Figur, entschlossener Blick.
Nur eines irritiert. An beiden Armen trägt er eine Uhr.
Bei Wolfgang Fritz, 47, ist das kein Spleen. Der Chef der Firma Junghans hat die Schwarzwälder Uhrenfabrik vor dem Niedergang gerettet und in Deutschland wieder zum Marktführer gemacht.
Die Japaner auf dem Uhrenmarkt zurückzudrängen, das hat vor ihm nur der Schweizer Nicholas Hayek mit der Swatch geschafft. Fritz setzte auf die Funk-Armbanduhr.
Seither gilt Fritz als einer der deutschen Vorzeigemanager, als Anti-Typ zu all den Nieten in Nadelstreifen. Dieses Image pflegt er sorgfältig – ob bei Gottschalk in der »Late Night Show« oder bei einer SPD-Veranstaltung in Bonn.
Beliebt macht er sich durch seine Auftritte nicht, zumindest nicht in den eigenen Reihen. »Die Führungsetagen der deutschen Industrie sind verkrustet, da sitzen viele Leute, denen Kreativität und Führungskraft fehlt«, sagt er etwa. Oder: »Die deutschen Manager haben den Mut zum Risiko verloren.«
Der deutschen Industrie sei es in den vergangenen zehn Jahren zu gutgegangen, meint Fritz. Da seien Privilegien gepflegt und die Marktbeobachtung vernachlässigt worden. Deshalb, meint er, »laufen wir jetzt Gefahr, den Anschluß an die Weltspitze zu verlieren und von Firmen in Fernost an die Wand gedrückt zu werden.«
Kein Wunder, daß der Uhrenmanager auch die Standortdebatte ganz anders sieht als seine Kollegen: Fritz macht nicht die hohen Löhne, sondern die schlechten Management-Leistungen für die Probleme der deutschen Wirtschaft verantwortlich.
»Wer innovativ ist, Mut zum Risiko hat und sein Unternehmen flexibel hält,«, sagt Fritz, »der kann jederzeit auch hierzulande Erfolg haben.«
Der gebürtige Mainzer, der sich über den zweiten Bildungsweg zum Marketingmanager durchboxte, hat zumindest auf dem Uhrenmarkt bewiesen, daß er nicht nur sich selbst glänzend verkaufen kann.
Den Massenmarkt traditioneller Wecker und Armbanduhren gab Fritz als Junghans-Chef sofort auf. »Mit den Japanern können wir bei den billigen ›Metoo-Produkten‹ niemals mithalten«, erkannte er.
Statt dessen setzte er auf Technologien, bei denen Junghans stark war: Die Funkuhr und die Solaruhr. Die eine trägt er am linken, die andere am rechten Handgelenk.
Funkuhren empfangen einen Impuls der Braunschweiger Cäsiumuhr über einen Sender in der Nähe

von Frankfurt. Im Umkreis von 1500 bis 2000 Kilometern stellt sich die Uhr, auch beim Wechsel von der Sommer- zur Winterzeit und umgekehrt, automatisch nach. In den achtziger Jahren wurden funkgesteuerte Großuhren immer mehr zum Massenmarkt. Billigware aus Fernost drohte die Schwarzwälder vom Markt zu verdrängen.

»Wir haben alle unsere Kräfte darauf konzentriert, etwas zu machen, was die Japaner noch nicht können«, erläutert Fritz die Junghans-Strategie. »Wir wollten die Funktechnik in der Armbanduhr haben.«

Ein ungemein schwieriger technischer Prozeß ist für diese Miniaturisierung vonnöten. Den Antennenstab des Funkempfängers kleiner als einen Bleistift zu machen, stellte für die Ingenieure lange Zeit ein unlösbares Problem dar. Deshalb war die Funkarmbanduhr bei Uhrmachern aus dem Schwarzwald jahrelang nicht mehr als ein vages Zukunftsprojekt.

»Angedacht haben wir das schon«, räumt einer der Schramberger Tüftler ein. »Aber das hieß bei uns ›Projekt X 2000‹, sollte also irgendwann nach der Jahrtausendwende fertig sein.«

So lange wollte Fritz nicht warten. Er stockte die Entwicklungsmannschaft in Schramberg von 5 auf 21 Leute auf, gab ihr Geld zum Experimentieren und die notwendige Motivation. 1990, nach nur neun Monaten Entwicklungsarbeit, war die Weltneuheit fertig. Ein Unternehmen so zu führen, daß die Mitarbeiter motiviert sind und die Produkte den Wünschen der Kunden und nicht denen der Werkstechniker entsprechen, hält Fritz für die wichtigste Anforderung an einen Chef. »Die Mannschaft muß eine Vision haben, auf die man zusteuert.« Fritz hat bei Junghans regelmäßige »Kreativ-Sessions« der Mitarbeiter organisiert. Dort darf jeder träumen, spinnen, philosophieren. »Nur eines darf er nicht«, erläutert Fritz die Regeln. »Er darf nicht sagen: Das geht nicht.«

Einer dieser Sitzungen entsprang die Idee, Funk- und Solaruhr zu vereinen. Und da keiner lamentierte, warum das nicht gehen könne, machten sich die Tüftler an die Arbeit. Anfang 1993 präsentierte Junghans die »Mega Solar«. Der technische Erfolg macht sich bezahlt. Der Umsatz von Junghans, einer Tochtergesellschaft der Nürnberger Diehl-Gruppe, verdreifachte sich zwischen 1987, als Fritz bei der Uhrenfirma antrat, und 1993 auf fast 400 Millionen Mark. Seit fünf Jahren wächst Junghans mit zweistelligen Raten.

Vor drei Jahren stieg Junghans bei der ostdeutschen Uhrenfabrik Ruhla ein. In Thüringen läßt Fritz die preiswerten Marken zusammenbauen, die das hohe Markenimage des Namens nicht beschädigen sollen.

»Bei Junghans waren wir erfolgreich«, sagt Fritz, weil wir eben doch schneller waren als die Japaner.« Das ließe sich, meint er, in vielen Firmen wiederholen. »Es gibt doch überall viele Ideen, man muß sie nur anpacken.«

- Nutzung der Zündertechnik zum Lösen des Anschnallgurts bei Unfall,
- Nutzung der Solarenergie für den Antrieb von Uhren bei Junghans.

Die Vorgehensweise ist im Prinzip immer die gleiche: Menschen, die etwas wollen und etwas wissen, zusammenholen und nach ihren Vorstellungen fragen. Natürlich werden die Ergebnisse um so realistischer, je näher sie an Wirtschaft, Wissenschaft und Technik sind. Aber auch die Öko- und Friedensfreaks mit ihrem Idealismus können, wie man sieht, nützliche Beiträge leisten. Die Diskussion muß man konstruktiv moderieren, so daß möglichst kein Vorschlag untergeht oder vom Bedenkenträgertum zerredet wird. Die Stillen im Land haben manchmal die besten Ideen, gerade weil sie sich oft mehr auf die Lösung eines Problems konzentrieren als auf Machterringung und Selbstdarstellung. Man sollte sich wie ein Goldwäscher verhalten: aus einer Unmenge von Argumenten und Feststellungen über die bestehenden Zustände die wenigen Goldkörner von nützlichen, zielorientierten Vorschlägen herausisolieren und festhalten. Getreu den Regeln des Brainstorming kann sachliche Kritik später einsetzen: Welche Vorschläge erscheinen realistisch, welche Kapazität zu ihrer Weiterverfolgung steht zur Verfügung? Welche Prioritäten können und wollen wir uns setzen? Wem können wir unsere Vorschläge unterbreiten? Denn eines stand fest: Wir selbst konnten keine dieser Ideen verwirklichen. Wir würden auf jeden Fall die Unternehmer dazu brauchen.

Für den Vorschlag, Solarenergie zum Antrieb von Uhren einzusetzen, hat sich einer gefunden: Wolfgang Fritz, Chef des Uhrenherstellers Junghans. Im September 1994 stand im SPIEGEL, wie der Manager Fritz mit Solar- und Funkuhren die Firma wieder flott gemacht hat. »Die eine trägt er am linken, die andere am rechten Handgelenk.« Der Umsatz wurde verdreifacht und stieg mit zweistelligen Zuwachsraten. Niemand darf bei einem Vorschlag sagen: »Das geht nicht.«

»Die Führungsetagen der deutschen Industrie sind verkrustet, da sitzen viele Leute, denen Kreativität und Führungskraft fehlt«, sagt Fritz. »Die deutschen Manager haben den Mut zum Risiko verloren. Bei Junghans waren wir erfolgreich, weil wir eben doch schneller waren als die Japaner.« Das ließe sich, meint er, in vielen Unternehmen wiederholen: »Es gibt doch überall viele Ideen, man muß sie nur anpacken.« (siehe Kasten »Solaruhr bei Junghans«).

Automatisches Waggonerkennungssystem

Bei der ANT Nachrichtentechnik in Backnang suchte der Arbeitskreis Kaufleute, Ingenieure, Techniker (KIT) nach Projekten, die eine Ausweitung der Beschäftigung ermöglichen würden. Dieser Betrieb mit 4.500 Beschäftigten war auf vielen Gebieten der Nachrichtentechnik tätig, so auch auf dem Verkehrssektor. Der Arbeitskreis legte einen Schwerpunkt auf die Forcierung der Mitarbeit an dem europäischen Verkehrsprojekt PROMETHEUS, auf das wir später noch zu sprechen kommen, aber auch auf die Verbesserung des Verkehrswesens im Eisenbahnbereich. Er wurde fündig: Das Unternehmen hatte ein Automatisches Waggonerkennungssystem entwickelt. Die Zusammenstellung der Güterzüge erfolgte noch nach einem ziemlich altmodischen Konzept. Die Waggons wurden auf eine Ablauframpe geschoben und einzeln über unterschiedliche Weichenstellungen zu ihren Bestimmungszügen abgerollt. Kein Wunder, dachte man sich als Laie, wenn bei soviel Zeitaufwand die Kunden ihre Fracht lieber mit dem LKW befördern lassen. Das Automatische Waggonerkennungssystem hätte es ermöglicht, daß die Güterzüge ohne das umständliche Abrollen direkt durch Kombination der Waggons, die automatisch identifiziert werden konnten, zusammengestellt würden. Aber die Bundesbahn hatte das Vorhaben abgelehnt. Ich muß gestehen, ich nahm Kontakt zum

Vorstand der Eisenbahnergewerkschaft auf, aber auch dort hatte man Angst vor dem Arbeitsplatzverlust, der die Rangierer treffen würde. Die Unternehmensleitung von ANT erschrak, als das Projekt und seine Ablehnung durch die Bahn bekannt wurden. Man fürchtete, einen wichtigen Kunden zu verprellen. Als die Angelegenheit auch noch über den Lokalrundfunk verbreitet wurde, erkannte eine Menge Leute, daß hier ein vielversprechendes Projekt blockiert wurde. Gewiß, unser Arm war damals zu kurz; aber ich sehe gerade darin die Notwendigkeit begründet, auf höherer Ebene ein Gremium zu installieren, das maßgebliche Entscheidungsträger zusammenführt. Immerhin war ein sehr schöner Nachweis erbracht, was so in den Schubladen schlummert und durch aktive Belegschaftsmitglieder zum Leben erweckt werden kann.

5. Arbeitsplätze durch Humanisierung

Lackieranlagen ohne Lösemittel

Als sich in den achtziger Jahren die Sensibilität gegenüber Gefahrstoffen in der Umwelt verstärkte, entwickelte ich als Bezirkssekretär in Stuttgart eine Aktion zum betrieblichen Umweltschutz, die später »Tatort Betrieb« genannt wurde, ausgehend von der Erkenntnis, daß Umweltschutz im Betrieb beginnen muß, wo ein Großteil der Schadstoffe erzeugt wird. Welche Gefahren Lösemittel in Klebstoffen und Farben für die Gesundheit mit sich bringen, drang damals gerade in ein breiteres Bewußtsein. Die Alternative war, besonders beim Lackieren von Autos, den Lack mit wasserlöslichen Farben aufzubringen.

Dazu brauchte man auch andere Anlagen. Die Firma Dürr in Stuttgart hatte mit ihrem System Ecoclean eine solche Anlage für wasserlösliches Lackieren im Angebot. Mit dem Betriebsrat verabredete ich eine öffentlichkeitswirksame Aktion zur Werbung für diese Anlage – immer nach dem Grundsatz, sich nicht nur gegen das Schlechte, sondern vor allem für das Gute oder wenigstens das Bessere einzusetzen. Das wasserlösliche Lackieren stieß damals noch auf starke Vorbehalte. Man könne es nicht ohne Tropfenrückstände aufbringen, das Trocknen dauere viel länger, dafür brauche man mehr Hallen (wie unwirtschaftlich!), und was es immer so an Bedenken und ungelösten Problemen gibt. Die Schwierigkeiten konnten überwunden, das wasserlösliche Lackieren durchgesetzt werden. So bekam auch der Betrieb Aufträge für seine neuen Anlagen.

Ein Mitbewerber aus der Nähe von Pforzheim allerdings protestierte wütend, sogar telegrafisch: was uns einfiele, Reklame für ein Konkurrenzprodukt zu machen! Ich fuhr mit einigen Kollegen hin, ließ mir den Betrieb zeigen und versicherte dem Besitzer, daß wir uns auch für seine Anlagen einsetzen würden, wenn er solche zum wasserlöslichen Lackieren anbiete.

Das Beispiel bietet eine interessante Variante für die Schaffung von Arbeitsplätzen. In diesem Fall gingen wir von einem bestehenden Problem aus, suchten und fanden eine Lösung, und für diese Lösung brauchte man eine anderes Verfahren, aber auch ein anderes Produkt – im Hinterkopf immer der Unterschied zwischen Produkt- und Verfahrensinnovation. Hier kann gezeigt werden: Auch als Nebenergebnis des Einsatzes für bessere Arbeitsbedingungen kann eine Produktinnovation entstehen, die wiederum Arbeitsplätze bietet.

An dieser Stelle ist ein Exkurs zum Thema des sozialen Nutzens von Produkten angebracht. Die Urheber der ganzen Idee, das Komitee bei Lucas Aerospace ebenso wie die Alternativen Arbeitskreise an der Küste, haben immer darauf bestanden, daß ihre Produkte einen sozialen Nutzen haben müßten. Der Niederflurwagen verbessert den öffentlichen Verkehr und dient deshalb der Umwelt. Das Nierendialysegerät ebenso wie das Hobcart für fortbewegungsunfähige Kinder zeigen deutlich das soziale Anliegen.

Auch das wasserlösliche Lackieren, die besseren Arbeitsbedingungen bei Bildschirmarbeit, die weiter unten dargestellt werden, oder der Abbau von Leistungsdruck sind soziale Anliegen. Ein Unterschied allerdings besteht zur ursprünglichen Konzeption: das ist die *Beschränkung*. Wer etwas gegen die Arbeitslosigkeit bewirken will, darf sich nicht auf soziale, ökologische und humane Ziele beschränken. Er darf sich überhaupt nicht beschränken. Denn auch die Überwindung der Arbeitslosigkeit ist ein soziales Anliegen. Und dazu braucht man auch solche Produkte, die vielleicht keinen ausgesprochenen sozialen Nutzen haben, z.B. ein Bild an der Wand, einen Walkman, einen Kühlschrank, ein Haus zum Wohnen, eine Lampe – ungezählte Gegenstände des täglichen Bedarfs, von denen viele nötig sind, viele andere aber auch nur Spaß machen, der Bequemlichkeit oder der Unterhaltung dienen. Die Unterhaltungselektronik allein ist eine ganze Branche. Man könnte noch Tausende von Beispielen anführen, aber vielleicht wird auch so das Problem deutlich: Wer nur das Gute will, sogar das ganz besonders Gute, beschränkt, je strenger seine Kriterien sind, zunehmend den Kreis der von ihm zugelassenen Güter. Am Schluß bleibt nicht mehr viel übrig, und das ist schlecht für die Arbeitsplätze.

Viele Diskussionen haben mich gelehrt, daß dann sofort die Unterstellung kommt: Ja, dann mußt du auch für Rüstung und Kernkraft sein. Das gerade stimmt nicht: Wenn ich erstens für das Gute bin, zweitens für das ganz Normale und Neutrale, dann muß ich noch längst nicht für das Schlechte sein – unterstellt, Rüstung und Kernkraft seien schlecht. Das Gegeneinander, die Ausschließlichkeit verschiedener Positionen, von denen meistens die eine die anderen als politisch nicht korrekt verurteilt, hindern uns am gemeinsamen Handeln und am Einsatz für die Interessen derjenigen, die wir dann hinterher als die sozial Schwachen bemitleiden, statt uns vorher dafür einzusetzen, daß sie nicht sozial schwach werden. Vorsorge statt Nachsorge, wir kommen noch darauf, ist in der Agenda von Rio ein Grundsatz nicht nur für den Umweltschutz, sondern auch für die soziale Frage.

Büromöbel für humane Bildschirmarbeit

Job creation durch bessere Arbeitsbedingungen: Das geschah in größerem Maß, als sich Anfang der achtziger Jahre in den Betrieben die Bildschirmbewegung entfaltete. Damals wurde schon sichtbar, daß durch die Arbeit am Bildschirmgerät – heute ist das hauptsächlich der PC – nicht nur die Augen, sondern auch die Hände und Handgelenke, die Muskulatur und das Skelett, die Nerven und alles mögliche andere strapaziert werden konnte. Das erst später so bezeichnete RSI-Syndrom war ein bedauerlicher Beweis, daß die damaligen Befürchtungen nicht unbegründet waren. Repetitive Strain Injury: durch die zahllos wiederholten Hand- und Fingerbewegungen an der Tastatur, aber auch mit der Maus entstehen feinste Muskelverletzungen, die lange Zeit kaum bemerkt werden, dann aber schlagartig die schlimmsten Schmerzen auslösen. Die Hand kann dann nicht einmal mehr die Kaffeetasse halten. Wir entwickelten – aus einem Tarifvertrag der IG Druck und Papier – eine Betriebsvereinbarung, in der Pausen und Höchstarbeitszeiten für Bildschirmarbeit gefordert wurden, Vorsorgeuntersuchungen und Brillenzuschüsse und manches andere. In den meisten Betrieben und Unternehmen wurden solche Vereinbarungen durchgesetzt. Etwas respektlos hieß es »Säugetier-Ergonomie«, wenn wir verlangten, daß neben den wichtigen arbeitsorganisatorischen und medizinischen Fragen auch die elementaren Anforderungen des Körpers nicht vergessen werden sollten: höhenverstellbare Tische, denn die Menschen sind verschieden groß, Beleghalter, damit man die Vorlage in Augenhöhe hat, Fußstützen und blendfreie Beleuchtung.

Sie machen sich vielleicht keine Vorstellung, wie es im Betrieb manchmal zugeht: der PC auf der Fensterbank oder auf einer Apfelsinenkiste, das Fenster gegen Blendung mit Packpapier verklebt. Noch 1996 fand ich in einem renommierten Unternehmen in Frankfurt am Main einen PC auf einigen Packen Kopierpapier – höhenverstellbar je nach Anzahl der Papierstöße. Erinnern Sie sich, wie alle Bürostühle auf fünf Rollen umgerüstet werden mußten, damit sie nicht kippen können? Das war eine Auftragslawine. So etwas wäre heute wieder einmal angezeigt: für die Konferenzstühle mit ihren viel zu niedrigen Rückenlehnen, auf denen die geplagten Sitzungsteilnehmer immer weiter nach vorn rutschen, damit ihr Rücken Halt findet.

Wahrscheinlich hat die Büromöbelindustrie selbst nicht einmal bemerkt, wem sie den Boom zu verdanken hatte. 1992 fuhr ich nach Brüssel und brachte beim Europäischen Metallgewerkschaftsbund einen Vorschlag ein, die Gestaltung der Bildschirmarbeit europaweit zu regeln. Daraus entstand – über das Technikbüro des Europäischen Gewerkschaftsbundes – die EU-Richtlinie zur Bildschirmarbeit. Je nachdem, wie sie in den Betrieben umgesetzt wird, kann die darin vorgesehene Arbeitsplatzanalyse mit den entsprechenden Abhilfevorschlägen auch wieder Beschäftigungswirkungen in der EDV- und Büromöbelbranche auslösen.

Maschinensteuerung für den Facharbeiter

Noch ein drittes Beispiel, dann ist Ihre Phantasie wahrscheinlich hinreichend angeregt, um sich weitere beschäftigungswirksame Verbesserungen der Arbeitsbedingungen einfallen zu lassen. Das bis Ende der achtziger Jahre vorherrschende Rationalisierungsmuster in der Fabrik hieß CIM: Computer Integrated Manufacturing, computerintegrierte Produktion. Ihm lag die Zielvorstellung zugrunde, den arbeitenden Menschen, wo immer möglich, im Produktionsprozeß entbehrlich zu machen und die Produktion weitestgehend zu automatisieren. Zu diesem Zweck sollten die computergesteuerten Maschinen miteinander vernetzt werden und ohne menschlichen Eingriff auskommen. Dementsprechend wurden sie auch programmiert. Die »Bedienungskräfte« sollten wenig kosten und eigentlich nur die zu bearbeitenden Teile einlegen und herausnehmen.

Schon der oben erwähnte Mike Cooley von Lucas Aerospace setzte dem CIM das HIM entgegen: Human Integrated Manufacturing. In diesem Rahmen – es gab auch ein europäisch gefördertes Projekt namens HIM – setzte sich vor allem Udo Blum aus unserer Automationsabteilung für Maschinensteuerungen ein, die am Wissen und Können des Facharbeiters orientiert sein sollten. Werkstattorientierte Programmierung (WOP) war die Zielrichtung, die auch in zahlreichen Fällen realisiert wurde: Die computergesteuerten (CNC: Computer Numerical Control) Bearbeitungsmaschinen sollten nicht in der Arbeitsvorbereitung programmiert werden, wo das Computerwissen angesiedelt war, sondern in der Werkstatt, wo die Facharbeiter das Fachwissen besaßen. Heute hat sich die Auffassung zu einem beträchtlichen Teil durchgesetzt, daß das Wissen und Können der Menschen einbezogen werden muß und nicht ausgeschaltet werden sollte.

Dazu bedurfte es aber auch einer entsprechenden Technik. Die unter der abstrakten Programmierlogik entwickelten Maschinensteuerungen ließen keinen Raum für ein Eingreifen des Drehers, wenn er aufgrund seiner Erfahrung bemerkte, daß etwas nicht »rund lief«. Hier setzte die Automationsabteilung an: Sie fand eine Firma (Keller) in Wuppertal, die bereit war, eine entsprechende, an den Fähigkeiten des Facharbeiters ausgerichtete CNC-Steuerung zu entwickeln. Heute gehört dazu sogar ein Handrad, mit dem der Dreher die Einstellung der Maschinen unter Einsatz seiner Sinneserfahrungen simulieren und regeln kann, ähnlich wie es früher beim Handbetrieb der Fall war. Auch andere Werkzeugmaschinenhersteller werden inzwischen auf dieses Konzept aufmerksam, und es bestehen gute Chancen, mit einer solchen Steuerung und solchen Werkzeugmaschinen im weltweiten Wettbewerb, vor allem mit den Japanern, besser abzuschneiden.

Hier bietet sich noch ein weites Feld, nachdem endlich die bedeutsame Rolle des Menschen und des Teams im Produktionsprozeß wieder anerkannt wurde, auch die entsprechenden gruppenarbeitsförderlichen Technologien zu entwickeln. In weitem Umfang entspricht die Technik noch dem vorangegangenen Paradigma.

Neueinstellungen statt Leistungsverdichtung

Dieses Buch beschränkt sich bewußt auf die Neuschaffung von Jobs und klammert die Umverteilung von Arbeit aus, die durch Verkürzung der Wochenarbeitszeit, durch Lebensarbeitszeitverkürzung, Teilzeitarbeit, Job Sharing und vergleichbare Formen einen Beitrag zur Überwindung der Arbeitslosigkeit leisten kann. Der Grund, dies hier nicht zu behandeln, liegt darin, daß es in der Öffentlichkeit bereits bekannt ist und seit Jahren diskutiert wird.

Doch es gibt Ausnahmen. Während die eine ziemlich bekannt ist und öffentlich mehrfach als Forderung erhoben wurde, nämlich der Abbau von Überstunden, wird ein anderes gravierendes Problem weitgehend unter der Decke gehalten: der Leistungsdruck und die zunehmende Leistungsverdichtung. Heute finden Sie kaum noch jemanden, der nicht klagt, daß ihm die Arbeit über den Kopf wächst, daß er oder sie auf dem Zahnfleisch geht und wie die gängigen Formulierungen alle lauten. Man kommt mit dem Kopf unter dem Arm zur Arbeit, der Krankenstand sinkt; aber nicht, weil die Menschen weniger krank sind, sondern weil sie oftmals trotz Krankheit zur Arbeit kommen. Die Angst um den Arbeitsplatz treibt sie.

Auf der anderen Seite stehen die Millionen von Arbeitslosen, die Freizeit im Übermaß und zu wenig Arbeit haben. Das hängt auch noch aufs engste zusammen: Während die einen hinausgedrängt werden, müssen die Verbleibenden die Arbeit der anderen miterledigen. Der Arbeitsanfall wird ja meistens nicht entsprechend weniger. Und schließlich, ich werde nicht müde, es zu wiederholen: Die Arbeitslosen sind nicht jemand anders. Die Arbeitnehmer von heute können die Arbeitslosen von morgen sein, wenn heute nichts dagegen unternommen wird.

Im Angestelltenausschuß des IG Metall-Bezirks Baden-Württemberg beschlossen wir 1988 eine sogenannte Gestaltungsinitiative, die – neben der Gestaltung von Computerarbeitsplätzen – sich genau dieses Themas annahm, das auch damals schon immer drängender wurde. Wir entwickelten eine Berechnungsmethode für den Leistungsdruck oder die sogenannte Überlast, aus Überstunden, Gleitzeitüberhang und verfallener Gleitzeit, Urlaub, der wegen Arbeitsüberlastung nicht genommen werden konnte, vorgegebenen Rationalisierungseffekten, Krankenstand

Gutes Team braucht genügend Köpfe

Abteilung/Kostenstelle: *Buchhaltung*
Anzahl Personen: *30*
davon voll: *28* Teilzeit: *1* befristet: *1*

Leistungsdruck	Stunden	Stellen	Bemerkungen
Überstunden pro Monat (durchschnittlich)	*330*		Durchschnitt je Person *11 Std.*
Gleitzeitguthaben	*420 : 12 = 35*		davon verfallen: *210* Std. = ca. *6.000* DM
Gleitzeitverstöße	*120 : 12 = 10*		über 10 Std. täglich
Nicht genommener Urlaub	*550 : 12 = 46*		soweit Urlaubsnahme nicht bereits vereinbart
Steigerung von Arbeitsmenge, Umsatz, Rationalisierung in %		*1,5*	
zusätzliche Aufgaben wie - eigene Weiterbildung - Betreuung von Auszubildenden	*200 mtl.*		
Personalausgleich bei Arbeitszeitverkürzung		*0,9*	36 auf 35 Std: 1/35 = 2,86 %
Sonstiges, z.B. - durchschn. Krankenstand - Urlaub - Mutterschutz - Zivil-/Wehrdienst - Abordnung - Vertretung - Betriebsratstätigkeit - Ausscheiden		*1,5*	
Summe Stunden:	*621*	*4*	Summe Überlaststunden geteilt durch 156,60
Summe Stellen:		*7,9*	

– wer erledigt die Arbeit der Kranken? – und vergleichbaren Größen. Sie finden ein Beispiel im Kasten »Gutes Team braucht genügend Köpfe«.

Der erste, der damit startete, kam zur nächsten Sitzung stolz aus seinem Karlsruher Betrieb und berichtete, daß sie die lange geforderte zusätzliche Einstellung einer Kollegin in seiner Abteilung mit Hilfe der neuen Methode durchgesetzt hatten. Das Beispiel zog Kreise, und die Zahl der Neueinstellungen wurde immer größer. Das Gegenargument, vor dem wir anfänglich am meisten Bedenken gehabt hatten, es sei kein Geld da, war gar nicht so stark wie erwartet. Dazu trug sicherlich auch bei, daß die Betriebe selbst ein Interesse an einer guten Auftragserledigung hatten. In bewährt konstruktiver Weise hatten wir die Aktion ja auch überschrieben: »Gutes Team braucht genügend Köpfe«. Das Wettbewerbsargument, man werde dadurch teurer als die Konkurrenz, zieht übrigens umso weniger, je breiter eine solche Aktion greift. Denn wenn alle die gleiche Kostenbelastung tragen, verändert sich die Wettbewerbssituation nicht – eine Vereinheitlichungsfunktion, die die Tarifpolitik ja immer noch, auch für die Unternehmen, interessant macht.

Unter dem Wahlspruch: »Wir haben ein Ziel und handeln auch danach« hat die IG Metall-Bezirksleitung Stuttgart begonnen, mit Aktionen für Neueinstellungen und humanes Gestalten der Arbeitsplätze die Angestelltenarbeit zu verstärken. Erster Erfolg: mehr Angestellten-Mitglieder.

»Gestaltungsinitiative« heißt das Zauberwort, das die Bezirksangestelltenkonferenz in Stuttgart beschlossen hatte: »Wir wollen die Initiative ergreifen zur Gestaltung unserer Arbeitsbedingungen.« Erste Erfolge gab es auf dem Gebiet »Maßnahmen gegen zunehmenden Leistungsdruck«.

Neueinstellungen

Bei Bosch in Reutlingen setzten die Metaller und Metallerinnen durch, daß 194 Beschäftigte im Bürobereich eingestellt wurden. Und das ging so: Bei der Umsetzung der Arbeitszeitverkürzung 1984/1985 haben die Kolleginnen und Kollegen bei Bosch in Reutlingen von vornherein darauf geachtet, daß weniger Arbeitszeit für den einzelnen nicht mehr Arbeit in kürzerer Zeit heißt, weil das Arbeitspensum gleichbleibt. Zu solchen Aktionen gehört auch der Abbau von Überstunden. Der für Angestelltenarbeit zuständige Bezirkssekretär Georg Werckmeister hatte ein Formular entworfen, mit dem die erforderlichen Einstellungen errechnet werden konnten:

Eine Abteilung von 15 Personen mit 165 Überstunden im Monat Oktober hat am Stichtag ein Gleitzeitguthaben von 210 Stunden. Ungeklärter Urlaub 30 Tage x 7.5 Stunden dividiert durch zwölf Monate = 18.75 Stunden.

Dazu noch 15 Tage verfallene Freischichten (15 x 8 : 12 Monate), macht 10 Stunden. Die Summe der Stunden von 403.75 wird durch 163,13 geteilt (jetzige Arbeitskapazität je Person und Monat). Ergebnis: 2,4 Stellen. Wenn man den Personalausgleich für die Arbeitszeitverkürzung zum 1. April 1989 dazunimmt (vier Prozent auf 15 Stellen gerechnet = 0,6 Stellen), ergeben sich genau drei volle Stellen. Das Formular sollte Betriebsräten und Vertrauensleuten ein Mittel an die Hand geben, Leistungsdruck meßbar abzubauen und dafür zu sorgen, daß neue Kolleginnen und Kollegen eingestellt werden.

Überall im Bezirk gab es Beschäftigungserfolge dieser Aktion – etwa bei Argus in Karlsruhe oder Iveco in Ulm . . .

Quelle: Der Gewerkschafter 6/88

Neueinstellungen statt Überstunden

Nun stand aber eine Tarifrunde ins Haus; der Durchbruch zur 35-Stunden-Woche sollte 1990 endgültig geschafft werden. Alle anderen Aktivitäten traten in den Hintergrund. Es erhob sich, wie schon oft, die Frage, wie mit geringstem Einsatz größtmöglicher Einfluß auf die Willensbildung der Arbeitgeber genommen werden könne. Auch diesmal machte jemand den Vorschlag, man solle Überstunden – bei denen der Betriebsrat ein Mitbestimmungsrecht hat – ablehnen. Postwendend aber kam auch der Einwand: Habt ihr denn den Meineid von Fellbach vergessen? In dieser Stadt vor den Toren von Stuttgart hatten dieselben Betriebsratsfürsten, wie sie aufgrund ihrer nicht unbeträchtlichen Macht-

66

stellung genannt wurden, einige Jahre zuvor beschlossen, keine Überstunden mehr zu genehmigen. Doch nicht einer hatte sich daran gehalten. Und das geschah unter dem Bezirksleiter Steinkühler, der nicht gerade für Führungsschwäche bekannt war.

Für uns war das die Stunde der konstruktiven Angestelltenpolitik. Neinsagen genügt nicht, war unsere Devise, man muß auch eine Alternative anbieten – übrigens durchaus ein Grund, warum bei manchen die Angestellten und ihre spezifische Herangehensweise wegen vermeintlich zu großer Arbeitgebernähe und Kompromißbereitschaft auf Ablehnung stoßen. Nicht so in diesem Fall. Alle waren auf Anhieb überzeugt, daß man mit einer konstruktiven Politik mehr erreichen kann. »Neueinstellungen statt Überstunden«, hieß nun das Motto. Und es ergriff die Menschen, weil es auf Anhieb einleuchtete und für ein drückendes Problem eine gangbare Lösung aufzeigte. Zunächst nur in Baden-Württemberg, dann im gesamten Bundesgebiet weitete sich die Aktion aus und führte zu vielen Tausenden von Neueinstellungen.

Das ist auch heute möglich. Bernhard Jagoda sagte in einem Focus-Interview am 2. April 1998:

»Würden sich Arbeitgeber und Arbeitnehmer auf den Abbau von Überstunden einigen, könnten sie – nach Berechnungen des Instituts für Arbeitsmarkt- und Berufsforschung – vierzig Prozent dieser Mehrarbeit direkt in zusätzliche Arbeitsplätze umwandeln. Das wären über 300.000 neue Jobs. Die Arbeitgeber sehen das allerdings anders.«

Wenn wir noch ein methodisches Zwischenergebnis ziehen wollen, dann besteht es – neben der konstruktiven Vorgehensweise – darin, daß das Richtige nicht etwa nur gefordert, beschlossen oder sonstwie auf der Informationsebene abgehandelt, sondern *getan* wurde. Dafür gibt es eine Erfahrungsregel, die unterschiedlich formuliert wird: »So etwas beschließt man nicht, das macht man«, oder: »Keinen fragen, einfach machen.« Macht kommt von machen. Schauen Sie nicht im Wörterbuch nach, etymologisch stimmt es nicht, aber politisch.

6. Arbeitsplätze für die Region

Regensburg: Vom Grenzland zur Prosperität

Bereits Anfang 1979 legte der Vorsitzende des DGB-Kreises Regensburg, Gerhard Kulig, ein mit Unterstützung seines Hochschularbeitskreises ausgearbeitetes beschäftigungspolitisches Aktionsprogramm vor, in dem entgegen der herrschenden Monostruktur in dieser Region die Ansiedlung weiterer Branchen vorgeschlagen wurde. Weitere Forderungen waren:

**Beschäftigungspolitisches Aktionsprogramm
DGB Kreis Regensburg-Kelheim**

Für die Schaffung von Arbeitsplätzen:

- eine vorausschauende Strukturpolitik der öffentlichen Hand;
- Stärkung des Oberzentrums Regensburg und des Mittelzentrums Kelheim durch weitere Ansiedlung von überregionalen Betrieben, insbesondere von Zweigbetrieben und Filialunternehmen mit eigenständiger Entscheidungskompetenz sowie Stärkung und Förderung der regionalen und Verbesserung der örtlichen Arbeitsmarktstruktur;
- Ansiedlung von Unternehmen mit zukunftsträchtigen Technologien, die umweltfreundlich sind und auch Möglichkeiten alternativer Energieversorgung anbieten;
- Förderung von überregionalen Innovations- und Umstellungsprogrammen für Handwerk und mittlere Industrie;
- bessere Bekanntmachung und Werbung von Fördermitteln, die vor allem der Schaffung neuer Arbeitsplätze dienen. Bei

---

Beanspruchung dieser Mittel muß zur Auflage gemacht werden, den Nachweis von tatsächlich neugeschaffenen Arbeitsplätzen zu erbringen;

- Verbesserung und Ausbau des öffentlichen Nahverkehrs und des Güterverkehrs sowie beschleunigter Weiterbau der Autobahnen;
- Ausweitung öffentlicher Dienstleistungen, vor allem im Bildungsbereich, in den sozialen Diensten (zum Beispiel Jugend- und Altenpflege), im Umweltschutz, im Verbraucherschutz und in der Gewerbeaufsicht;
- Schaffung von mehr Planstellen bei den Kommunen und Landkreisen, bei der Bundesbahn, Bundespost und Polizei;
- Einhaltung des Stadtentwicklungsplanes für Regensburg und Fortführung der bisherigen erfolgreichen Altstadtsanierung;
- dringender Ausbau des Vollklinikums an der Universität Regensburg;
- Verwirklichung der Vorschläge des DGB zur Wiederherstellung der Vollbeschäftigung, wie zum Beispiel Verkürzung der wöchentlichen Arbeitszeit, Herabsetzung der Altersgrenze für das Altersruhegeld, Verlängerung des Jahresurlaubs, Änderung der Arbeitszeitordnung;
- soziale Beherrschung der Produktivitäts- und Rationalisierungsentwicklung;
- Steigerung der Massenkaufkraft.

In einer Grenzregion, damals dicht vor dem Eisernen Vorhang, wo Bischof und Fürst einmal einen Pakt geschlossen haben sollen, keine weitere Industrialisierung zuzulassen, dazu gehörte einiges an Vorstellungskraft. Nicht nur das Klinikum wurde errichtet, auch Siemens baute ein weiteres Werk (für Halbleiter), sicherte in seinem Gerätewerk die Arbeitsplätze durch Übergang auf ein neues Produktspektrum, die Installationstechnik und Autoelektronik, BMW siedelte eine Autofabrik an, nicht zuletzt wegen einer hier möglichen flexiblen Auslegung der Tarifverträge; zahlreiche Zulieferer wurden nachgezogen; die historisch unvergleichliche Altstadt wurde saniert, das weithin bekannte OTTI (Ostbayerisches Technologietransferzentrum) kam nach Regensburg – das nur einige wenige Beispiele. Lag 1979 die Arbeitslosigkeit beständig um einige Prozentpunkte über dem Durchschnitt, so liegt sie 1998 mit 6,9 Prozent erkennbar darunter. In der südlichen Nachbarregion beträgt sie im Winter 13 Prozent.

Speyer: Vom Kampf ums Werk zur Produktinnovation

Sozial- oder beschäftigungspolitische Konferenz?

Im Herbst 1993 erreichte mich eine Anfrage, ob ich auf einer sozialpolitischen Konferenz in der Verwaltungshochschule Speyer sprechen wolle. Meine Antwort: ja, aber nur unter der Bedingung, daß die Konferenz Beschäftigungspolitik zum Thema hätte und nicht Sozialpolitik. Die Sprachgebräuche kannte ich schon hinlänglich, um anzunehmen, daß eine sozialpolitische Konferenz die Entwicklung der Arbeitslosenzahlen darstellen und das traurige Schicksal der Arbeitslosen anklagen, aber keine Lösungsansätze für das eigene Handeln entwickeln würde. Es gelang gerade noch, die Plakate so zu drucken, daß es nun Beschäftigungs- und Sozialpolitische Konferenz hieß. Ich arbeitete für eine der Arbeitsgruppen einen Aktionsvorschlag aus und rief den DGB-Landesvorsitzenden an, der am Ende der Konferenz die Ergebnisse zusammenfassen sollte. Ich bereitete ihn auf den Vorschlag vor und bat ihn, falls er verabschiedet würde, ihn bei der Zusammenfassung zu berücksichtigen. Von ihm wußte ich, daß er ebenfalls seit Jahren hinter der Schaffung von Arbeitsplätzen her war. Er hatte beispielsweise die Errichtung der Beschäftigungs- und Qualifizierungsgesellschaft in Zweibrücken betrieben. Sein Vorgänger, ein engagierter Friedenskämpfer gegen die Giftgasgranaten im Pfälzer Wald, hatte sich gegen meine früheren Bemühungen, in Speyer und Ludwigshafen alternative Fertigung zu bewerkstelligen, noch mit dem Satz gewandt: »Hör uff mit dem Quatsch!«

Ein bekannter Spitzenpolitiker aus dem nahegelegenen Oggersheim wird voraussichtlich mit einer grundlegenden Erkenntnis politischen Handelns in die Geschichtsbücher eingehen: »Entscheidend ist, was hinten rauskommt.« So geschah es auch auf dieser Konferenz in der Verwaltungshochschule. Die Teilnehmer beschlossen, alles in ihren Kräften Stehende zu tun, um in ihrem Bereich zur Schaffung von Arbeitsplätzen beizutragen.

Widerstandsbewegung gegen Werksschließung

Es war keineswegs ein Zufall, daß der Initiator der Konferenz der Betriebsratsvorsitzende der Dasa war, des örtlichen Flugzeugwerkes mit einer wechselvollen Geschichte. Ursprünglich Heinkel, später Vereinigte Flugtechnische Werke (VFW), dann Messerschmitt-Bölkow-Blohm, dann Deutsche Airbus, jetzt Dasa . . . Aber den weiteren Verlauf will ich Ihnen ja gerade schildern. In diesem Werk mit früher einmal 1.700 Beschäftigten hatte der Einsatz für seine Erhaltung eine lange und starke Tradition. Schon Mitte der siebziger Jahre sollte das VFW-Werk geschlossen werden, unter fadenscheinigsten Vorwänden fehlender Wirtschaftlichkeit und mangelnder Auslastung. Es entwickelte sich eine regelrechte Widerstandsbewegung, angeführt von den Kirchen, darunter der Katholischen Arbeitnehmerbewegung. Sie machten die ganze Gegend rebellisch und skandierten auf den Straßen: »Eins – zwei – drei – vier – MRCA bleibt hier!« Die Abkürzung bedeutete Multi Role Combat Aircraft, also ein Vielzweck-Kampfflugzeug, das später auf Wunsch des Verteidigungsministers Georg Leber Tornado genannt wurde. Das rheinland-pfälzische Werk stellte dafür die Rumpfmittelteile her. Ich hebe das eigens hervor, wie Sie unschwer bemerken, weil es mir ja immer auf das Produkt ankommt, das hergestellt wird. Ohne Produkt keine Arbeit. Hier nun setzte sich die Belegschaft für die Beibehaltung eines Rüstungsprodukts ein und wurde darin – wegen der Erhaltung der Arbeitsplätze – auch von den Kirchen, der Bürgerschaft, der Gewerkschaft unterstützt. Es gab natürlich auch Strömungen, die genau das ablehnten und äußerten: »Ich setze mich doch nicht für den Erhalt eines Rüstungsbetriebes ein.« Auf der anderen Seite waren gerade die aktivsten Belegschaftsvertreter teilweise führend in der Friedensbewegung tätig. Es handelte sich somit um einen äußerst widerspruchsvollen Prozeß. Die Unterstützung für den Erhalt des Werkes hat sich schließlich sogar unter friedens- und konversionspolitischen Gesichtspunkten ausgezahlt: Denn am Ende wurde die Produktion, die dann in der Wartung militärischer Hubschrauber bestand, auf die Herstellung von Airbus-Teilen umgestellt. Aber auch dagegen gab es Widerstand, nun wiederum von früher so engagierten Verfechtern der Konversion, weil einige besonders qualifizierte Arbeitsplätze verlorengingen.

Lernen wir doch noch schnell bei dieser Gelegenheit hinzu:

- Das Leben ist widersprüchlich.
- Man braucht einen langen Atem.
- Manche, die sich streiten wie die Kesselflicker, ziehen doch am selben Strick, obwohl sie es oft nicht merken.

Ohne diesen Hintergrund, ohne die Kenntnis des Kraftquells, der hinter dem Einsatz für Arbeitsplätze steht, wären Ihnen auch die anderen Abläufe nicht wirklich verständlich darzustellen. Was nützt das beste abstrakte Konzept, wenn es nicht von vielen lebendigen Menschen mit hoher Einsatzbereitschaft gegen alle Widerstände durchgesetzt wird?

Alternativkonzept zur Werksschließung

Wenn Sie jetzt warten, was aus der beschäftigungspolitischen Konferenz geworden ist, muß ich Sie noch um etwas Geduld bitten. Denn wieder einmal war das Flugzeugwerk von Schließung bedroht. Oder dachten Sie schon, sie hätte wie so viele andere Veranstaltungen keine Konsequenzen gehabt?

Die Dasa gehörte mittlerweile Daimler-Benz, noch unter Edzard Reuter, der ja das Ziel eines Technologiekonzerns verfolgte. Weil der mittlerweile so erfolgreiche Airbus in Dollar bezahlt wurde, litt die Wettbewerbsfähigkeit enorm unter den Wechselkursschwankungen, besonders unter der wiederholten DM-Aufwertung. Durch Rationalisierungsmaßnahmen sollte die Wettbewerbsfähigkeit aufpoliert werden. Natürlich wieder mit Personalabbau und Werksschließungen oder -verkäufen. Das Rationalisierungsprogramm hieß sinnigerweise auch noch *Dolores*, lateinisch *Schmerzen*. Dagegen gingen die Beschäftigten auf die Straße, besonders in Lemwerder gegenüber Bremen, wo auch ein kleineres, besonders erfolgreiches Werk geschlossen werden sollte. Vielleicht sind Ihnen die Presseberichte noch in Erinnerung. Der Kauf des Dasa-Werkes Lemwerder durch das Land Niedersachsen, um anschließend einen privaten Investor dafür zu finden, gilt bis heute als ein Nachweis der wirtschaftspolitischen Kompetenz von Gerhard Schröder.

In Speyer blieb es diesmal erstaunlich ruhig, obwohl Daimler-Benz auch das dortige Dasa-Werk schließen wollte. Nur wenn der ehemalige Betriebsratsvorsitzende, nennen wir ihn bei seinem richtigen Namen Willi, der als genialer Volkstribun zwanzig Jahre zuvor die Widerstandsbewegung gegen die Werksschließung angeführt hatte, von seinem bretonischen Landsitz auftauchte, lebten die Proteste auf. Aber die Zeiten hatten sich geändert. Jetzt waren eigene, durchdachte Konzepte gefordert, man mußte nicht nur wissen, wogegen, sondern auch wofür man war. Sein Nachfolger Kurt, dem wir schon als Urheber des Alternativen Unternehmenskonzepts begegnet sind, zu diesem Zeitpunkt auch schon im Vorruhestand, wandte sich an drei leitende Angestellte und regte die Erarbeitung eines Management Buy Out-Konzepts mit Mitarbeiterbeteiligung an (im folgenden MBO-Konzept). Sie ließen sich nicht lange bitten, aber wohlgemerkt: Die Anregung mußte erst jemand geben.

Es mußte ein realisierbares Projekt sein. Die Maximalposition von Daimler-Benz war die Schließung, die des Betriebsrats der Erhalt aller Arbeitsplätze. Daran war schon eine Lösung gescheitert, wie sie im Schwesterwerk Laupheim gelang: die Bildung einer selbständigen Tochtergesellschaft. Auch das Projekt Alugas, für das ein Investor das Werk übernehmen wollte, fand nicht die Billigung des Betriebsrats, unterstützt durch eine Stellungnahme der IG Metall, daß Gasflaschen aus Aluminium umweltpolitisch nicht vertretbar seien, weil der Energieverbrauch bei der Aluminiumerzeugung zu hoch sei.

Die Frage war, mit welchen Produkten der Betrieb überleben sollte. Es war unausweichlich, daß die bis dahin gefertigten Airbus-Rumpfschalen in das nicht ausgelastete Werk Nordenham gingen. Der Betriebsrat bestand auf der Verlagerung der Türen und Tore aus dem Werk Donauwörth. Aber die wollten es natürlich nicht abgeben, wollten auch ihre Arbeitsplätze behalten. In dieser Lage schlug das MBO-Konzept eine Schwerpunktbildung »mechanische Ausrüstungskomponenten« vor, bestehend aus

- gebogenen Rohren,
- geschweißten Rohren,
- Frachtladesystem,
- Tanks,
- Ersatzteilen,
- Konstruktion für Ausrüstungskomponenten.

Das Werk würde auf Basis einer MBO als eigenständige GmbH ausgegliedert werden.

Das Papier übergaben die drei Leitenden an Kurt, der ließ seine Kontakte spielen und ging damit, nachdem zu ihrem Schutz der Name der Autoren daraus entfernt worden war, zu dem mächtigen Daimler-Benz-Konzernbetriebsratsvorsitzenden nach Mannheim, nachdem er es zuvor mit dem DGB-Landesvorsitzenden und dem IG Metall-Bezirksleiter abgestimmt hatte. Formell führte immer der Sprecher der Bürgerinitiative zur Erhaltung des Werks die Verhandlungen. Der Konzernbetriebsratsvorsitzende stimmte es noch mit dem Bundeskanzleramt ab, dann ging er damit zu Schrempp, dem Vorstandsvorsitzenden. Dasa-Chef Bischoff soll geseufzt haben: »Wir haben mit Speyer die Schwierigkeiten, weil der Bischof drei Kilometer von dem Werk wohnt, der Konzernbetriebsratsvorsitzende sechzehn und der Kanzler fünfzehn Kilometer.« Die Würfel fielen, als nach einer Aufsichtsratssitzung Schrempp beim Bier zum KBR-Vorsitzenden sagte: »Speyer wird nicht plattgemacht.«

Der Betriebsrat sperrte sich in dieser Phase noch heftig. In der örtlichen Tagespost erschien folgender, seiner Haltung nicht unähnlicher Leserbrief:

Ohne Verantwortung

Zum Übernahmeangebot dreier leitender Angestellter für das Werk Speyer an den Dasa-Konzern und die daraus folgenden Konsequenzen schrieb Uwe Lenhardt, Matthias-Grünewald-Straße 7, Speyer, folgenden Leserbrief:

Mit großer Besorgnis sehe ich die Zukunft der DASA Speyer. Da stellen sich drei leitende Angestellte hin und wollen sich am Werk bereichern.

Sie sprechen von Lohnverzicht, von 40-Stunden-Woche, von Streichung bestehender Betriebs-

vereinbarungen, vergleichen uns mit Ländern wie Portugal (Lohnkosten usw.). Portugal ist ja schön und gut, aber von was sollen wir unsere Mieten bezahlen? Von was sollen wir hier leben? Wie sollen wir unsere Familien ernähren, wenn wir zu Bedingungen wie in Portugal arbeiten sollen?

Für mich sind diese Herren nicht anders, als alle anderen Manager in diesem Konzern, die sich die Taschen füllen wollen auf dem Rücken der Belegschaft.

Da gibt es Manager wie Schrempp und Reuter, die Milliarden von Steuergeldern in den Sand setzen, um 12 Prozent Dividende reinzuhamstern. Möchtegern-Manager,

---

In Bremen tagte zu dieser Zeit die Einigungsstelle, die im Zuge der Auseinandersetzungen um das Sanierungsprogramm DOLORES gebildet worden war. Ihr gehörten auch zwei Betriebsräte des Dasa-Werkes Speyer an. Kurt verschanzte sich hinter den ehemaligen Bremer Bürgermeister, den er aus ähnlichen früheren Vorgängen kannte, der verschanzte sich hinter den erprobten Einigungsstellenvorsitzenden, und der brachte es in die Einigungsstelle ein. Dort waren die pragmatischen Kräfte um den Dasa-Gesamtbetriebsratsvorsitzenden in der Mehrheit und kneteten die Hüter der reinen Lehre solange, bis sie dem MBO-Konzept schließlich zustimmten. So wurde es Bestandteil des Einigungsstellenspruchs, der die Auseinandersetzungen abschloß.

Nun war der Weg frei für die Gründung der Pfalz-Flugzeugwerke KGaA; in einem Betrieb, der seit 1913 viele verschiedene Namen und Besitzer gehabt hatte, und wo Ernst Heinkel nach dem Krieg den Heinkel-Kabinenroller baute. Für eine Mark verkaufte die Daimler-Benz Aerospace das Werk an die Belegschaft, an die das Stammkapital von zehn Millionen Mark in Fünf-Mark-Aktien unentgeltlich verteilt wurde. Die Landesregierung gab eine rückzahlbare Starthilfe von 40 Millionen, Daimler-Benz siebzig Millionen zur Liquiditätsausstattung, etwa soviel, wie die Schließungskosten betragen hätten. Hinzu kam eine garantierte Auftragserteilung bis zum Jahre 2002. Der Betrieb erhielt – endlich – eine eigene Konstruktionsabteilung, um eigene Produkte

entwickeln zu können. Deren Nichtvorhandensein war zehn Jahre zuvor für Willi noch Grund gewesen, die Einrichtung eines Arbeitskreises »Alternative Fertigung« abzulehnen.

Der Betriebsrat mußte manche Kröte schlucken, etwa die Verlängerung der Arbeitszeit von 35 auf 37,5 Wochenstunden ohne Lohnausgleich. Aber nun wurde er wegen seiner maßvollen und kompromißbereiten Haltung als Retter der Arbeitsplätze gefeiert, erhielt gar einen Landesverdienstorden. Der Urheber der Rettungsaktion, der sich im Hintergrund gehalten hatte, bekam das Bundesverdienstkreuz und vom DGB die Hans Böckler-Medaille.

Wenn Sie, liebe Leserin und lieber Leser, mit solchen in der Grauzone zwischen Wirtschaft und Politik angesiedelten Vorgängen weniger vertraut sein sollten, dann war es vielleicht ein wenig erhellend, einmal einen Blick hinter die Kulissen zu werfen. Wie leicht kann man sonst dem Propagandagetöse der einen oder anderen Seite zum Opfer fallen, kann glauben, jeder, der nachgibt, um etwas zu erreichen, sei ein Verräter, wenn man nicht weiß, was wirklich gespielt wird. Was können, ja was müssen wir hier wieder lernen? Man braucht Einfallsreichtum und muß sich etwas trauen; man muß Kontakte haben und muß sie nutzen, und

zwar zu denen, die über die Arbeitsplätze und das Kapital ent-
scheiden. Natürlich kann man sie auch als seine größten Feinde
betrachten, weil sie Werke schließen und Leute entlassen. Dann
hat man vielleicht recht, aber erreicht nicht das Gewünschte. Man
muß sich auch durchsetzen gegen die, die anfangs nicht einsehen,
daß man, um zum Ziel zu gelangen, etwas einsetzen muß. Und
man muß, manchmal sehr mühsam, lernen, daß entgegen dem
Anschein nicht diejenigen die besten Interessenvertreter sind, die
die Stimme am lautesten zum Protest erheben. Man braucht eben
ein linkes und ein rechtes Bein zum Vorankommen. Wer sich das
rechte amputiert, den bestraft das Leben. Wo beide zusammenkommen, wird es erst fruchtbar.

Beschäftigungsinitiative

Seit der beschäftigungspolitischen Konferenz dauerte es nur ein
dreiviertel Jahr, bis die grundlegenden Strukturen der Beschäftigungsinitiative Speyer errichtet waren. Kurt nutzte seinen neuge-
wonnen Vorruhestand und verhandelte mit Oberbürgermeister
und Arbeitsamt, Sparkasse und Handwerkskammer, DGB und
beiden christlichen Kirchen, dem Landkreis und umliegenden
Gemeinden, mit ortsansässigen Betrieben und Zeitungen. Alle,
alle machten mit und fanden sich zusammen in der Beschäftigungsinitiative. Anfangs war es sehr schwer zu vermitteln. Einmal standen wir nach einer – wenngleich erfolgreichen – Sitzung
vor dem Rathaus, waren ganz erledigt und fragten uns: Warum
tun wir uns das an? Aber die Antwort hat sich gefunden: Nichts,
was man erreichen will, ist ohne Mühen und Anstrengung, ohne
Konflikte und Niederlagen zu haben. Ein schon lange bestehender Verein wurde reaktiviert und zum Träger der Koordination
gemacht. Mittel vom Arbeitsamt und vom Arbeitsministerium
wurden eingeworben und zwei Dutzend Kooperationsverträge
abgeschlossen, darunter auch einer mit NITI und der Innovations

Struktur der Beschäftigungsinitiative Speyer

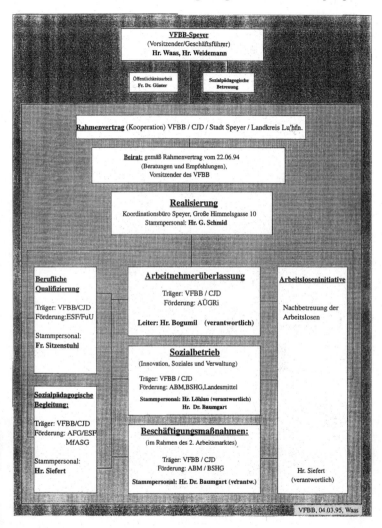

VFBB-Speyer
(Vorsitzender/Geschäftsführer)
Hr. Waas, Hr. Weidemann

Öffentlichkeitsarbeit
Fr. Dr. Günter

Sozialpädagogische
Betreuung

Rahmenvertrag (Kooperation) VFBB / CJD / Stadt Speyer / Landkreis Lu'hfn.

Beirat: gemäß Rahmenvertrag vom 22.06.94
(Beratungen und Empfehlungen),
Vorsitzender des VFBB

Realisierung
Koordinationsbüro Speyer, Große Himmelsgasse 10
Stammpersonal: **Hr. G. Schmid**

Berufliche Qualifizierung

Träger: VFBB/CJD
Förderung:ESF/FuU

Stammpersonal:
Fr. Sitzenstuhl

Sozialpädagogische Begleitung:

Träger: VFBB/CJD
Förderung: AFG/ESF
MfASG

Stammpersonal:
Hr. Siefert

Arbeitnehmerüberlassung

Träger: VFBB / CJD
Förderung: AÜGRi

Leiter: Hr. Bogumil   (verantwortlich)

Sozialbetrieb
(Innovation, Soziales und Verwaltung)

Träger: VFBB / CJD
Förderung: ABM,BSHG,Landesmittel
Stammpersonal: Hr. Löhlau (verantwortlich)
Hr. Dr. Baumgart

Beschäftigungsmaßnahmen:
(im Rahmen des 2. Arbeitsmarktes)

Träger: VFBB / CJD
Förderung: ABM / BSHG
Stammpersonal: Hr. Dr. Baumgart (verantw.)

Arbeitsloseninitiative

Nachbetreuung der
Arbeitslosen

Hr. Siefert
(verantwortlich)

VFBB, 04.03.95, Waas

Struktur der Unterbringung von 465 Personen im Landkreis Ludwigshafen

Stadt Speyer

Sieben AB-Maßnahmen	22
REHA-Maßnahme des Arbeitsamts Ludwigshafen	10
Arbeit statt Sozialhilfe	23
Berufsorientierungsseminar	23
Datenverarbeitung in der Kaufmännischen Sachbearbeitung	19
Rückkehr in den Beruf für Frauen	14
Überbetriebliche Ausbildung für lernbehinderte Jugendliche zum Gartenbaufachwerker bzw. zur Hauswirtschaftshelferin	4
gesamt	**115**

Landkreis Ludwigshafen

Öko-Gruppe (ABM)	12
Kleiderkammer (ABM)	12
Wiedereingliederung von Frauen in das Berufsleben	30
Qualifizierungskurs für Berufsrückkehrerinnen mangels Nachfrage eingestellt	
Grundausbildungslehrgang Metall: Besuch der Berufsschule mit Zeugnis	17
Altenpflegehelferkurs	15
gesamt	**86**

Beschäftigungsinitiative Speyer

Praxistraining Metalltechnik	17
Berufsorientierungsseminar	23
Umschulung zur Bauzeichnerin	23
Qualifizierung im Pflegebereich	18
Gemeinnützige Arbeitnehmerüberlassung (GABIS)	100
Vier ABM-Gruppen	33
Arbeit statt Sozialhilfe	20
Sozialpädagogische Betreuung von Berufsschülerinnen	30
gesamt	**264**

Marketing GmbH in Kaiserslautern. Die – wir kommen noch darauf – würde die bei ihr eingehenden Produktvorschläge an die Übungswerkstatt geben, die in den leerstehenden Räumen der Firma Siemens eingerichtet wurde, wo früher die Relais für Telefone hergestellt worden waren – bis dahin noch ein melancholisch stimmendes Denkmal einer untergehenden Zeit. Eine gemeinnützige Arbeitnehmerüberlassungsgesellschaft namens GABIS wurde gegründet, die mittlerweile sehr erfolgreich arbeitet und von einem früheren Manager professionell geleitet wird, schon viele Arbeitnehmer auf den ersten Arbeitsmarkt vermittelt hat und – ehe irgendwelche Vorurteile laut werden können – einen Tarifvertrag mit der ÖTV abgeschlossen hat. Die Struktur der Beschäftigungsinitiative ist in dem vorstehenden Kasten dargestellt.

Immerhin waren anderthalb Jahre später 465 Personen untergebracht, davon 264 bei der Beschäftigungsinitiative (siehe vorstehenden Kasten). Von einer Gesamtzahl von 3.500 Arbeitslosen war das doch schon ein nennenswerter Beitrag zur Problemlösung. Nicht darin enthalten waren fünfzehn Personen der Projektgruppe Innovation. Das waren zum Teil arbeitslose Ingenieure und Techniker, die an verschiedenen Produktideen arbeiteten, wie sie überwiegend aus dem Raum Kaiserslautern zur Übungswerkstatt in Speyer gekommen waren, weil man hier mechanische Arbeiten für Prototypen und ähnliches durchführen konnte. Denn das blieb das eigentliche Ziel: solche Produktideen zu entwickeln, zu fertigen und zu verkaufen. So gelang es etwa, die im nächsten Abschnitt näher dargestellte Solarlampe zu konstruieren und herzustellen. Denn die anderen Maßnahmen waren doch eher auf den zweiten Arbeitsmarkt ausgerichtet und hatten – mit Ausnahme der Arbeitnehmerüberlassungsgesellschaft – nicht die Perspektive einer wirtschaftlich selbständigen Existenz. Mittlerweile hatte zwar die Bundesanstalt für Arbeit einen gewissen Topf für innovative Maßnahmen eingerichtet, aber nach anfänglichen Versprechungen fiel das Arbeitsamt

Ludwigshafen doch wieder – in Kooperation mit einem darauf spezialisierten Träger – in die altvertraute Bahn von Qualifizieren, ABM und Waldfegen zurück. Kurz nach der Wende hatten wir in Frankfurt für die neuen Länder den Slogan »Innovieren statt entlassen« propagiert, aber durchgesetzt hat sich »Qualifizieren statt entlassen«. Nur daß die Superqualifizierten dann keine Arbeit fanden. Dieser Logik folgt man bis heute großenteils auch im Westen. Glücklicherweise fand sich in der Nachbarregion Westpfalz ein Landrat und eine aufgeschlossene Arbeitsverwaltung, so daß all die innovativen Projekte auf der ehemaligen Airbase Sembach angesiedelt wurden, wo der Landrat einen Ökopark einrichten wollte. Dazu mehr im nächsten Abschnitt.

Konversionsregion Westpfalz

Wenn irgendwo von Strukturschwäche gesprochen werden kann, dann sicherlich in der Westpfalz. Diese landschaftlich reizvolle Region umfaßt die Gegend mit den Städten Kaiserslautern, Pirmasens und Zweibrücken, um nur die bekanntesten zu nennen. Sie grenzt im Süden an Frankreich. Jahrhundertelang war sie Gegenstand politischer und militärischer Auseinandersetzungen. Straßen und Eisenbahnen sollten nicht näher als auf Artillerieschußweite an die Grenze herangebaut werden. Nach dem Zweiten Weltkrieg war sie Stationierungsgebiet der Amerikaner, die hier allein fünf Militärflughäfen und mehrere große Depots betrieben. Auch die Franzosen hatten Militär stationiert. Nach dem Verschwinden des Feindes im Osten wurden große Teile davon abgezogen. In der Westpfalz ging dadurch die Zahl der deutschen Zivilbeschäftigten zwischen 1985 und 1997 von rund 19.000 auf 5.628 zurück. 1995 hatte die Arbeitslosigkeit mit 12,5 Prozent Rekordhöhe erreicht, jedenfalls für Westdeutschland. Die Krise des Maschinenbaus kam ebenso hinzu wie der Niedergang der

Schuh- und Lederindustrie, die von 1992 bis 1994 4.500 Arbeitsplätze verlor. Sie hatte einstmals in und um Pirmasens einer ganzen Region Brot und Arbeit gegeben. Entstanden war sie vor 250
Jahren, als der Graf von Hessen-Darmstadt seine Residenz Pirmasens aufgab und die dazugehörige Garnison aufgelöst wurde.
Die Bevölkerung wußte sich zu helfen und entwickelte aus den
Militärstiefeln die Schuhindustrie. Jetzt, als die Lage ganz vergleichbar war, hatte die Stadt Pirmasens 20 Prozent Arbeitslosigkeit, 18 Prozent waren es in Kaiserslautern, mehr als 30.000 in
der gesamten Westpfalz – jeder einzelne ein Schicksal für sich.

Angesichts eines solchen Zustands trafen sich ein paar
Freunde unseres »Netzwerks für Innovation«, weil sie meinten,
man könne da nicht untätig bleiben. Unser Vorgehen – ein paar
Menschen zusammenholen, ihre Lösungsvorschläge aufnehmen
und verwirklichen – müsse doch auch hier greifen. In den Jahren
nach der Wiedervereinigung hatte sich ein »Offenbacher Gesprächskreis« gebildet, eine kleine Diskussionsrunde, die sich
mit der Frage befaßte, was aus dem Scheitern des Sozialismus zu
lernen sei, wie wir es weiterhin halten wollten mit den schönen
Zielen von Freiheit und Menschenwürde, von Glück und Wohler-
gehen der Menschen. Schon bald bildeten sich zwei ganz gegensätzliche Strömungen heraus. Die eine verfolgte im wesentlichen
kritisch die bestehenden Zustände und Entwicklungen, warnte
vor den Gefahren der globalen Informatisierung und des ungezü-
gelten Kapitalismus.

Die andere neigte eher der Meinung zu, daß gerade das der
Fehler des untergegangenen Sozialismus, aber auch seiner Sym-
pathisanten im Westen gewesen sei, die produktiven Möglichkeiten des Kapitalismus, seines Beitrags zur geschichtlichen Entwicklung nicht anzuerkennen, sondern zu verneinen und damit
die reale Welt zu negieren. Diese Negation – die Oktoberrevolu-
tion – habe wiederum die Konterrevolution heraufbeschworen,
sei damit mitverantwortlich für die Katastrophe der Hitlerdikta-
tur und des Zweiten Weltkrieges, und man solle doch bitte nicht

wieder so anfangen. Nicht der Kommunismus habe recht behalten, sondern die von ihm so bitter des Verrats an der Arbeiterklasse angeklagten reformistischen Sozialdemokraten hätten mit ihrem Bemühen Erfolg gehabt, in dem bestehenden Wirtschafts- und Gesellschaftssystem für Verbesserungen im Sinne der Menschen einzutreten. Die tatsächlichen Entwicklungen in den Betrieben ließen heute Möglichkeiten für Beteiligung und Ansätze von Demokratie zu, die neue Chancen erkennen ließen. Chancen, daß der alte Klassengegensatz nicht durch Beseitigung der Unternehmer, durch die Machtergreifung der Arbeiterklasse aufgehoben werde, sondern durch den Übergang zu einem stärker verantwortlichen und unternehmerischen Verhalten der Arbeitnehmer: »Wir müssen alle Unternehmer werden.« – In den Augen der anderen war *das* wiederum Verrat.

Es war klar, daß zwei solche Positionen – die Welt entweder im wesentlichen negativ oder positiv zu sehen – so unverträglich waren wie Feuer und Wasser. So spaltete sich der Kreis nach kaum einem Jahr. Die »Positivlinge«, wie wir uns selbst ein wenig spöttisch nannten, wollten vor allem nicht ewig diskutieren, sondern etwas tun; im Einklang mit unserer theoretischen Position etwas unternehmen. Wenn es ein Problem gibt, muß man gemeinsam eine Lösung erarbeiten und dann ins Werk setzen. Sicherlich war es kein Zufall, daß dieses Bestreben sich gerade in einer so gebeutelten Region wie der Westpfalz geltend machte, aus der einige Vertreter an dem Gesprächskreis teilnahmen.

Ein Verein wurde gegründet. Er erhielt den Namen »Netzwerk für Innovation von Technik und Industrie (NITI)«. Der Sitz wurde bald nach Kaiserslautern verlegt, wo er seitdem seinen Schwerpunkt hat. Im Herbst 1993 trafen wir uns auf Einladung des DGB mit etwa zwei Dutzend Menschen, denen es ein Anliegen war, etwas gegen die Arbeitslosigkeit zu unternehmen. In einem ersten Strukturkonzept wurden verschiedene Vorschläge zusammengetragen, darunter mehrere Umwelttechnologien, Produktideen von Betriebsräten, eine Innovationsagentur, die bessere Nutzung von Forschungsergebnissen aus der Region, der Ausbau der sozialen Dienste und des Tourismus sowie die Nutzung des Holzreichtums des Pfälzer Waldes.

Innovationsmesse

Es war verblüffend, wie schnell zwei von diesen Vorschlägen aufgegriffen und realisiert wurden – fast im Selbstlauf. Eine Innovationsagentur zu gründen, beschloß der Stadtrat von Pirmasens. Darum rangelten CDU und SPD; beide wollten es, nur war die SPD schneller. Das lag natürlich auch daran, daß ein Stadtverordneter bei unseren Beratungen mitgewirkt hatte. Insiderwissen sozusagen. Das Bemerkenswerte ist aber, daß die beiden großen Parteien dafür waren. Die Grünen auch, nach anfänglichen Bedenken. Und das in einer Zeit, wo fast alles zerredet wird, niemand Vorschläge der anderen, immer nur die eigenen Ideen gelten lassen will. Daran sieht man, daß nützliche und konstruktive Vorschläge durchaus eine Chance haben, aufgegriffen zu werden, wenn man Bedenkenträgertum, Rechthaberei und destruktive Kritik hintanstellt. Allerdings richtete sich der Vorschlag an das – FDP-regierte – Wirtschaftsministerium in Rheinland-Pfalz, das sagte, dafür habe es kein Geld mehr. Aber wir geben euch statt dessen eine Messe. Pirmasens *vaut bien une messe*. So kam die INNOVA nach Pirmasens. Sie hat jetzt schon großen Anklang gefunden und ist die maßgebliche Innovationsmesse für das ganze Bundesland. Auf solch einer Messe kommen Kontakte zustande, Angebote stoßen auf Nachfrage, Geschäfte werden angebahnt, das ergibt Aufträge und damit Arbeitsplätze.

04.- 06. Juni

1998

FORUM
ZUKUNFTSTECHNOLOGIE
MIT KONGRESS

INNOVA

Rheinland-Pfalz

Internet: http://www.pirmasens.de

DIE SONDER-THEMEN

BIO- UND GENTECHNIK

MIKROTECHNIK

NEUE MATERIALIEN

UMWELT- UND ENERGIETECHNIK

MULTIMEDIALE KOMMUNIKATION

MESSE PIRMASENS

Die zweite Story verlief genauso unkonventionell und unvorher-sehbar. Die örtliche Bundestagsabgeordnete – eigentlich auch nicht ihr Job – lud die Honoratioren der Region zu einer Beratung über die Beschäftigungslage in der Region. Erstaunlich, wie viele kamen, getrieben von der Sorge um ihren Arbeitsmarkt, aber auch gebeutelt von den durch Sozialhilfe geleerten Kassen. Der Rektor der Universität, heute Präsident der Hochschulrektoren-konferenz, legte das Konzept zur Gründung einer Innovations-agentur auf Landesebene dar. Damals erkannten mehr und mehr Menschen die Notwendigkeit, Innovationen zu nutzen, um damit neue Betriebe zu gründen, zusätzliche Aufträge für bestehende Betriebe zu generieren und überhaupt die Wirtschaft zu beleben. Mit dieser Konzeption ging er zur Landesregierung, die stimmte zu, wollte die Agentur aber in die Landeshauptstadt holen. Spöt-ter sagen, Mainz kommt von meins. Das gibt es auch in anderen Ländern, den Zentralismus der Hauptstadt. Wir wollten den Sitz aber erstens da haben, wo es am nötigsten war, zweitens da, wo der Vorschlag entstanden war. So gab es um den Sitz ein Geran-gel, das mit einem Kompromiß endete: Der juristische Sitz kam nach Mainz, wo die Investitions- und Strukturbank, deren Toch-ter die Agentur sein sollte, angesiedelt ist, während der faktische Sitz Kaiserslautern wurde. Sie erhielt den Namen »Innovations Marketing GmbH«. Ihre Aufgabe ist es, Innovationen zu ermit-teln, um sie in Rheinland-Pfalz zu vermarkten. Nach einer Phase der Anschubfinanzierung soll sie sich auf Dauer finanziell selbst tragen, und zwar aus der Provision, die sie für ihre Vermittlungs-tätigkeit von den Lizenzerträgen erhält.

Das war von Beginn an für uns das leitende Prinzip: Wir kön-nen nicht immer nur dem Staat auf der Tasche liegen; die öffent-lichen Kassen lassen sich nicht weiter strapazieren. Deshalb soll-ten nach Möglichkeit Arbeitsplätze auf dem ersten Arbeitsmarkt angestrebt werden: »richtige« Arbeitsplätze, die sich aus dem Erlös der Arbeit selbst finanzieren. Damit ist keine Ablehnung von Maßnahmen des zweiten Arbeitsmarktes verbunden, die oftmals bitter notwendig sind, um wenigstens einem Teil der von Arbeitslosigkeit betroffenen oder bedrohten Menschen die Möglichkeit zu einer sinnvollen Beschäftigung zu geben. Wir, das Netzwerk für Innovation, meinten nur, das solle nicht die ganze Lösung sein, man müsse *auch* für Arbeitsplätze auf dem ersten Arbeitsmarkt eintreten. Also kein destruktives Gegeneinander, sondern ein konstruktives Miteinander. Ich werde das Thema im nächsten Abschnitt wieder aufnehmen.

Bei der IMG war zunächst ein gewaltiger Berg von Rückständen abzutragen. Aus dem ganzen Land meldeten sich frustrierte Erfinder und Träger der verschiedensten gutgemeinten Vorschläge, die längst nicht alle eine Idee präsentierten, auf die ein Anwender sofort mit Überzeugung aufgesprungen wäre. Darum aber ging es doch: ein Unternehmen zu finden, oder den Erfinder bei der Existenzgründung zu unterstützen, damit die Erfindung in Produktion gehen kann.

Man braucht dafür einen langen Atem. Drei bis fünf Jahre Anschubphase hatten wir veranschlagt. Nach zwei Jahren kam der erste Durchbruch: der BodyBass. Wenn Sie regelmäßig die Disco besuchen, wissen Sie sicher, daß die tiefen Töne nicht über das Ohr, sondern über Ihre Knochen übertragen werden. Darauf beruht das Prinzip des BodyBass: Auf der Brust getragen, übermittelt er die Bässe auf Ihren Körper und verschafft Ihnen damit auch in den tiefsten Tiefen den Hörgenuß, auf den Sie als Zeitgenosse des multimedialen Zeitalters nun einmal Anspruch haben.

Das Gerät wird jetzt von einem mittelständischen Unternehmen vertrieben, und die IMG ist lebensfähig geworden. Über eine mögliche Produktion wird mit dem ehemaligen Grundig-Werk verhandelt, was dort einen Ausgleich für verlorengegangene Arbeitsplätze bringen würde.

Bei der Vermarktung des BodyBass kam es zu einer wundersamen Fügung. Die IMG arbeitete mit der ROTEC im bayerischen

Kipfenberg zusammen, einem Informationsbroker, der technologische Innovationen, schön kurz zusammengefaßt, vierzehn davon auf zwei Seiten, in Zeitungen wie »Markt und Mittelstand« präsentiert, um Interessenten zu finden. ROTEC operiert mit einem sehr anschaulichen Präsentationsmodell, um die Zusammenhänge zu verdeutlichen. Folgende Faktoren müssen zusammenkommen, damit eine Technologie zur Anwendung gelangt: Technologie, Produktion, Vertrieb und Kapital:

Kapital

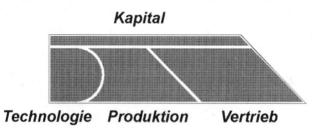

Technologie   Produktion   Vertrieb

Der häufigste Fall ist, daß jemand mit einer Technologie zu einer Bank kommt und einen Kredit haben möchte, die Bank aber nicht sicher beurteilen kann, ob die Technologie, wenn sie produziert wird, auch Absatz finden wird. Der Engpaß ist nicht so sehr die Produktion – die findet sich schon, wenn genügend Marktchancen vorhanden sind. Der Engpaß ist der Vertrieb, der Markt. Das Kapital wäre auch vorhanden. Ist aber kein Markt da, sieht das Modell so aus:

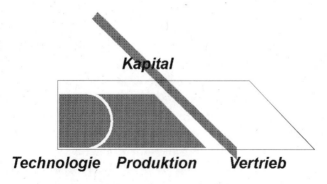

Technologie   Produktion   Vertrieb

Wenig erstaunlich, wenn die Bank dann zögerlich ist mit der Kreditvergabe. Da hilft es auch nicht, ihr mangelnde Risikobereitschaft vorzuwerfen. Oft liegt es allerdings auch daran, daß vorhandene Marktchancen nicht erkannt werden; beklagt wird immer noch, obwohl es sich langsam bessert, der Mangel an Fachpersonal bei den Banken, das Technologien und ihre Marktchancen auch beurteilen kann.

ROTEC hatte eine Vorgehensweise entwickelt, um die Ergebnisse aus Forschungseinrichtungen und Transfereinrichtungen für die Wirtschaft überhaupt sichtbar zu machen. Diese Ergebnisse sind so unüberschaubar und verstreut, daß die Wirtschaft – die in der Tat, entgegen allen Unkenrufen, danach sucht! – sie nur unter großen Schwierigkeiten finden kann. Auch ist die Mentalität der Forscher und der Technologietransfereinrichtungen schwer mit dem wirtschaftlichen und kaufmännischen Denken in den Unternehmen kompatibel. Eine Lösung des Problems besteht nun darin, die Innovationen so zusammenzufassen, daß die Wirtschaft in jedem Bundesland nur einen Ansprechpartner hat. In unserem Fall soll das die IMG sein. ROTEC hatte ermittelt, daß in der Wirtschaft – entgegen einer landläufigen Meinung – ein großer Bedarf an Technologien und Innovationen besteht. Viele – vor allem mittelständische – Unternehmen haben allerdings keinen eigenen Vertrieb, den sie sich finanziell auch oft nicht leisten können, sondern bedienen sich der Vermittlung durch selbständige Handelsagenten. Zu ihrer gemeinsamen Verblüffung stellten ROTEC und IMG bei ihrer Suche nach einem Vertriebspartner für den BodyBass fest, daß es in Deutschland eine ganze Heerschar von sechzigtausend solcher selbständiger Vertriebs- und Handelsagenten gibt. Sie bewegen einen Umsatz von 350 Milliarden – nicht Millionen – Mark. Sie haben ebenfalls ein ganz ausgeprägtes Interesse an der Vermarktung von Innovationen, weil das der Umsatz der von ihnen vertretenen Firmen ist, aus dem sich ihr Einkommen ableitet. Aber auch sie scheitern auf der Suche nach Innovationen meist an dem undurchdringlichen Dickicht und an der introvertierten, oft technokratischen, manchmal bürokratischen Mentalität der Forschungs- und Transfereinrichtungen, die in der Erfüllung ihrer Aufgaben äußerst uneffektiv sind. Mit einer Technologie- und Innovationsoffensive (TIO) will ROTEC in Zusammenarbeit mit mehreren Landeswirtschaftsministerien diese Barrieren überwinden und den Informationsfluß zwischen den Innovatoren und den Anwendern in der Wirtschaft herstellen. Denn auch auf der Seite der Wirtschaft besteht genau die gleiche Unübersichtlichkeit. Wir von NITI wollen unser *job creation*-Konzept nun mit TIO koppeln. Wir werden darauf hinwirken, daß nicht immer nur Prozeßinnovationen transferiert werden, die Arbeitsplätze einsparen, sondern auch verstärkt Produktinnovationen, die neue Jobs bringen. Im Kasten »Technologiemarktplatz« finden Sie einige anschauliche Beispiele für neue Produktideen, wie sie in der Zeitschrift »Markt und Mittelstand« 4/98 angeboten wurden.

Es war schon erstaunlich, was aus so kleinen Anfängen sich auf einmal an bis dahin verborgenen Chancen ergeben kann. Sagen Sie nun nicht, das ist ja alles nur Kleinkram, das ändert doch nichts an der Arbeitslosigkeit von fast fünf Millionen. Wenn genügend einzelne Leute etwas Kleines tun, ergibt es zusammen etwas Großes. Der Geschäftsführer von ROTEC benutzt dafür folgendes einleuchtende Bild: Auf freier Strecke steht ein Güterwagen, der von der Stelle bewegt werden muß. Zwei Leute versuchen zu schieben. Ringsherum steht eine größere Menge, schaut zu, lacht und denkt: Das geht doch sowieso nicht. Es geht tatsächlich nicht. Aber zwei weitere Menschen lösen sich aus der Menge und schieben mit. Nichts bewegt sich. Doch dies Beispiel hat ein paar weitere ermutigt, jetzt sind es schon acht – und siehe, der Wagen rollt. Das ist mein Appell auch an Sie: Machen Sie mit, helfen Sie den Wagen flottzumachen – es geht! Und wenn Sie Lehrer sind oder Sozialarbeiter, Politologe, Soziologe oder sonst ein -ologe oder Jurist wie ich: Erheben Sie

Märkte/Branchen:	Neuer Polymerwerkstoff der vollständig aus nachwachsenden Rohstoffen hergestellt wird und voll recycelbar ist. Vielseitig einsetzbar. Als Kleber bis hin zum formaldehydfreien Epoxidharzersatz verwendbar.	Entwicklungsstand
Umwelttechnik Kunststofftechnik Chemie Holzindustrie Baumaterial		Erfindungshöhe
		Marktchancen
		Schutzrechte
	PAVIS e.G., Fr. Skupsch, Prinzenweg 6a, 82319 Starnberg	*Tel. 08151/916820 Fax 08151/916829* ©ROTEC GmbH

Märkte/Branchen:	Solarthermischer Hochdruck-Elektrolyseur zur Gewinnung und Verdichtung von Wasserstoff. Sehr hoher Wirkungsgrad bei niedrigem Energieverbrauch.	Entwicklungsstand
Energietechnik Wasserstofferzeugung		Erfindungshöhe
		Marktchancen
		Schutzrechte ⇨
	FZJ-Technisches Transfer Büro, Hr. Leutenberger, PF, 52425 Jülich	*Tel. 02461/6-14320 Fax 02461/61-3718* ©ROTEC GmbH

Märkte/Branchen:	Neuartige Simulatorengeneration für die Verwendung in den Bereichen Flug-, Fahr- und Bewegungssimulation aber auch für den anspruchsvollen Funbereich. Fertigung und Vertrieb gesucht.	Entwicklungsstand
Simulatorenbau Regelungstechnik Hobby- und Freizeitbranche		Erfindungshöhe
		Marktchancen
		Schutzrechte ⇨
	FhG-TEG, Hr. Levermann, Nobelstr. 12, 70569 Stuttgart	*Tel. 0711/970-3654 Fax 0711/970-3998* ©ROTEC GmbH

Märkte/Branchen:	Mikro-Reaktor zum Nachweis von Toxinen und Pestiziden in Flüssigkeiten. Reaktive Komponenten werden kostengünstig während der Fertigung auf die Oberfläche aufgebracht. Breites Stoffspektrum nachweisbar.	Entwicklungsstand
Umweltschutz Chemo-Bio-sensorik Chem. Analytik Lebensmittelchemie		Erfindungshöhe
		Marktchancen
		Schutzrechte
	ROTEC, Hr. Bendel, Ref.Nr. 260498, Heiligengrund 13a, 85110 Kipfenberg	*Tel. 08465/9414-0 Fax 08465/9414-40* ©ROTEC GmbH

Märkte/Branchen:	Kostengünstiges, einfach aufgebautes, robustes Reagenz-Freisetzungs-System für schnelle, reproduzierbare Reagenz- und Analytkonzentrationen. Sehr gut in kontinuierlichen Meßverfahren integrierbar.	Entwicklungsstand
Chem. Industrie Medizintechnik Meßtechnik Regelungstechnik Optik Labortechnik Halbleitertechnik		Erfindungshöhe
		Marktchancen
		Schutzrechte ⇨
	GKSS, Fr. Frauen, PF 1160, 21494 Geesthacht	*Tel. 04152/87-1722 Fax 04152/87-1618* ©ROTEC GmbH

Märkte/Branchen:	Extrem miniaturisierte Instrumente (z. B. Mikro-Faßzangen und -Scheren mit nur 0,4-0,6 mm Außendurchmesser) aus biokompatiblen Ni-Ti-Legierungen für die minimal invasive Chirurgie. Auch als Mikroaktoren einsetzbar.	Entwicklungsstand
Medizintechnik Mikrosystemtechnik		Erfindungshöhe
		Marktchancen
		Schutzrechte
	FZK/TTM, Hr. Mache, Ref.Nr. HM 283002, PF3640, 76021 Karlsruhe	*Tel. 07247/82-4876 Fax 07247/82-5523* ©ROTEC GmbH

Märkte/Branchen:		
Freizeit Bau Katastrophenschutz	Selbstaufbauendes Zelt, welches ein wesentlich schnelleren Zeltauf- und -abbau als bei herkömmlichen ermöglicht. Keine losen Teile, die verloren gehen können. Einfach zu transportieren und zu verpacken.	Entwicklungsstand Erfindungshöhe Marktchancen Schutzrechte
	IMG, Fr. Gehrig, Kurt-Schuhmacher-Str. 74a, 67663 Kaiserslautern	*Tel. 0631/31668-30 Fax 0631/31668-99* ©ROTEC GmbH

Märkte/Branchen:		
Solartechnik	Neuartig aufgebauter, hochqualitativer Sonnenkollektor, der unter Beachtung einer optimierten Umweltbilanz in seiner Gesamtheit produziert wird. Abnahmezusagen liegen vor, Kooperationspartner gesucht.	Entwicklungsstand Erfindungshöhe Marktchancen Schutzrechte
	KARE GmbH, Hr. Reinhard, Brückenstr. 2, 28857 Syke-Barrien	*Tel. 04242/936577* ©ROTEC GmbH

Märkte/Branchen:		
Mikroelektronik Halbleitertechnik Mikrowellentechnik Kryoelektronik	"Cryoscan" mißt die Gleichmäßigkeit der Stromdichte von Halbleiterscheiben. Erhebliche Zeit- und Kosteneinsparungen bei der Bauelementefertigung, da ungeeignete Scheiben vorab ausgesondert werden können.	Entwicklungsstand Erfindungshöhe Marktchancen Schutzrechte
	ROTEC, Hr. Bendel, Ref.Nr. 270498, Heiligengrund 13a, 85110 Kipfenberg	*Tel. 08465/9414-0 Fax 08465/9414-40* ©ROTEC GmbH

Märkte/Branchen:		
Impulstechnik Hochspannungstechnik Schalttechnik	Neues Verfahren zur Auslösung von Laserschaltern mit Metall-Aerosolen als Isoliergas. Dies erlaubt eine Triggerung von Laserschaltern mit einer Energie von 200 nJoule und einer zeitlichen Streuung < 1 nsec.	Entwicklungsstand Erfindungshöhe Marktchancen Schutzrechte
	FZK/TTM, Hr. Friehmelt, Ref.Nr. HM 034001, PF 3640, 76021 Karlsruhe	*Tel. 07247/82-5587 Fax 07247/82-5523* ©ROTEC GmbH

Märkte/Branchen:		
Oberflächentechnik Werkzeugtechnik Maschinenbau Werkstofftechnik Glasindustrie Keramikhersteller	Neu konzipiertes Hochdruck-Wasserstrahl-Schneidverfahren mit beträchtlich erhöhter Lebensdauer für spannungsfreies Schneiden von Materialien. Abwasser wird durch Ausfiltern der Abriebpartikel recycelt.	Entwicklungsstand Erfindungshöhe Marktchancen Schutzrechte
	GKSS, Fr. Frauen, PF 1160, 21494 Geesthacht	*Tel. 04152/87-1722 Fax 04152/87-1618* ©ROTEC GmbH

Märkte/Branchen: Zahntechnik	Neuartiges Verfahren, mit dem Zahnstrukturen 3D und digital erfaßt werden können. Wesentlich genauer als bisherige Systeme. Apparatur ist vollständig entwickelt und mit handelsüblichen Komponenten realisierbar. *PAVIS e.G., Fr. Skupsch,* *Prinzenweg 6a, 82319 Starnberg*	Entwicklungsstand Erfindungshöhe Marktchancen Schutzrechte Tel. 08151/916820 Fax 08151/916829
Märkte/Branchen: Umweltschutz Lebensmittelanalytik Chem. Analytik Med. Diagnostik	Tragbares, vollautomatisches, batteriebetriebenes Analysegerät mit chemischen Sensoren für immunologische Tests an Einzelproben für hohe Mobilität und schnelle Ergebnisse. *FhG-IFT, Hr. Drost, Hansastr. 27d,* *80686 München*	Entwicklungsstand Erfindungshöhe Marktchancen Schutzrechte Tel. 089/54759-224 Fax 089/54759-100
Märkte/Branchen: Automobilbau Kfz-Zulieferer Sitzhersteller Designer Architekten	Umfassende Designkonzeption für ergonomische Innenraumgestaltungen und Sitze. Breites Anwendungsspektrum durch Berücksichtigung der Wechselwirkung einer Vielzahl von Parametern zueinander. *ROTEC, Hr. Bendel, Ref.Nr. 280498,* *Heiligengrund 13a, 85110 Kipfenberg*	Entwicklungsstand Erfindungshöhe Marktchancen Schutzrechte Tel. 08465/9414-0 Fax 08465/9414-40

©ROTEC GmbH

Urheberrecht für Grafik und Gestaltung ROTEC GmbH

Erläuterung

Seit seiner Entstehung Anfang letzten Jahres hat sich unser Technologie-Marktplatz als eine wertvolle Informationsquelle bei all jenen etabliert, die sich über neue Technologien auf dem laufenden halten wollen oder Lösungen zu bestehenden Problemen suchen. Je weiter ein Kreissegment schwarz ausgefüllt ist, desto mehr sind die einzelnen Punkte erfüllt. Diffuse Schwarztöne geben eine Einschätzung tief widersprüchlicher Daten an. **Achtung:** Alle Werte ohne Gewähr. Am besten Sie prüfen selber anhand der jeweils aufgelisteten Kontaktadresse nach, wie relevant die Innovation für Sie tatsächlich ist.

52	€	59	€
53	€	60	€
--	€	--	€
, 55	€	62	€
56	€	'63	€
--	€	64	€
58	€	--	€

Nutzen Sie für nähere Informationen zu einer der angegebenen Technologien unseren

FAX-POLLING-SERVICE

Sie benötigen dafür ein Fax-Gerät mit Abruffunktion oder die Möglichkeit Anrufe umzuleiten und an Ihrem Gerät muß beim Wahlverfahren MFV eingestellt sein. Wählen Sie 08485/941427 und folgen Sie den Anweisungen des Mail-Box-Systems.

Nachdem Sie dazu aufgefordert wurden, drücken Sie die Taste Start. Bei Telefongeräten drücken Sie die Taste # und übergeben den Anruf an Ihr Fax. Bei -- gekennzeichneten Innovationen sind keine näheren Informationen verfügbar.

LEGENDE

Über die Spalte Märkte/Branchen können Sie schnell und zielgerichtet Innovationen finden, die für Sie interessant sind. Die Grafik informiert Sie über:

● **Entwicklungsstand,** der den Grad der Produktionsreife wiedergibt,
● **Erfindungshöhe,** die den möglichen technischen Fortschritt repräsentiert,
● **Marktchancen,** welche das voraussichtliche Marktpotential anzeigen,
● **Schutzrechte,** die die Anzahl der gemeldeten Länder widerspiegeln.
○ Gibt Auskunft über noch mögliche Patent-Nachmeldungen in anderen Ländern.
U Steht für Urheberschutzrechte.

sich nicht über die scheinbar so banale Welt der Arbeit, der Technik und Wirtschaft – sie ist die Grundlage für all das hehre Gut, das an Schulen und Universitäten gelehrt, am Stammtisch oder auf der Piazza in der Toskana diskutiert wird. Erst muß Arbeit da sein, dann kommt alles andere. Glauben Sie nicht, daß mit Qualifikation allein die Probleme gelöst werden können, wenn es für die so Qualifizierten keine Arbeit gibt. Und sollten Sie äußerst kritisch dem bestehenden Wirtschafts- und Gesellschaftssystem gegenüberstehen, dann bedenken Sie, daß Marx mit seinem sogenannten Materialismus aussagen wollte, die Grundlage, die Basis unseres Lebens sei die Art, wie wir das Leben, unsere Konsumgüter und Lebensmittel produzieren und uns reproduzieren. Erst auf dieser Grundlage könnten sich die höheren Formen des Lebens, wie Politik und Kultur, der sogenannte Überbau, erheben. Ich bestehe ja nicht darauf, daß er recht hatte, aber gerade die kritische Fraktion der Bevölkerung, und sie nimmt mit wachsender Krisenhaftigkeit und Arbeitslosigkeit zu, hat, so meine ich, kein Recht, sich in Widerspruch zu ihren eigenen Wurzeln zu setzen.

Förderpolitik

Es ist kein Geheimnis, daß Milliarden von Mark und ECU, demnächst wahrscheinlich auch von Euro, als Fördermittel über das Land fließen, von denen man sich fragt, warum damit über vier Millionen Arbeitslose nicht verhindert werden konnten. Mit unserem Ansatz »*job creation* durch Produktinnovation« fanden wir Aufmerksamkeit und Förderung sowohl bei der Arbeitsverwaltung in Kaiserslautern als auch beim Arbeitsministerium in Mainz. Das war keineswegs selbstverständlich; denn die bisherige Förderpolitik kennt diesen Lösungsansatz allenfalls am Rande. Kennen Sie ein Arbeitsamt, das sich mit der Schaffung von Arbeitsplätzen befaßt? Hat Bernhard Jagoda jemals davon gesprochen, wenn er seine Horrorzahlen bekanntgab? Es scheint auch ziemlich schwer vermittelbar zu sein. Ich kann nur hoffen, daß Ihnen das Verständnis durch die vielen Beispiele leichter fällt.

So beantragte und erhielt NITI ein Förderprojekt »PRO(DUKTINNOVATION) Westpfalz«, gefördert vom Arbeitsamt Kaiserslautern und vom Ministerium für Arbeit, Soziales und Gesundheit. Aufgabe des Projekts war die Schaffung von Arbeitsplätzen durch Produktinnovation. Zu diesem Zweck sollte das in der Region vorhandene innovative Potential erfaßt werden. Neue Ansätze der Arbeitsmarktpolitik sollten erprobt werden, die an den Gebietskörperschaften und Betrieben ansetzen und Beschäftigungs- und Wirtschaftsförderung miteinander verbinden. Und schließlich sollten die öffentlich geförderten Projekte analysiert werden, um eine Grundlage für den sinnvollen Einsatz von Fördermitteln zu erhalten. Wenn man etwas gegen die Arbeitslosigkeit tun will, fanden wir, ist das schließlich auch eine sinnvolle Aufgabenstellung.

Natürlich hatte ich – wie fast jeder – so meine Vor-, aber auch Nachurteile über etwas, was ich immer die »Projekteritis« nannte: eine Art von Krankheit, deren Erscheinungsbild äußerst variabel ist, die aber im Kern durch folgenden Verlauf dargestellt werden kann: Eine politische Instanz, ein Landes- oder Bundesministerium oder die EU-Kommission bzw. eine ihrer Generaldirektionen setzen sich ein bestimmtes politisches Ziel, z. B. die Informationstechnologie in die Produktion zu integrieren, das heißt dann »Integration in Manufacturing«, oder den Einsatz der regenerativen Energien zu verbreitern (»Thermie« oder »Joule«). Dafür werden die entsprechenden, häufig sehr beträchtlichen Mittel bereitgestellt. Im nächsten Schritt wird aber nicht etwa mit diesem Geld ein Aktionsprogramm oder dergleichen zur Durchsetzung des anfangs genannten Zieles beschlossen und durchgeführt, sondern es wird ein *Programm* ausgeschrieben, und es werden Teilnehmer aufgefordert, sich zur Teilnahme an dem Programm dadurch zu bewerben, daß sie ein *Projekt* beantragen. Dieser Mechanismus ist allen Beteiligten so in Fleisch und Blut übergegangen, daß jemand, der es in Frage stellte, eher Zweifel an seiner geistigen Gesundheit als ein Nachdenken über Alternativen auslösen würde. Man könnte seine Bedenken natürlich am schnellsten dadurch ausräumen, daß man ihm ein Projekt gibt.

Ich hatte selbst in verschiedenen solcher Projekte mitgearbeitet und war auch in Brüssel Sachverständiger und Gutachter bei den unterschiedlichsten Projekten. Jeder weiß, daß der Antragsteller seine – oft sehr individuellen – Interessen in dem Projektantrag unterbringt und sie so deklariert, daß sie, wirklich oder scheinbar, möglichst gut mit dem Ausschreibungstext übereinstimmen. Außerdem gibt es Erfahrungswerte, was »die da oben« gerne hören; und es gibt Berater, die wiederum davon leben, die Kenntnisse darüber den Antragstellern zu vermitteln. Beispielsweise macht es sich immer gut, wenn man behauptet, das, was man da beantragt, sei gut für die KMUs, die kleinen und mittleren Unternehmen. Auf englisch SME, französisch PME, haben sie fast den Rang der heiligen Kühe am Ende des Ganges. Jeder weiß aber auch, daß das am tatsächlichen Vorrang der Großindustrie sowenig ändert wie andere rituelle Beschwörungsformeln. Ich hatte einmal ein Gutachten über einen Antrag abzugeben, für den ein sehr renommiertes deutsches Automobilunternehmen eigens einen Hauptabteilungsleiter ausgegründet hatte, damit er den Antrag als KMU stellen konnte. Erst ein mittlerer Tobsuchtsanfall von mir lenkte die Aufmerksamkeit der Prüfungskommission auf diesen Umstand; es leuchtete ihnen sogar ein. Alle wissen, daß die Großunternehmen, auch wenn sie über Milliardenpolster verfügen, eigene Abteilungen zum Abgreifen von Fördermitteln haben, während die vielzitierten KMUs, die sich dafür keine Spezialisten und auch kein Lobbybüro in Bonn, Berlin oder Brüssel leisten können, wie man landläufig sagt, mit dem Ofenrohr ins Gebirge schauen dürfen. Das bedeutet wiederum, daß die Großunternehmen allzu häufig Anträge auf Fördermittel stellen für etwas, was sie ohnehin getan hätten. Mitnahmeeffekt, Vergeudung von Fördermitteln, und die Kleinen gehen leer aus.

Viele Projekte an Hochschulen und Forschungseinrichtungen dienen vorrangig den wissenschaftlichen Interessen von Lehrstuhlinhabern, aber weit weniger dem Programmziel, das mit der Projektvergabe erreicht werden soll, und noch viel weniger der Schaffung von Arbeitsplätzen. Meist läuft es so ab, daß ein Professor den Antrag einreicht, er stellt ein paar Leute ein, die seine Idee mehr oder weniger gut abarbeiten und dafür ein Gehalt bekommen, der Prof bekommt seine zusätzliche Arbeit nicht bezahlt, und am Schluß wird ein Bericht abgeliefert, der oft in der Schublade verschwindet und nichts bewirkt. Der Beschäftigungseffekt ist 1:1, es erhalten genausoviel Mitarbeiter einen Arbeitsplatz, wie Geld hineingesteckt wird, es entstehen keine zusätzlichen Arbeitsplätze aufgrund der in dem Projekt erarbeiteten Ergebnisse. Noch schlimmer: Häufig sind diese Ergebnisse sogenannte Prozeßinnovationen, die zur Kosten- und Personaleinsparung führen. Die Projektmitarbeiter haben meistens das Interesse nachzuweisen, daß das Projekt aus diesem oder jenem Grunde noch nicht beendet ist und daher verlängert werden oder ein Nachfolgeprojekt erforderlich ist.

So weit war ich mit meinen Eindrücken schon vorher gediehen, als wir mit unserer Untersuchung begannen. Hoffentlich nehmen Sie es mir nicht übel, daß ich ein wenig scharf gezeichnet habe – aber für die Überwindung der Arbeitslosigkeit ist auch von entscheidender Bedeutung, daß das viele Geld, das für Förderprogramme und -projekte ausgegeben wird, *an die Schaffung von Arbeitsplätzen gebunden wird.*

Das war jedenfalls eines unserer »Projektergebnisse«. Wenn früher jemand eine Idee hatte, dann hat er einen Betrieb aufgemacht, um die Idee zu realisieren. Heute beantragt er ein Projekt, bei dem nichts Reales herauskommt. Vielleicht wird damit eine Mentalität der Abhängigkeit gefördert, die Eigenverantwortung eher lähmt als beflügelt. Es ist ein erschreckender Gedanke, daß die riesige Arbeitslosigkeit in den neuen Ländern, bei deren Neustrukturierung ja die schon weit entwickelte Fördersystematik und -denkweise übernommen und ausgebaut wurde, damit zusammenhängen könnte. Ein Kollege von mir sagt, Subventionen und Fördermittel sind wie Schlafmittel, sie schaden mehr als sie nützen.

Zündplatte

Bevor es zu der erfolgreichen Vermarktung des BodyBass kam, waren bei NITI einige andere, schwerer vermittelbare Erfindungen eingegangen. Dazu gehörte die Zündplatte, eine Kombination der bisherigen Zündkerze mit der Zylinderkopfdichtung. Jeder Kolben wird dabei nicht nur an einem Punkt von oben gezündet, sondern auch an drei seitlichen Stellen. Dadurch wird das Gemisch besser verbrannt, Benzinverbrauch und Schadstoffausstoß sinken beträchtlich. Wie üblich, will die Industrie an ihrem konventionellen Produkt, der Zündkerze, festhalten. Und wie immer erkennt man nicht, daß man durch dieses Festhalten auf der Verliererstraße endet, wenn das neue Produkt sich doch durchsetzt. Deswegen werden Meßwerte oft so manipuliert, daß es angeblich nicht richtig funktioniert, die Autoindustrie verweist auf die Zündkerzenhersteller, diese auf die Elektronikindustrie, usw. Das übliche Spiel der Innovationsverhinderung. Obwohl wir auch keine Garantie für den Erfolg übernehmen können, versuchen wir doch, solche Innovationen durchzusetzen. Während die deutsche Logik, vor allem bei den Banken, auf hundertprozentige Sicherheit der Erfolgschancen setzt, kalkulieren die Amerikaner anders: Wenn von zehn Projekten eines Erfolg hat, kann man die Verluste der neun Flops daraus spielend finanzieren. Immerhin konnten wir in der Übungswerkstatt bei Siemens in Speyer einen Präsentationskoffer mit einem funktionierenden Modell der Zündplatte bauen. Der Erfinder reiste damit nach

Amerika, hat das Modell dort vorgeführt und großes Interesse ausgelöst. Wie so oft, besteht auch hier die Gefahr, daß die deutsche Industrie mal wieder etwas verschläft, was dann mit Erfolg im Ausland aufgegriffen wird.

Natrium-Chlorid-Batterie

Mit dem Landrat des Landkreises Kaiserslautern schloß NITI einen Kooperationsvertrag, der folgende Projektliste umfaßte:

Projektliste

- Koordination der beschäftigungspolitischen Initiativen
- Umwelttechnologien
  - Windpark
  - Natriumchloridbatterie
    * Solarfassaden und -dächer; Schallschutz an Straßen und Autobahnen
    * thermische Nutzung der Sonnenenergie
  - Teststrecke für Stromabnehmer (Ökopark Sembach)
    * Zentrum für innovative Verkehrstechnologie
- Zündplatte
- Multimedia
- »Innovation Westpfalz« (fortschreiben)
- Arbeitskreis(e) Produktinnovation

Als der Landrat hörte, daß wir Innovationen fördern wollten, fuhr er mit mir zu einem Erfinder in seinem Kreisgebiet. Der arbeitete daran, eine an sich seit langem bekannte Methode der Energiespeicherung zu verwirklichen. Das Umweltministerium des Landes hatte ihm bereits einen Zuschuß gegeben; also könnte durchaus etwas daran sein, dachten wir uns.

Bekanntlich ist die Speicherung von Energie ein Engpaß für

viele ökologische Anwendungen: So braucht man im Winter mehr Energie, während im Sommer die Sonne stärker und länger einstrahlt. Und beim Transport sind die schweren Batterien ein Handicap für den an sich umweltfreundlichen elektrischen Antrieb, während das umweltschädlich explodierende Benzin ein unerreicht günstiges Verhältnis von Energieinhalt zu Gewicht und Volumen hat. Unser Erfinder speichert die – möglichst umweltschonend gewonnene – Energie mittels Natriumchlorid, zu deutsch Kochsalz, das nahezu unbegrenzt in den Weltmeeren vorhanden ist. Durch Energiezufuhr spaltet sich Natrium ab. Wenn man dem Natrium Wasser zuführt, reagiert es zu Wärme, Wasserstoff und Natriumhydroxid. Letzteres ist recyclingfähig, die Wärme kann man zum Heizen nutzen, und der Wasserstoff ist in Verbindung mit dem Sauerstoff aus der Luft ein Antriebsmedium.

Übergehen wir einmal das Problem des Abfallprodukts Chlor, das sich nach den Vorstellungen unseres Innovators gut zur Produktion von Rohrleitungen verwenden läßt, wenn man in südlichen Ländern mit Solarstrom Meerwasserentsalzungsanlagen betreibt und das Süßwasser zur Bewässerung und Aufforstung ins Binnenland leitet. Anwendungen der Energiespeichermethode sind prinzipiell natürlich überall möglich, wo Energie gespeichert und umgewandelt wird. Zwei Anwendungen stehen im Vordergrund: die Beheizung von Häusern und der Fahrzeugantrieb. Ein entsprechendes Auto ist im Bau; daran arbeitet unsere Gruppe aus arbeitslosen Ingenieuren. Betriebe helfen mit Maschinen und Material. Für das Heizungsmodell stellte eine große Chemiefirma, die BASF, sogar eine Photovoltaikanlage im Wert von 180 000 Mark zur Verfügung, die in ihrem Forschungszentrum ihren Zweck erfüllt hatte. Drei ABM-Kräfte sind jetzt damit beschäftigt, sie im Raum Kaiserslautern wieder aufzubauen, damit der Strom für die Beheizung des Modellhauses auch ökologisch gewonnen wird.

Zusammen mit anderen innovativen Vorhaben wird das NaCl-Projekt in einer Halle auf dem früheren US-Militärflughafen

Sembach nahe Kaiserslautern untergebracht – ein Schritt zu einem »Öko-Park Sembach«, wie er dem Landrat vorschwebte – auch ein Stück Rüstungskonversion. Sie sehen an dem Beispiel, daß es möglich ist, die Vorstellungen und Wünsche der lokalen Akteure aufzugreifen und bei ihrer Realisierung mitzuwirken; dazu müssen und können die verschiedenen Träger auf der lokalen und regionalen Ebene im Hinblick auf den jeweiligen Zweck vernetzt werden: Erfinder, Privatunternehmen, Landrat, Arbeitsverwaltung und Arbeitsministerium, Umweltministerium und Beschäftigungsinitiative – ohne Anspruch auf Vollständigkeit. Wichtig ist nur, daß die Ideen der Menschen in der Region ernst genommen und aufgegriffen werden, das sogenannte endogene Potential.

Nun ist dieses Projekt ja noch nicht zum Erfolg gediehen, seine direkten Beschäftigungseffekte – drei ABM-Kräfte – noch gering; nicht gerechnet die arbeitslosen Ingenieure, die ohne Entgelt mitarbeiten. Wir hoffen aber zuversichtlich, daß sie durch diese Arbeit einen Job finden. Wenn das Vorhaben erfolgreich werden sollte, würde es Tausende von Arbeitsplätzen bringen. Bei vielen aus der Ingenieurgruppe war das zwischendurch schon der Fall – übrigens durchaus ein Nachteil für das Know How und die Kontinuität des Projekts. Einer schrieb zu Weihnachten eine zu Herzen gehende Postkarte: daß er wieder eine Anstellung gefunden, daß er überhaupt die Kraft gefunden habe, sich noch einmal zu bewerben, sei dem Auftrieb zu verdanken, den er in der Projektgruppe bekommen habe.

Solarlampe

Andere Vorhaben waren nicht so ehrgeizig, deshalb vielleicht auch schneller zu realisieren. Eines war die Solarlampe. Ein NITI-Mitglied der ersten Stunde, Solarunternehmer aus Frankfurt am Main, stellte die Zeichnungen zur Verfügung, die Ingenieurgruppe machte die Konstruktion, ein ortsansässiger Betrieb für Solar- und Windenergie sowie Elektrofahrzeuge baute sie: Sie beleuchtet heute den Stadtplan am Großparkplatz neben dem Dom in Speyer. Sechs weitere Aufträge liegen vor. In meiner Mairede 1994 in Speyer hatte ich gesagt: Wenn wir wirklich die erneuerbaren Energien zur Durchsetzung bringen und damit Arbeitsplätze schaffen wollen, dann müssen in diesem Betrieb nicht zwei, sondern fünfzig Leute arbeiten. Das ging einigen wohl zu weit – sollen wir uns auch noch für die Interessen der Unternehmer einsetzen?

Windkraft für den Garten

In der Planung ist noch die Windkraftanlage eines Kölner Erfinders, die schon bei schwachem Wind anspringt und nur wenig kostet, Herstellkosten vielleicht vier- bis sechstausend Mark. Ein Demonstrationsobjekt für eine Ökomesse in Braunschweig haben wir schon gebaut; eines dreht sich in der Nähe von Porz. Wenn die Anlage auch nur wenig Strom erzeugt, vielleicht fünfzig bis hundert Watt, hat sie doch den Vorteil, daß sie sich schnell amortisiert, und daß sie keinen Lärm macht. Sie stört auch keine brütenden Vögel und hat keinen Disco-Effekt. Vielleicht unterläuft sie nach dem Slogan »Small is beautiful« einige der Bedenken, die – zu Unrecht, wie ich meine – gegen die großen Windanlagen vorgebracht werden. Ihr Strom würde ausreichen, die Batterie eines Elektroleichtfahrzeugs zu laden. Vielleicht schaffen wir es, damit ein Modell zu realisieren, wie man seinen täglichen Arbeitsweg im Sinne von Rio nachhaltig gestaltet.

Abstandskontrollsystem und Lärmschutzwand

Einer unserer Projektmitarbeiter ist im Landkreis Kusel zu Hause, der an der Grenze zum Saarland liegt und durch seinen geringen Industriebesatz und seine Entfernung zu den Ballungsräumen strukturell ebenso benachteiligt wie durch seine landschaftliche Unberührtheit im Vorteil ist. Unser Kollege stieß auf einen Erfinder, der ein Abstandskontrollsystem entwickelt hatte, mit dem ein LKW, auch mit Anhänger, beim Zurücksetzen die Abstände, sei es seitlich oder nach hinten, zuverlässig überblicken kann. Er suchte mit ihm zusammen ein weltweit führendes Unternehmen für Rückspiegel auf und konnte dort das System für ihn vermarkten. Sie sehen: Es geht. Neulich meldete sich wieder ein Erfinder aus dem Kreis Kusel, der Patente für Lärmschutzanlagen mit Photovoltaik und Begrünung besitzt. Das paßt wiederum zu unserer Projektliste mit den Schallschutzanlagen, die in dem Kooperationsvertrag mit dem anderen Landkreis enthalten sind. Sie sehen auch hier: Man muß sie nur zusammenbringen, Anbieter und Nachfrager, ganz marktwirtschaftlich.

Zentrum für erneuerbare Energien

Da unser Verein NITI die Förderung von Umwelttechnologien zum Satzungszweck hat, lag es nahe, daß eines Tages eines unserer Mitglieder mit dem Ansinnen an uns herantrat, die schon erwähnte Bundestagsabgeordnete wolle ein Zentrum für erneuerbare Energien in Pirmasens gründen. Natürlich unterstützten wir den Plan aufs heftigste und stellten unseren Verein als Träger zur Verfügung. Sie sehen: Sogar Abgeordnete können sich unternehmerisch betätigen und Arbeitsplätze generieren.

In Null Komma Nichts war der Antrag geschrieben, das Ministerium war selbst sehr daran interessiert, die Arbeitsverwaltung kooperativ, und schon bald arbeiteten zwei (jetzt drei) engagierte und qualifizierte – vorher arbeitslose – Menschen in einem Projektbüro zur Errichtung eines Zentrums für erneuerbare Energien. Der Minister machte sogar einen Besuch in dem kleinen Büro, das in einer leerstehenden Kaserne eingerichtet wurde. In unglaublich kurzer Zeit stellte das Büro für interessierte Bürger, Betriebe und Verwaltungen eine Marktübersicht über das Angebot an Technologien für erneuerbare Energien zusammen. Als ein erster Schwerpunkt bildete sich, wegen des Holzreichtums im umliegenden Pfälzer Wald, die Errichtung von Holzschnitzelkraftwerken heraus. Die Forstwirtschaft und die Forstverwaltung sind aus naheliegenden Gründen daran sehr interessiert, können sie doch das herumliegende Restholz auf diese Weise wirtschaftlich verwerten. Ökologisch haben solche Kraftwerke und Heizungsanlagen den Vorteil, daß sie nur soviel CO_2 an die Atmosphäre abgeben, wie die Bäume bei ihrem Wachstum aufgenommen haben, auch wenn der Ausstoß von Kohlendioxid und Schadstoffen nicht ganz vermieden werden kann. Es wird nicht, wie bei Kohle, Öl und Erdgas, die vor Jahrmillionen eingestrahlte Sonnenenergie verfeuert. Arbeitsplätze entstehen bei der Forstarbeit, bei der Errichtung, Projektierung und dem Betrieb der Holzschnitzelkraftwerke.

Regio-Netz

Daß Umwelttechnologien Arbeitsplätze schaffen, ist schon fast in aller Munde. Nicht viel anders verhält es sich mit dem Beschäftigungspotential der Informations- und Kommunikationstechnologien (I+K). Beiden ist jedoch gemeinsam: das Beschäftigungspotential realisiert sich nicht von allein. Man muß etwas für seine Realisierung tun. Dieser Gedanke lag der Konzeption eines regionalen Netzes für die Westpfalz zugrunde, wie es vom Kreisvorsitzenden des DGB Westpfalz initiiert und vom NITI-Projekt näher ausgearbeitet wurde. Es handelt sich um die Bereitstellung von leistungsfähigen regionalen Informations-Infrastrukturen und Kommunikationsnetzwerken, die eine Plattform für die unterschiedlichsten Dienstleistungen bilden, zum Beispiel für:

- Unternehmen, vor allem mittelständische Betriebe,
- Verwaltungen und Kliniken,
- Schulen und andere Qualifikations- und Weiterbildungseinrichtungen,
- Bürger.

Damit soll die Anwendung moderner I+K-Technologien verbreitert und ein konkreter Nutzen herbeigeführt werden. Für die verschiedenen Benutzergruppen sollen sogenannte Mehrwertdienste eingerichtet werden, z. B. ein Formularserver für die öffentliche Verwaltung, mit dem den Bürgern die Formulare online zur Verfügung gestellt und im Netz bearbeitet werden können. Das Handwerk schlägt eine Nutzung vor, mit der die Wartezeiten, die morgens beim Abholen des Materials für die im Laufe eines Tages durchzuführenden Montage- und Reparaturtätigkeiten anfallen, vermieden werden können: Die Bestellungen werden abends ins Netz gegeben und gehen beim Händler ein, der die Kommissionierung vor der Zeit der Geschäftsöffnung vornimmt. Diese Beispiele zeigen, wie eine kreative Nutzung von I+K-Technologien bei konkreten Problemstellungen zu einer Verbesserung und Belebung wirtschaftlicher, aber auch administrativer und politischer Tätigkeiten beitragen kann. Der Aufbau eines solchen Netzes befähigt die Bürger des entsprechenden Gebietes, die Nutzung der modernen I+K-Technologien zu erlernen und sich damit zu befähigen, an künftigen wirtschaftlichen Aktivitäten teilzunehmen. Im umgekehrten Fall verlieren sie den Anschluß an neue Entwicklungen. Auch können Nachteile aufgrund räumlicher Entfernung zu den Zentren wirtschaftlicher Aktivität ausgeglichen werden, die sich ohne eine solche Kommunikationsinfrastruktur sogar noch verstärken würden.

Die Ausarbeitung der Netzstruktur erfolgte in enger Zusammenarbeit mit dem regionalen Hochschulrechenzentrum. Da sich in der Nachbarregion, der Vorderpfalz, ein Professor der Verwaltungshochschule Speyer fand, der schon seit Jahren die Errichtung eines solchen Netzes forderte, wurde mit seiner aktiven Unterstützung die Netzkonzeption auf die gesamte Pfalz ausgedehnt.

Reindustrialisierung in Lothringen

Sie sehen: Wir sind immer noch auf dem Weg, auf einem Weg, der aus lauter kleinen Schritten besteht – anders kann kein Weg begangen werden –, und der das Ziel hat, es mögen doch bitte die wirtschaftlich und politisch Verantwortlichen sich endlich dazu durchringen, eine Methode zur Überwindung der Arbeitslosigkeit im großen anzuwenden, für die im kleinen bewiesen wurde, daß sie funktioniert. Wir haben nachgewiesen, daß man gemeinsam Projekte definieren und durchziehen kann, die auch in großem Maßstab Beschäftigung schaffen können. Von der Photovoltaik über die Windenergie und ein neues, umweltverträgliches, integriertes Verkehrssystem bis hin zu einem Wohnungsbauprogramm oder einer ästhetisch ansprechenden Gestaltung der Gewerbegebiete gibt es zahllose Möglichkeiten. Es ist lediglich eine Frage der Auswahl, der Übereinkunft und des Willens, sie auszuführen. Dem steht nicht nur die fehlende Bereitschaft und das Unverständnis derer entgegen, die alles »der Wirtschaft« überlassen wollen, auch das Unverständnis der Unternehmer, die noch nicht mitbekommen haben, daß sich in Zukunft tendenziell jeder unternehmerisch verhalten und betätigen muß. Nein: Auch das Unverständnis einer traditionell ausgerichteten Arbeitsmarkt- und Sozialpolitik, die sich auf nachsorgende Aktivitäten beschränkt und vorsorgende wie die Schaffung von Arbeitsplätzen ablehnt.

Apropos Lothringen: Vor einiger Zeit hatte ich privat eine französische Gastschülerin in der Familie. Sie wurde von ihren

Eltern gebracht, was schon auffiel, weil alle anderen allein mit dem Flugzeug anreisten. Der Grund war, wie sich bald ergab, daß sie so nahe an der Grenze wohnten: in Lothringen. In einem angeregten Gespräch stellte sich heraus, daß der Vater an der Reindustrialisierung Lothringens arbeitete. Mich traf fast der Schlag. Zufall oder Fügung? Es ist auch bei uns bekannt, daß Lothringen durch den Verlust der Stahlindustrie weitgehend deindustrialisiert worden ist. Wenig bekannt ist, was dagegen unternommen wird. Monsieur Deguillaume ist Präsident der Gesellschaft zur Entwicklung von Industrie und Beschäftigung, Société pour le développement de l'industrie et de l'emploi (SODIE), die ursprünglich von der Stahlgesellschaft USINOR gegründet wurde, heute aber selbständig ist. Ihre Aufgabe ist die Schaffung von Arbeitsplätzen, wenn irgendwo Arbeitsplätze abgebaut werden. Der Präfekt, der bei größeren Entlassungen zustimmen muß, macht seine Zustimmung davon abhängig, daß im Rahmen eines Sozialplans SODIE den Auftrag – und die Mittel – erhält, eine definierte Anzahl von Jobs zu produzieren. Dafür gibt es ein ganzes Bündel von Methoden, von der Beobachtung ausländischer Messen durch Prospektoren, die ansiedlungswillige Investoren heranholen, bis zum Aufbau kleinerer Betriebe, die mit technologischen Innovationen im Markt Fuß fassen wollen. Dabei werden sie bei der Beschaffung von Grundstücken und Gebäuden, Krediten, Personal sowie bei Verhandlungen mit Behörden unterstützt. Man unterscheidet zwischen endogener und exogener *job creation,* also Arbeitsplätzen, die von innen aus der Region oder von außen kommen. SODIE vergibt auch eigene Kredite und finanziert sich zum Teil aus dem Rückfluß der – weit überwiegend – erfolgreichen Gründungen. Siebzigtausend Arbeitsplätze hat SODIE bisher auf die Beine gestellt. Das mag manchen wenig erscheinen, gemessen an den Arbeitsplatzverlusten der Stahlindustrie. Aber gegen Null gemessen: das halbe Glas Wasser.

Natürlich dauerte es eine Weile, bis wir das System verstanden hatten. Es beruht ja auch auf Voraussetzungen, die so bei uns nicht gegeben sind, etwa dem Zustimmungsvorbehalt des Präfekten. Zunächst lud ich den Präsidenten von SODIE zu einer Veranstaltung »Innovationen Beine machen« nach Kaiserslautern ein. Es war eindrucksvoll, daß er noch anreiste, obwohl er die Einladung erst in der Nacht zuvor telefonisch von mir erhielt. Eine technische Panne im grenzüberschreitenden Verkehr. So nah und doch so fern ist Europa. Bei der Diskussion kam u.a. heraus, daß die Erschließung des französischen Marktes, direkt vor der Haustür, erste Priorität haben müsse, ferner die Erschließung des für die französischen Partner oft unbekannten und einschüchternd wirkenden deutschen Marktes.

Bei zwei Reisen nach Thionville ließen wir uns die Arbeit von SODIE genau darstellen. Bemerkenswert war nicht nur das spürbare Interesse einer beträchtlichen Anzahl deutscher Arbeitsmarktakteure, sondern auch das professionelle Vorgehen der französischen Seite – nicht zu reden von ihrer Freundlichkeit und Aufgeschlossenheit. Sie stellten uns auch zwei ihrer innovativen Unternehmer vor. Der eine hat eine Vertretung für die Schwingungsdämpfer einer deutschen Firma in Frankreich übernommen, der andere ist erfolgreich am Markt mit einem Gerät, das die Spannungsschwankungen bei Niederspannungsleuchten glättet und damit deren vorzeitige Alterung verhindert. Die Liste der erfolgreichen Unternehmensgründungen ist lang und kann nicht einmal ansatzweise wiedergegeben werden.

In der Pfalz haben wir die ersten Schritte unternommen, um eine vergleichbare Einrichtung auch dort ins Leben zu rufen – sind wir bei NITI doch der Meinung, daß so etwas wie die lothringische Vorgehensweise auch in Deutschland nicht nur regional, sondern auch national verbreitet werden sollte.

Bleibt noch zu erwähnen, daß mittlerweile die von uns angestrebte Initiative für Modernisierung (IMO) am sozial- und wirtschaftswissenschaftlichen Fachbereich der Universität Kaiserslautern den Betrieb aufgenommen hat. Sie hat die Aufgabe, Innovation in den Betrieben und Unternehmen zu befördern, De-

SODIE

SODIE

Tochtergesellschaft des
Konzerns Usinor Sacilor
Vorstandsvorsitzender: Jacques Périès
140 Berater
6 Bezirksdirektionen
2 Aufgaben: Beschäftigung und
Industrialisierung.

Beschäftigung
• Personalberatung.

Von 1992 bis 1996
7 200 Arbeitnehmer beraten,
davon 450 Existenzgründer.

Industrialisierung
• Auffinden beschäftigungs-
  wirksamer Vorhaben
• Unterstützung bei der Entwicklung
  und Ansiedlung von Betrieben
• Analyse des Unternehmens und
  Beratung bei der Geschäftsführung.

• Industrialisation
• Emploi

Von 1983 bis 1996
4 500 Betriebe unterstützt,
dadurch 70 000 Arbeitsplätze geschaffen.
2 500 Existenzgründer beraten.

SODIE ist Gründungsmitglied
folgender **Organisationen**:
– CERRM (Europäisches Zentrum für
  Konversion und Umstellung)
– FN (Invest in France Network),
– HEXAGONE.

fizite aufzufinden und überwinden zu helfen – gerade angesichts des Umstands, daß viele Unternehmen glauben, mit Kostenmanagement ihre Probleme bewältigen zu können, und die Notwendigkeit einer Erneuerung ihrer Abläufe und ihrer Produkte nicht immer rechtzeitig erkennen.

In Speyer hatte eine unserer Arbeitsgruppen bei Ausschachtungsarbeiten im Stadtzentrum geholfen und dabei aus römischer Zeit eine Statue der Minerva gefunden, der Göttin der Weisheit. Möge sie ihr Licht über uns leuchten lassen.

7. Produktinnovation in Unternehmen, Branche und Hochschule

Fahrradfabrik Kynast

Bei den Mitarbeitern der Fahrradfabrik Kynast gab es schon länger Bestrebungen, ihr Wissen und Können über das bestehende Produktspektrum hinaus einzusetzen. Man hatte das Ziel, eine zweite Produktionslinie einzurichten, weil das Fahrradgeschäft äußerst saisonabhängig ist. Die anderen Produkte sollten möglichst saisonunabhängig oder, noch besser, gegenläufig zur Fahrradsaison sein. Sonst gab es im Rest des Jahres immer Auslastungsschwierigkeiten. Bedauerlicherweise war wegen ständiger Querelen unter den Eigentümern und Managern eine gute Unternehmensführung nicht gewährleistet. Von der Arbeitnehmerseite wurde ein eigenständiges Konzept entwickelt:

Perspektiven für die Kynast AG aus Arbeitnehmersicht

1. Konstruktives Vorgehen

Die Arbeitnehmerseite der Kynast AG legt hiermit ein Konzept für die Zukunft des Unternehmens vor, mit dem sie versucht, einen Beitrag zum Wohl der Arbeitnehmer und des Betriebes zu leisten. Wir sind der Auffassung, daß eine stärkere Einbeziehung und Förderung der Arbeitnehmer, ihres Wissens und Könnens und ihrer Motivation dem Betrieb im Sinne moderner Produktionskonzepte einen bedeutenden Impuls und eine Stärkung der Leistungsfähigkeit verschaffen könnten.

Wir gehen davon aus, daß ein weiterer Personalabbau einen Verlust an Know How, an Leistungsfähigkeit und damit an Umsatz und Gewinn mit sich bringen würde.

Wir streben im Gegenteil an, die Zahl der Arbeitsplätze zu erhöhen, wo immer es möglich ist, und nicht zu verringern. In unserer Region beträgt die Arbeitslosenquote bereits 14 Prozent. Auch unser Betrieb hat die Verpflichtung, zu deren Abbau beizutragen und sie nicht weiter zu erhöhen. Wir sind froh, in einem Betrieb zu arbeiten, der nach seiner Wirtschafts- und Auftragslage die Möglichkeit dazu hat. Die Aufnahme neuer und weiterentwickelter Produkte in die Angebotspalette scheint uns der entscheidende Weg dazu (siehe unten Ziffer 3).

Zur notwendigen Kostensenkung sehen wir eine Verringerung ungeordneter Planungsabläufe in der Produktionsplanung und Materialwirtschaft als dringlich an (siehe unten Ziffern 5 und 6).

Die Auslagerung von Tätigkeiten an Fremdfirmen (z. B. von Zubehörteilen für Staubsauger) scheint uns teilweise auf einer Milchmädchenrechnung zu beruhen. Sie wird mit unseren hohen Betriebskosten von 400 Prozent begründet, aber die entsprechenden Leistungen, z. B. die Betreuung durch technische Meister werden für die Fremdfirma ohne Berechnung weiter erbracht.

2. Verstetigung der Auftragslage, kein Saisonbetrieb mehr

Mit der Tatsache, durch unsere Produkte (Fahrräder, Rasenmäher, Gartenmöbel) ein rein auf den Sommer ausgerichteter Saisonbetrieb zu sein, sollten wir uns nicht länger abfinden. Wir sind bestrebt, auch andere Produkte herzustellen und auf dem Markt anzubieten, die saisonunabhängig sind. Die Arbeitsverwaltung hat bereits erkennen lassen, daß sie mit der Begründung, Kynast sei ein Saisonbetrieb, Kurzarbeit nach

Ablauf der Saison nicht mehr zu finanzieren bereit ist. Ein erfolgversprechender Weg zum Aufzeigen zusätzlicher Produktionsmöglichkeiten ist es, die Arbeitnehmer nach solchen Möglichkeiten zu fragen.

Eine ganze Reihe von Vorschlägen ist der Geschäftsführung bereits in der Vergangenheit unterbreitet worden. Sie wurden in der Regel mit großem Wohlwollen aufgenommen, aber eine Realisierung fand nicht statt. Wir möchten diesmal, daß die entsprechenden Vorschläge nicht wieder hinhaltend behandelt werden. Wir sind der Auffassung, daß der Umstand, daß solche Ideen von Arbeitnehmern entwickelt werden, zu deren engerem Aufgabengebiet dies nicht gehört, kein Grund zu ihrer Ablehnung sein kann. Im Gegenteil: moderne Produktionskonzepte stellen das Aufgreifen von Vorschlägen und Ideen *aller* Arbeitnehmer in den Mittelpunkt. Aus diesem Grunde stellen wir im folgenden eine erste Auswahl solcher Vorschläge vor.

3. Neue Produkte

Wenn wir vom Potential unseres Betriebes ausgehen, haben wir mit den Technologien von Flachstahl und Rohrfertigung die Grundlagen für eine Vielzahl von Produkten. So lassen sich aus Rohren *Lampen* herstellen.

Gesundheitswesen
Bereits zu einem Zeitpunkt, als sich die Einführung der Pflegeversicherung erst abzeichnete, hat ein Kollege, der im Bereich der sozialen Dienste ehrenamtlich engagiert ist, eine Reihe von Vorschlägen für Produkte gemacht, die in Altenund Pflegeheimen sowie im häuslichen Bereich eingesetzt werden können:
– Ein- und Ausstiegshilfen für die Badewanne,
– Gehhilfen, »Krücken«,

- Rollstühle, Toilettenstühle,
- usw.

Eine Stärke unseres Betriebes ist die kostengünstige Herstellung von Produkten, die anderswo wesentlich aufwendiger und teurer produziert und angeboten werden. Angesichts der Kostenexplosion im Gesundheitswesen und der steigenden Sozialversicherungsbeiträge könnten wir dadurch einen Beitrag zur Kostendämpfung leisten. Über die Vertretungsorgane der Sozialversicherung können Kontakte geknüpft und Interesse geweckt werden.

Leider wurde dieser Ansatz zu dem frühen Zeitpunkt nicht aufgegriffen. Es sollte aber geprüft werden, ob nicht auch heute noch die Möglichkeit zu seiner Realisierung besteht. Die Arbeitnehmerseite der Kynast AG ist nach wie vor bereit, sich dafür einzusetzen.

Weitere mögliche Produkte sind:

Gepäckträger
- Dachgepäckträger,
- Fahrradträger für PKW.

Transportmittel
- Fahrradanhänger für zwei Kinder. Dabei sind die Sicherheitsprobleme des Speichenschutzes und des Schutzes vor Herausfallen zu beachten.
- Handwagen für zwei Kinder aus Stahlrohr.
- Mofa (Elektro-Mofa, Benzin-Mofa). Hier boomt der Markt. Bei uns ist dieses Produkt eingeschlafen. Es wäre wichtig, das Know how zu retten.
- Lötrahmen für Fahrräder anstatt Schweißrahmen. Die Herstellung ist wesentlich billiger, und der Markt schwenkt gegenwärtig um.

Rasenmäher
– Aufsitzmäher,
– Balkenmäher (1 m Breite) als Universalgerät für Zusatzgeräte,
– Akkumäher.
Es ist notwendig, ein Gesamtpaket im Bereich der Rasenmäher anzubieten.

Allgemeines
Es fragt sich, ob nicht auch Fahrräder unter der Marke Kynast vertrieben werden sollten.
Erforderlich sind auf jeden Fall Ausbau und Förderung von Forschung und Entwicklung.

4. Gruppenarbeit (modernes Produktionskonzept)

Die Abkehr von überholten Formen der Arbeitsteilung erfordert den Übergang zu einem modernen Produktionskonzept. Ein wesentliches Element darin ist eine richtig verstandene Team- oder Gruppenarbeit – vorausgesetzt, es sind bestimmte Bedingungen erfüllt, die optimales Arbeiten gestatten. Dazu gehören . . .

5. Kostensenkung durch größere Planungssicherheit

Der gegenwärtige Zustand ist gekennzeichnet durch teilweise sehr ungeordnete Abläufe. Häufig sagt der Vertrieb einem Kunden einen äußerst engen Liefertermin zu, ohne sich mit der Produktion abzustimmen. Diese ist dann gezwungen, andere Aufträge zu verschieben und Teile aus einem anderen Auftrag für den vorgezogenen Auftrag zu entnehmen. Diese sind oft höherwertiger als wenn die geeigneten Teile für den jeweiligen Auftrag bestellt oder angefertigt würden. Oft müssen sie auch unter hohen Kosten umgearbeitet werden. Aus all dem resultieren gewaltige Zusatzkosten, die vermeidbar wären. Sie werden im Rechnungswesen auch keinesfalls den Verursachern zugerechnet, sondern ohne weitere Aufschlüsselung den Betriebskosten und damit der Fertigung angelastet. Dadurch entsteht kein Druck zur Vermeidung des Chaos. Wir treten demgegenüber für eine Kostensenkung ein, die durch mehr Planungssicherheit erreicht wird und die beschriebenen ungeordneten Abläufe nach Möglichkeit vermeidet. Dazu gehören auch klare Verantwortlichkeiten, insbesondere zwischen Technik und Vertrieb, sowie eine Belastung der verursachenden Stelle mit den Kosten.

6. Computerunterstützung (SAP)

Diesem Ziel muß auch das EDV-System dienen. Wenn eine neue EDV eingeführt wird, müssen zunächst die zugrundeliegenden Betriebsabläufe in Ordnung gebracht werden, sonst wird das EDV-Programm auf ein Chaos aufgesetzt und ruft ein noch größeres Chaos hervor. Bei der Einführung und Anpassung muß demnach in vollem Umfang darauf hingewirkt werden, daß die diesbezüglichen Möglichkeiten von SAP ausgeschöpft werden.

Im übrigen sind bei der Einführung und Anwendung von SAP die Belange der Arbeitnehmer, insbesondere hinsichtlich Datenschutz und Arbeitsbedingungen zu berücksichtigen.

7. Verbesserungsvorschläge

Um das bei den Arbeitnehmern vorhandene Potential an Vorschlägen zur Verbesserung der Betriebsabläufe und des Produktionsspektrums zu nutzen, schlagen wir die Einführung eines Verbesserungsvorschlagswesens vor. Es versteht sich, daß dies nicht vorrangig der Wegrationalisierung von Arbeitsabläufen, sondern im Gegenteil der Sicherung und Ausweitung der Beschäftigungsmöglichkeiten dienen soll. Mit mehr Absatz läßt sich auch die wirtschaftliche Sicherung des Betriebes verbessern. Die Abläufe müssen schnell und unbürokratisch sein, um Verzögerungen und Frustration zu vermeiden.

Sie sehen, in jedem Betrieb ist es verschieden; das ist auch klar und kann gar nicht anders sein. Denn jeder Betrieb hat es mit anderen Produkten, anderen Kunden und Märkten, mit anderen Mitarbeitern und natürlich mit anderen regionalen Bedingungen zu tun. Für die Politik heißt das aber auch: Man muß sich auf die konkreten Besonderheiten einlassen und darf nicht glauben, nur mit allgemeinen, das Große und Ganze erfassenden Regelungen allein ließen sich die Probleme erschlagen.

Die Unternehmensleitung ging nicht darauf ein. Aufgrund des schlechten Managements kam das Unternehmen immer mehr in Schwierigkeiten, bis schließlich die Unternehmensberatung Roland Berger geholt wurde. Denen fiel wieder nichts anderes ein, als die Spitzenkapazitäten, die in der Saison nötig sind, abzubauen und durch Saisonkräfte zu ersetzen. Abbau statt Aufbau. Man versteht also, warum Roland Berger nicht Wirtschaftsminister bei Gerhard Schröder werden wollte. Nicht ganz so leicht ist nachzuvollziehen, warum dieser ihn haben wollte. Von den 1.150 Beschäftigten sollen 280 abgebaut werden. Die Arbeitnehmervertreter wollen 120 davon in einen Tarifvertrag zur Beschäftigungssicherung einbeziehen, wofür 800 andere dann dreißig Stunden arbeiten würden. Nach wie vor setzen sie aber gegen die Abbaustrategie ihre Forderung nach einer zweiten Produktionslinie. R. Berger seien doch bestimmt bei seinen vielen »Sanierungen« Produkte vorgekommen, die man bei ihnen fertigen könne. Da die Produktliste, die vor allem ein Mitarbeiter erstellt hat, nicht akzeptiert wurde, soll nun vorrangig auf der methodischen Ebene angesetzt werden: Manpower für die bessere Auslastungsplanung bereitstellen, externe Unterstützung einholen und ein effektives Controlling sicherstellen. Der Kampf ist noch nicht ausgestanden. Mindestens einmal im Jahr wird auf der Betriebsversammlung die Frage der Ausweitung des Produktspektrums diskutiert.

Asea Brown Boveri und ein regionales Strukturkonzept für die Niederlausitz

Mitte 1994 brachte ich eine Broschüre heraus, die das Konzept der *job creation* darstellen und verbreiten sollte. Sie hatte den Titel »Arbeitsplätze durch neue Produkte« und wurde auf dem üblichen Weg verteilt. Eines Tages rief mich der Assistent des Konzernbetriebsrats von ABB aus Mannheim an: Wenn wir schon so schöne Sachen schreiben würden, ob wir dann nicht jemanden schicken könnten, der sie bei der Realisierung beriete. Nun gut, ich fuhr hin. Das schien anfangs erstaunlich; schließlich kann man von einer Zentrale aus nicht Tausende von Unternehmen betreuen. Aber das eine oder andere, um ein allgemeines Konzept im Einzelfall praktisch zu erproben, eben doch. Bei uns hieß das »exemplarische Machbarkeitsstudie.« Wenn es dann klappt, können es andere nachmachen.

Der Konzernbetriebsrat hatte einen Technologieausschuß, bestehend aus sechs Betriebsräten von verschiedenen Werken und Niederlassungen quer durch die Republik. Einer war aus Cottbus; die frühere Automatisierungsanlagen Cottbus GmbH (AAC) gehörte jetzt zu ABB. Von ihm erfuhr ich ein wenig, was aus den Forderungen zur Regionalstruktur der Niederlausitz geworden war, die ich 1990 mit einigen seiner Kollegen erarbeitet hatte. Wenigstens sein Betrieb war erhalten geblieben und konnte einen Teil seines Potentials nutzen. Und die frühere Hochschule für Bauwesen war zu einer Technischen Universität geworden, als erste in Deutschland mit einem eigenen Fachbereich für Umwelt.

Forderungen zur regionalen Strukturpolitik am Beispiel Niederlausitz

Vom 30. November bis 2. Dezember 1990, dem Tag der Bundestagswahl, trafen sich auf Einladung der IG Metall Cottbus und der IG Metall Frankfurt/M., Abteilung Angestellte, die Repräsentanten der Metallbetriebe der Niederlausitz zu einem Seminar über Angestelltentarifpolitik. Angesichts des sich dramatisch verschärfenden Arbeitsplatzabbaues in der Region auf der einen Seite, der Umweltzerstörung auf der anderen Seite fordern die IG-Metall-Repräsentanten mit Nachdruck entschiedenere Schritte der politisch und wirtschaftlich Verantwortlichen zur Herstellung erträglicher Lebensverhältnisse in der Niederlausitz. Diesem Ziel sollte die Wiedervereinigung dienen, für die wir uns eingesetzt haben.

1. Braunkohle und Umweltschutz

Die Region Cottbus – Lauchhammer – Senftenberg ist wesentlich geprägt vom Braunkohlentagebau und den Braunkohlekraftwerken. Gravierende Umweltschäden, von den nicht rekultivierten Tagebauschäden bis zur Luftverschmutzung durch veraltete Kraftwerke sind die Folge. Wir fordern deshalb:
Einsatz der im Braunkohlentagebau Beschäftigten, die dort ihren Arbeitsplatz verlieren, zur Rekultivierung der Landschaftsschäden, Einsatz der in der Forstwirtschaft von Arbeitsplatzverlust Betroffenen zur Rekultivierung, insbesondere Wiederaufforstung, Modernisierung der Kraftwerke, insbesondere die Installation von Entstaubungs- und Rauchgasentschwefelungsanlagen (siehe unten Ziffer 2), soweit nicht eine Schließung und der Übergang auf andere Energieträger erforderlich sind.

2. Umwelttechnik und Verkehr (ABB/AAC)

Die Automatisierungsanlagen Cottbus GmbH (AAC) wird zum 1.1.1991 von ASEA Brown Boveri (ABB) übernommen. Von bisher 2.750 Beschäftigten sollen nach offiziellen Angaben 2.000 übrig bleiben. Für die verbleibenden ebenso wie die entlassenen Kolleginnen und Kollegen machen wir folgende Vorschläge:

AAC verfügt über ein hohes Know how und Potential zur Projektierung und zum Vertrieb von Umwelttechnik. Wir fordern deshalb den Einsatz dieses Werkes für die Deckung des dringenden Bedarfs an

– Kläranlagen,
– Rauchgasentschwefelungsanlagen,
– Entstaubungsanlagen,
– usw.

Das Investitionsvolumen an Kläranlagen in Ostdeutschland beträgt viele Milliarden DM. Rauchgasentschwefelungsanlagen sind insbesondere erforderlich zur Entlastung der Umwelt in unserer eigenen Region, indem die weiter betriebenen Braunkohlekraftwerke damit ausgerüstet werden. Allein damit können die jetzt zur Entlassung anstehenden Kollegen über Jahre hinaus beschäftigt werden.

Weiterhin verfügt AAC ebenso wie ABB über Fähigkeiten auf dem Gebiet des elektrischen Antriebs. Wir setzen uns für das von der IG Metall-Verkehrskonferenz geforderte neue Verkehrskonzept ein . . . Im übrigen fordern wir die Anwendung und Weiterentwicklung von Verkehrsleitsystemen, damit nicht noch mehr Menschen auf unseren Straßen getötet und verletzt werden.

Insgesamt fordern wir die Auslastung der AAC mit Aufgaben der Automatisierungstechnik für den gegenwärtigen Bedarf und die Lösung von Zukunftsaufgaben.

3. Volkswirtschaft: Menschen, Investitionen und Finanzen

Wir Ingenieure, Techniker, Ökonomen und Naturwissenschaftler sind bereit, unser Wissen und unsere Arbeitskraft für eine humane Technik einzusetzen. Die Menschen in unserem Land sind hochmotiviert und hochqualifiziert und wollen in ihrer Heimat bleiben. Es muß alles getan werden, um ihnen dies zu ermöglichen. Die dafür notwendigen Investitionen müssen in erster Linie von den Industrieunternehmen und den Banken, aber auch durch staatliche Unterstützung und Förderprogramme geleistet und finanziert werden. Eine einzelwirtschaftliche Rentabilitätsbetrachtung reicht dafür nicht aus. Die volkswirtschaftliche Aufgabe des Bankenapparates ist es, die erforderlichen Finanzmittel zur Vorfinanzierung bereitzustellen, da diese durch die anschließende Produktion und Vermarktung in den Wirtschaftskreislauf zurückfließen. Solche Investitionen lohnen sich, im Gegensatz zur unproduktiven Alimentierung von Arbeitslosigkeit. Nicht Arbeitslosigkeit finanzieren, sondern Arbeit!

Der ostdeutsche Markt kann ebenso viel an Konsum- und Investitionsgütern aufnehmen wie er menschliches Produktionspotential besitzt. Deshalb kann es nicht angehen, die Nachfrage aus den neuen Ländern im wesentlichen aus den alten Ländern zu decken, Investitionen bei uns zu vermeiden und unser Gebiet nur als Absatzmarkt zu sehen. Aufträge könnten z. B. so quotiert werden, daß unser Gebiet einen angemessenen Anteil daran erhält. Wir fordern Investitionen auch in der Produktion! Eigentum verpflichtet. Sein Gebrauch soll zugleich dem Wohl der Allgemeinheit dienen (Artikel 14 Absatz 2 Grundgesetz).

4. Nutzung unserer Kapazitäten

Aus diesen Gründen fordern wir weiterhin:
– Aufbau und ausreichende personelle Ausstattung und Qua-

lifizierung einer funktionsfähigen öffentlichen Verwaltung für die Region in Cottbus als Grundlage für Investitionsentscheidungen;

- Nutzung der Wohnungsbaukapazitäten für Bau und Modernisierung von Wohnungen bei uns (Lausitzer Bau-Union);
- Einsatz der Wohnungsbaukapazitäten für den Bau von Wohnungen für die Sowjet-Armee. Die Bundesrepublik Deutschland leistet 13 Milliarden Finanzhilfe, davon 8,6 Milliarden für den Wohnungsbau. Diese Aufträge dürfen nicht nur in die alten Bundesländer vergeben werden. Erfahrungen mit solchen Bauvorhaben liegen bei uns vor;
- Errichtung von modernen Industriebauten (Cottbuser Maschinen und Stahlbau GmbH);
- Sanierung von Altlasten;
- Kooperation mit Polen und der CSFR im Umweltschutz;
- Ausrüstung mit Entstaubungsanlagen und Kläranlagen, Grundwasserabsenkung bei Tiefbauvorhaben durch TGA Forst (technische Gebäudeausrüstung);
- Energieeinsparung durch Ausrüstung aller Privathaushalte mit Thermostaten und Warmwasserzählern;
- Weiterproduktion und Vertrieb der weltmarktfähigen Schaufelradbagger der Lauchhammer Werk AG. Langfristig kann der Betrieb die Sanierung von Altlasten vornehmen. Der Export in die Sowjet-Union, nach Polen und Bulgarien muß durch die Bereitstellung von Finanzmitteln oder Kompensationsgeschäfte ermöglicht werden;
- Nutzung der Baumaschinen von Welzow, die bisher zu 95 Prozent in die Sowjet-Union gingen, u. a. für den Wohnungs- und Industriebau in der DDR;
- Sanierung der IMPULSA AG mit dem Ziel der Produktion und des Vertriebs weltmarktfähiger Melk- und Milchkühlanlagen; der Betrieb verfügt über Möglichkeiten und Voraussetzungen für die Sanierung zu einem konkurrenzfähigen und modernen Werk. Ferner bietet die IMPULSA AG

ein patentiertes Verfahren (Gülleverarbeitungsanlage mit Dampfwirbelschichttrockner) zur umweltfreundlichen Gülleverwertung. Ziel muß es sein, mit Bundesforschungsmitteln die Forschungsergebnisse im Jahr 1992 produktionswirksam überzuleiten;
– Im Spreewerk Lübben (früher Munitionsherstellung) kann im Zuge der Abrüstung Munitionsvernichtung durchgeführt werden.

5. Finsterwalde

In der Region Finsterwalde gibt es neben einer Tisch- und Tuchfabrik drei Metallbetriebe, die in ihrer Existenz gefährdet sind:
– FIMAG mit einer 80jährigen Tradition (Generatoren, Notstromaggregate). Daneben ist Rüstungskonversion erforderlich, da früher Instandhaltung für die NVA auf dem Gebiet der Nachrichtentechnik durchgeführt wurde;
– Draht- und Schraubenwerk (Schrauben und Muttern);
– Kjelberg mit technischen Spitzenleistungen bei Schweißelektroden, Schweißmaschinen und Plasmaschweißanlagen, die über einen guten Ruf verfügen. Kjelberg hatte die erste ummantelte Schweißelektrode!
Wir fordern die Weiterführung dieser Betriebe durch Investitionen, damit unser Know how genutzt werden kann.

6. Hochschule

Die traditionsreiche und leistungsfähige Hochschule für Bauwesen in Cottbus muß erhalten und zur Universität ausgebaut werden. Angesichts der ständig fortschreitenden Verwissenschaftlichung der Produktion und Dienstleistungen machen Unternehmen immer mehr ihre Investitionsentscheidungen vom Vorhandensein leistungsfähiger und kooperationsbereiter Wissenschafts- und Forschungseinrichtungen abhängig. Die

124

Hochschule Cottbus bietet sich insbesondere für den Bereich Umweltschutz an. Es sei daran erinnert, daß das Ruhrgebiet seinen gewaltigen Strukturwandel nicht zuletzt durch die Ansiedlung mehrerer Hochschulen und zahlreicher anderer Forschungseinrichtungen und Technologieparks, aber auch von vielen Herstellern der Umwelttechnologie bewältigt hat.
Für die Ansiedlung von Unternehmen sei auch noch auf den hohen Freizeitwert unserer Region verwiesen.

7. Qualifikation

Die von der IG Metall im Tarifvertrag durchgesetzten Möglichkeiten der Qualifizierung von Arbeitnehmern werden in den Betrieben in kaum nennenswertem Maß genutzt. Notwendig ist deshalb auch das unverzügliche Aufzeigen eines Industrie- und Dienstleistungsprofils für die Niederlausitz in Gestalt eines Strukturkonzepts, um die Orientierung für die Art der durchzuführenden Qualifizierungsmaßnahmen und den Aufbau der Qualifizierungsträger zu verbessern. Auch als Bildungszentrum kann die Hochschule Cottbus genutzt werden.

8. Erholungslandschaft

Die Niederlausitz, insbesondere der Spreewald, ist von großer landschaftlicher Schönheit. Diese muß durch Landschafts-, Natur- und Umweltschutz erhalten und wiederhergestellt werden. Sie kann aber auch für einen umweltverträglichen sanften Tourismus als Wirtschaftsfaktor unter Verwendung und Ausbau vorhandener Einrichtungen genutzt werden. Insbesondere für den nahegelegenen Ballungsraum Berlin kann so ein attraktives Erholungsgebiet geboten werden. Voraussetzung ist allerdings, daß keine naturzerstörenden Eingriffe vorgenommen werden und die Verkehrsanbindung in umweltverträglicher Weise erfolgt.

9. Europa

In einer Zeit des europäischen Zusammenschlusses und der Überwindung der europäischen Teilung richten wir unseren Blick auch über die westlichen und östlichen Landesgrenzen. Auch Unternehmen und Banken aus anderen Industrieländern sind eingeladen, sich am Aufbau unserer Landes zu beteiligen. Der Kapitalbedarf ist so gewaltig, daß vereinte Kräfte der europäischen Gemeinschaft und der ihr angehörenden Länder und Wirtschaftsunternehmen erforderlich sind.

In ganz besonderem Maße gilt dies auch für unsere östlichen Nachbarländer wie Polen und die CSFR, die keinen marktwirtschaftlich strukturierten Landesteil besitzen, aus dem die notwendige Aufbauleistung finanziert und organisiert werden kann. Für uns als Grenzregion zu Polen ist es besonders wichtig, diesen großen Markt in unsere Produktions- und Lieferfähigkeit einzubeziehen. Mit der Nutzung dieses Standortvorteils können zahlreiche Arbeitsplätze bei uns gesichert werden. Gleichzeitig kann ein Beitrag dazu geleistet werden, daß die Bürger Polens im eigenen Land erträgliche Lebensverhältnisse vorfinden statt auszuwandern. In unserer Grenzregion müssen Steuerpräferenzen wie bei der Zonenrandförderung möglich sein. Gegenwärtig gibt es Steuervorteile von 30 Prozent in Westberlin, aber nicht in Ostberlin, geschweige denn bei uns!

10. Infrastruktur

Vordringlich ist die Verbesserung der Infrastruktur, der Aufbau einer funktionierenden Verwaltung, die die notwendigen Entscheidungen rasch treffen kann, die schnelle Installation zusätzlicher Telefonleitungen und effektiver Vermittlungsämter, der Ausbau der Verkehrswege, in erster Linie des öffentlichen Verkehrssystems, sowie einer funktionierenden Arbeitsvermittlung.

11. Management

Die Wirtschaft der Niederlausitz leidet auch darunter, daß die Personalauswahl für das Management in der Vergangenheit häufig so erfolgte, daß die ökonomisch weniger Qualifizierten in wichtige Positionen aufrückten, weitere Stellen aufgrund persönlicher Verbindungen besetzten und die besser Qualifizierten nicht zum Zuge kommen ließen. Ohne ein funktionierendes Management ist ein wirtschaftlicher Aufschwung nicht zu schaffen. Persönliche Härten lassen sich durch Umsetzung auf die operative Ebene vermeiden.

12. Technikausstattung

Zu fordern ist vor allem die Ausstattung der Betriebe mit moderner Technologie, in erster Linie Informations- und Kommunikationstechnologie. Diese Forderung richtet sich an die Hersteller und Anbieter dieser Technologien, die Betriebe als Investoren und Banken als Kreditgeber. In zweiter Linie dürfte eine Ausstattung mit modernen CNC- und DNC-gesteuerten Werkzeugmaschinen vordringlich sein.

Für die Technikausstattung ebenso wie für alle anderen in diesem Strukturkonzept genannten Maßnahmen fordern wir eine Bündelung aller Kräfte aus Wirtschaft, Politik, Gewerkschaften und Wissenschaft für

– Bedarfserhebung und Marktanalyse,
– Bedarfsdeckung und Potentialabschätzung sowie
– Finanzierung.

40 Jahre lang hatten wir die Nachteile der Nachkriegsentwicklung auszuhalten. Jetzt kann es nicht angehen, daß infolge der schnellen DM-Einführung unsere Wirtschaft ruiniert wird, unsere traditionellen Exportmärkte wegen dort fehlender Devisen verloren sind, unser Markt vom Westen aus bedient wird und dort ein Wirtschaftsaufschwung auf unsere Kosten stattfindet.

Nun aber vom schönen Spreewald zurück an den Rhein. Die Betriebsräte von ABB waren auch seit langem der Meinung, daß es der falsche Weg wäre, immer mehr Personal abzubauen und damit auch auf dessen Know How zu verzichten. Der umgekehrte Weg wäre der richtige: mit dem Wissen, dem Können und Wollen, mit den Ideen der Mitarbeiter zusätzliche Geschäftsfelder zu erschließen, blockierte Produktideen freizusetzen, aufzugreifen und zu unterstützen und damit Ersatz für wegfallende Arbeitsplätze zu schaffen. Das Problem war nur, diese weithin akzeptierte Einsicht nicht nur in Reden und Diskussionen zu äußern, sondern zu operationalisieren, in die Tat umzusetzen.

So schwierig wie befürchtet war es gar nicht. Das eigentliche Geheimnis hat schon Michael Ende enthüllt, als er seinem Buch »Die unendliche Geschichte« das Motto voranstellte: »Tu, was du willst!« Zuerst wunderte ich mich, als ich das las. Aber das Leben hat mich gelehrt, daß es fürchterlich wahr ist: Die meisten Menschen tun selten, was sie wollen, sondern verharren lange Zeit beim Wünschen. Zurecht sagt der Volksmund: »Hoffen und Harren hält manchen zum Narren.« Deswegen ist auch das Miteinander so wichtig: wenn noch jemand hinzukommt und einem bestätigt, daß das, was man will, richtig ist, daß er es vielleicht auch will, und wenn man es schließlich sogar gemeinsam tut – dann verdoppeln sich nicht etwa die Kräfte, nein, sie vervielfachen und potenzieren sich. Plötzlich wird Unmögliches möglich.

Zuerst sammelten wir die in Frage kommenden Möglichkeiten: von der Hochenergiebatterie, die nicht weiterentwickelt wurde, weil sie einmal in Brand geraten war, über das Kombikraftwerk zum Hochtemperatur-Supraleiter. Ein Elektrokonzern, meinten die Betriebsräte, müßte Zukunftsvorsorge betreiben und bedenken, daß die fossilen und atomaren Vorräte an Brennstoff eines Tages zur Neige gingen. Die darauf ausgerichteten Anlagen, Maschinen und Geräte müßten sich ändern. Auch die erneuerbaren Energien müßten in das Produktspektrum einbezogen werden. Wir fuhren gemeinsam nach Neunburg vorm Wald und besichtigten die Demonstrationsanlage für Photovoltaik. Mit Erstaunen, ja Erschrecken erfuhren wir, daß ein dafür vorgesehenes Gerät, das einmal von ABB hergestellt worden war, nicht mehr lieferbar war. Schon wieder eine vertane Chance. Die Betreiber der Anlage äußerten den Wunsch, einen weiteren Teilhaber, z. B. einen namhaften Elektrokonzern, in ihren Kreis aufzunehmen. Wir notierten alles sorgsam, um es der Geschäftsleitung weiterzugeben.

Von Beginn an war es die Meinung des Konzernbetriebsrats, man müsse das Anliegen gemeinsam mit der Geschäftsleitung betreiben. Wenn man im Wege der Konfrontation irgendwelche Forderungen an sie herantrage, mache man es ihr nur schwer, sie zu akzeptieren. So formulierten wir ein Papier »Arbeitsplätze durch neue Produkte bei ABB«. Es enthielt folgende Produkt- und Verbesserungsvorschläge:

Bei ABB Arbeitsplätze schaffen durch neue Produkte

Jeder Arbeitsplatz ist einmal aufgrund einer Idee entstanden, daß man ein Produkt oder eine Dienstleistung an einen Kunden verkaufen könnte. Von solchen Ideen gibt es aber in unserem High-Tech-Unternehmen mit so vielen kreativen Mitarbeitern noch viel mehr!

Wir setzen uns zum Ziel, solche Produktideen zu finden, aufzugreifen, zu sammeln und gemeinsam durchzusetzen. Dazu rufen wir die Mitarbeiter und alle Verantwortlichen auf, ihre eigene Kreativität und die der anderen zu fördern und nicht zu blockieren, Bedenken hintanzustellen und sich gemeinsam dafür einzusetzen, daß statt Personalabbau und Abmagerung ein konstruktiver Weg zur Schaffung von mehr Arbeitsplätzen beschritten wird.

Wir müssen erkennen, daß die angestammten Märkte eng werden. Mit Dumping und Kostensenkung kann dieses Problem aber nicht gelöst werden, sondern nur mit neuen Produkten. Es gibt auch eine ganze Anzahl von erfolgversprechenden Ansätzen aus der Vergangenheit, die fallengelassen wurden, bei denen es sich aber lohnt zu prüfen, ob sie nicht wieder aufgegriffen werden sollten. Natürlich begrenzen wir unseren Blick nicht auf die Kirchturmperspektive, sondern sind auch aufgeschlossen für Anregungen, Erfindungen und Entwicklungen außerhalb des eigenen Unternehmens. Denn auch dadurch können Arbeitsplätze bei uns und für uns entstehen. Eine erste Aufstellung solcher Möglichkeiten soll zeigen, was überhaupt in Betracht kommt, und soll zum Zusammentragen weiterer Ansätze anregen.

Unser Potential

Ein Unternehmen, zu dessen Hauptaufgaben die Erzeugung von Energie gehört, muß sich selbstverständlich mit der Frage befassen, wie nach der voraussehbaren Erschöpfung der fossilen und atomaren Energiequellen, aber auch schon bis dahin umweltschonend Energie erzeugt werden soll, also mit den naturgegebenen (erneuerbaren) Energien wie Sonne, Wind, Wasser, Gezeiten usw. Der mit dem Sonnenenergie-Versuchshaus in Walldorf bereits 1977 unternommene Ansatz muß wiederaufgenommen werden. Die Photovoltaik, die Solarthermie, Windkraftanlagen und andere Formen erneuerbarer Energien müssen verstärkt in unserem Produktspektrum enthalten sein.

Dazu gehört auch die Erarbeitung von gebietsbezogenen Absatzvorhaben in Zusammenarbeit mit privaten Abnehmern und der öffentlichen Hand, mit Landkreisen und Gemeinden. Die von ABB Dänemark hergestellten Windkraftanlagen sollten verstärkt zur Errichtung von Windparks auch im Binnenland eingesetzt werden.

Der Elektroantrieb für Kraftfahrzeuge ist für eine Verbesserung der Luftqualität vor allem in den Ballungsräumen unverzichtbar. Die Ozonbelastung in den Sommermonaten bedroht bereits jetzt die Gesundheit und Leistungsfähigkeit der Mitarbeiter in Stadt und Land. Die Hochenergiebatterie auf Natrium-Schwefel-Basis ist unseres Erachtens voreilig aufgrund technischer Probleme aufgegeben worden, die möglicherweise durchaus beherrschbar sind. Schließlich stößt jede neue Entwicklung auf Schwierigkeiten, Probleme und Widerstände, vor denen man jedoch nicht zurückweichen darf.

Die Batterie ist jedoch nicht die einzige elektrische Energiequelle, mit der Kraftfahrzeuge betrieben werden können. So wie Eisenbahnen, U- und S-Bahnen, Straßenbahnen und O-Busse ihren Strom mit Stromabnehmern aus dem Netz beziehen, ist das – zumindest auf vielbefahrenen Strecken – auch bei Pkws und Lkws möglich. Entsprechende technische Entwicklungen existieren bereits, z.B. das Electrical Vehicle Roadway System. Wir schlagen die Errichtung einer Teststrecke für Kfz mit Stromabnehmer vor.

Das Kombikraftwerk von ABB Stockholm, bei dem die Abgase zurückgeführt und verbrannt werden, ist unter den Gesichtspunkten des Umweltschutzes und der Ressourcenschonung zukunftsweisend und sollte auch bei uns viel stärker propagiert werden. Dies gilt insbesondere für die Bereitstellung von Strom für den Fahrzeugantrieb.

Wir erinnern auch daran, daß die Lambdasonde von einem ABB-Mitarbeiter erfunden wurde. Wir sprechen uns dafür aus, daß man erfolgreiche Entwicklungen auch im Unternehmen behält. Als weitere Beispiele für erfolgversprechende Produkte seien genannt: Hybridtechnik, Dünnschichttechnik, Liquid Crystal Display, Hochtemperatur-Supraleiter.

Hierzu sind genauere Informationen über Chancen und Widerstände einzuholen. Alle Schwerpunktgebiete, auf denen das Unternehmen seit 1991 tätig ist, müssen auf Entwicklungen hin durchforstet werden, die möglicherweise aufgrund von fehlenden Durchsetzungsmöglichkeiten, Konkurrenz etablierter Bereiche, Angst vor Neuerungen, zu geringer Motivation oder anderen Gründen bisher nicht zum Zuge kommen. Dazu zählen: Materialforschung, Oberflächentechnologie, Energieerzeugung und -umwandlung, Informationstechnologie, Kraftwerksleittechnik, Unternehmens-Automation, Technisch-wissenschaftliche Rechner, Praxisbezogene Grundlagenforschung.

Strukturprobleme

Es gibt allerdings auch einige strukturelle Probleme, die der zügigen Überführung von potentiellen Produkten und Dienstleistungen in marktreife Anwendungen entgegenstehen. Für eine Überwindung solcher Widerstände treten wir gleichfalls ein. Dazu gehören:

• Das Zurückdrängen von Produktinnovationen durch Prozeßinnovationen, d. h. man bemüht sich um die Verbesserung des Wie, beachtet aber zuwenig das Was der Produktion.

• Das Durchziehen von (Groß-)Projekten ohne vorherige Einbeziehung der Bevölkerung. Man muß – und kann! – die Menschen für innovative Projekte gewinnen.

• Der Finanzierungsmodus von Forschungszentren nach dem Prinzip des Profit Center. Neuentwicklungen sind Vorleistungen, deren Finanzierung durch den Rücklauf der erwirtschafteten Mittel aus dem erst später erfolgenden Herstellungs- und Absatzprozeß geschieht. Beschränkt man die Zulassung von Entwicklungen auf solche, die *unmittelbar* verkaufsfähig sind, so schneidet man eine ungeheuer große Zahl von Innovationen ab. Alle diese Hindernisse gehen auf Kosten unserer Arbeitsplätze und sind mitverantwortlich für die bestehende Arbeitslosigkeit.

- Zukunftsfähige Produkte wurden veräußert, statt sie im eigenen Unternehmen herzustellen und zu verkaufen.

Um zu dem Ziel einer verstärkten Schaffung von Arbeitsplätzen, der Erhaltung und Weiterentwicklung unseres Unternehmens als wettbewerbsfähiger Energiekonzern mit hochentwickelter Technologie beizutragen, machen wir deshalb folgende Vorschläge:

- aggressives Marktverhalten anstelle von Halbherzigkeiten,
- Erlöse aus Veräußerungen zur Finanzierung von Innovationen reinvestieren,
- Forschungszentren nicht als Profit Center führen,
- Bildung von Innovations-Teams,
- Innovatoren fördern,
- Ostmärkte in Anknüpfung an alte Kontakte neu erschließen,
- Veränderung der überhöhten konzerninternen Verrechnungspreise,
- Innovationswettbewerb,
- Statt Personalabbau: Mitarbeiter für Innovationen einsetzen,
- Potentialorientierte Geschäftspolitik: statt negativ durch Kostensenkung und Personalabbau ständig darauf hinzuarbeiten, etwas *nicht* zu tun, wollen wir *positiv* das vorhandene Potential der Mitarbeiter ausschöpfen. Was können wir noch zusätzlich tun? Statt: Was können wir streichen? Das Know How des einzelnen muß aufgegriffen werden, darf nicht mit ihm in den Vorruhestand abgeschoben werden. Beim Ausscheiden muß vorher qualifiziert werden, um die Nachfolge zu gewährleisten. Wenn ein altes Produkt ausläuft, darf es nicht ersatzlos eingestellt werden, sondern es muß ein Nachfolgeprodukt gesucht und dafür rechtzeitig qualifiziert werden. Dafür ist eine qualifizierte potentialorientierte Personalpolitik notwendig.
- Es muß ein Technologie- und Innovationsförderer im Vorstand vertreten sein.

– Aufstellung über eingereichte Verbesserungsvorschläge. Dafür muß jemand freigestellt werden; es kann nicht nebenbei gemacht werden. Erforderlich ist ein Stab von 5 – 20 Personen, der die Vorschläge bis zu ihrer Umsetzung begleitet, unterstützt und dafür sorgt, daß sie nicht bürokratisch behindert werden. So wurde in Neckarau in jeder Abteilung ein Verantwortlicher benannt, der die Vorschläge zur Anwendung bringen muß. Dafür muß er auch die entsprechende *Weisungsbefugnis* haben.

Produktvorschläge

Das wichtigste sind aber die konkreten Produktvorschläge, wie z.B. Photovoltaik, Hochenergiebatterie, Stromabnehmer für Kfz, Hybridtechnik, Dünnschichttechnik, Liquid Crystal Display, Hochtemperatur-Supraleiter, Comprex-Motor (kleiner Turbolader für die Nachverbrennung der Abgase im Auto), Pyrolyse-Anlage (Pilotanlage von Siemens in Fürth, wird sogar von den Grünen unterstützt), Windenergieanlagen (ABB stellt die elektrische Ausrüstung her. Der Antrieb kommt aus Saarbrücken. Aber auch das Know How für die Montage von Masten und Rotoren ist vorhanden), Blockheizkraftwerke (durch 1 BHKW werden 199 »Hauskraftwerke« eingespart, die Luftverschmutzung und der Flächenverbrauch im Keller reduziert. Dies muß gegen den Widerstand der Kommunalpolitiker durchgesetzt werden).
Folgende innovativen Produkte wurden uns auf Anfrage vom Vorstand benannt: Hochtemperatur (HT) Dampfprozeß, Mittelspannungsschalter ZX 1, Kabelmuffe, Roll-over-dip-Lackiertechnologie, Installationsbus »Powernet EIB«, Expertengestützte Planung von Leitungen »WIESEL«, Intelligenter Motorcontroller »PRO-MNS«, Software-Werkzeuge »Integrated Data Engineering System«.
Dabei blieben allerdings verschiedene Fragen offen. So z. B.

ob ein vom Vorstand für innovativ und erfolgversprechend gehaltenes Produkt auch auf allen Hierarchieebenen unterstützt wird; ob es akzeptabel ist, daß beim Vorhandensein einer innovativen Lackiertechnologie das Werk in Heusenstamm und die zugehörige Forschung und Entwicklung eingestellt werden; und ob alles getan wird, um solche Produkte so bedienerfreundlich wie möglich zu gestalten und sie möglichst vielen Kunden nahezubringen.

So ist z.B. das Powernet EIB sicherlich eine Zukunftstechnologie. Man kann damit über Computer alles schalten, das Gerät mitnehmen und die Bedienung aus der Ferne vornehmen. Dazu reicht es aber nicht aus, daß der Vertrieb nur über die – meist recht konservativen – Elektroinstallateure läuft. Es müßte auch über die Baumärkte vertrieben werden, wobei dann im niedrigeren Preissegment das Volumen den Ertrag bringen müßte. Es geht auf Kosten unserer Arbeitsplätze, wenn man glaubt, nur im Hochpreissektor tätig sein zu können. Eine uns vorliegende Studie über das Verhältnis der Entwicklung von Produktionswert und Personal zeigt eine genau gegenläufige Entwicklung: je mehr wir herstellen, desto weniger werden wir. Diese Entwicklung sollte umgekehrt werden. Unsere Vorschläge dazu: Sprachsteuerung für die Bedienung des Geräts, Schulung der Elektroinstallateure, bessere, verständlichere Werbung, insgesamt ein Werbekonzept für die gesamte ABB-Produktpalette, ggf. weitere Anwendungen im Haushalt. Von solchen konkreten Produktvorschlägen wollen wir noch viele sammeln, um sie bei der Entwicklung, Herstellung und beim Vertrieb zu unterstützen. Dafür bitten wir um die Unterstützung aller konstruktiv gesinnten Menschen in- und außerhalb des Unternehmens.

Wir werden dafür eintreten, daß in den Sparten-Betriebsräten Innovationen abgefragt werden. Fragestellung: Welche innovativen Produkte sind in der Pipeline (selbstverständlich unter Berücksichtigung der Geschäftsinteressen)?

Das Plenum des Konzernbetriebsrats stimmte vorbehaltlos zu; allen Mitgliedern war das Konzept anscheinend aus der Seele geschrieben. Dann wurde es der Geschäftsführung zugeleitet. Nicht ganz überraschend war, daß es dort auf Interesse und Aufgeschlossenheit stieß. Es waren ja auch vorher schon Gespräche geführt worden. Man hatte auch auf seiten der Anteilseigner in Ansätzen erkannt, daß mehr Innovation not tue. In Managerkreisen wird zudem eine Diskussion geführt, die – wenn auch als Minderheitenposition – viel mehr das Fehlen von Innovation als zu hohe Löhne oder unflexible Arbeitszeiten für das Fehlen von Jobs verantwortlich macht.

Jedenfalls benannte die Unternehmensführung einen Verantwortlichen für Innovation und beauftragte ihn, eine – hochrangig besetzte – Task Force dafür aufzubauen. Sie umfaßt Mitglieder aus nahezu allen wichtigen Produktbereichen und arbeitet seit nunmehr einem Jahr kontinuierlich. Drei Mitglieder des Konzernbetriebsrats gehören dem Gremium an, darunter ein Betriebsrat aus dem Stammwerk, der mit dem Wuppertal-Institut für Klimaschutz bei der Entwicklung neuer umweltschonender Kraftwerkstypen zusammenarbeitet. Über die sonstigen Produkte darf ich Ihnen nichts verraten, weil sonst die Befürchtung entstehen könnte, daß etwas an die Konkurrenz gelangt. Das muß man ja auch verstehen. Aber auch ohne Hinzufügung dieser Produkte ist das bisher Erreichte doch ein ganz schöner Erfolg. Wenn das alle täten . . .

Von der Kernforschung zur Medizintechnik

Vor über zehn Jahren stellten die ÖTV-Vertrauensleute des Forschungszentrums Karlsruhe »Vorschläge zum FuE-Programm des Kernforschungszentrums« im Betrieb zur Diskussion. Anlaß war die sich abzeichnende Umorientierung des Forschungsprogramms, das vorher überwiegend der Kernforschung gewidmet war. Mit Unterstützung des Betriebsrats wurden diese Vorschläge auch Thema in einer Betriebsversammlung. Damals war es durchaus nicht unumstritten, daß sich Gewerkschaften innerbetrieblich kritisch mit Forschungsinhalten auseinandersetzten. Eine typische Position aus dem Bereich der etablierten Wissenschaft lautete sinngemäß: Was verstehen Gewerkschaften und Betriebsräte davon; das ist doch ausschließlich eine fachliche Angelegenheit des Wissenschaftlich-Technischen Rats und der Globalsteuerung durch das Forschungsministerium.

Die Vorschläge waren: nukleare und nicht-nukleare Energieforschung, Mikrotechnik, Handhabungstechnik, Forschung für menschengerechte Arbeitsumwelt, Abfallverringerung, qualifikationsorientierte Mensch-Maschine-Interaktionen und Technikbewertung. Ziel der Vorschläge war es, die innerbetriebliche Diskussion anzuregen und das neue Forschungsprogramm so auszurichten, daß damit überzeugende Beiträge zur Verbesserung der Arbeits- und Lebensbedingungen (heute würde man sagen: zur Zukunftsfähigkeit) geleistet würden.

Heute kann man feststellen, daß die Vorstellungen zur Schwerpunktbildung Medizintechnik innerhalb der Mikrotechnik und die Forderung zum Bau einer Synchrotronstrahlungsquelle verwirklicht worden sind. Für die Medizintechnik wurde im letzten Jahr sogar ein eigener Arbeitsschwerpunkt im Forschungszentrum Karlsruhe (FZK) eingerichtet. Mit der im Bau befindlichen Strahlungsquelle ANKA ist ausdrücklich ein erweitertes Nutzungsangebot an die mittelständische Industrie verbunden. Ebenso wurde der Biologiebereich des Zentrums verstärkt fortgeführt. Der Ausbau der Technikbewertung ist daran zu erkennen, daß für diese Thematik ein eigenes Institut gegründet wurde. Fragen der Technikbewertung und der öffentlichen Verantwortung der Forschung wurden seitdem regelmäßig auch mit Betriebsräten anderer Forschungseinrichtungen in der Öffentlichkeit thematisiert.

Der eingeschlagene Weg soll weiterverfolgt werden. So wurde

unlängst im Rahmen einer Veranstaltung mit dem Wuppertal-Institut für Klima, Umwelt, Energie ein FZK-Projekt angeregt, das dem Ziel der Halbierung des Energie- und Rohstoffverbrauchs dienen soll.

Vom Produkt zum System: Integriertes Verkehrskonzept

An mehreren Beispielen von Produktvorschlägen, ob in der Verkehrs- oder Energietechnik, hat sich bereits gezeigt, daß das einzelne Produkt nie für sich allein betrachtet werden kann. Immer ist es eingebunden und funktioniert nur in einem Gesamtsystem. Auf der Ebene der Herstellerbetriebe ist damit die gesamte Branche angesprochen. Allgemein wird der Übergang vom Einzelprodukt zum Gesamtsystem als ein Bestandteil des großen Paradigmenwechsels an der Jahrtausendwende angesehen. Doch ist das vielfach noch mehr Ziel als Wirklichkeit. Eines der geläufigen Beispiele ist eine Computerrealität, in der man zwar die einzelnen Geräte und Programme bekommt, aber sich ein funktionierendes Gesamtsystem oft erst mühsam aufbauen muß. Plug and play, einstöpseln und loslegen, ist meistens noch ein Wunschtraum.

Ein anderes mißliches Thema ist das Verkehrssystem. Oder sogar deren zwei, das öffentliche und das individuelle. Wir erleben eine kontinuierliche Optimierung des einzelnen Fahrzeugs mit immer mehr Leistung und mehr Angebot im Detail, von ABS bis Airbag. Es wird auch gestritten, ob immer mehr und immer schneller auch immer besser ist. Die Automobilindustrie hat mit einer gewaltigen Kraftanstrengung die Krise vergangener Jahre überwunden und ist mit einer Vielzahl neuer Produkte erfolgreich am Markt. Nobelmarken dringen in das Segment der Kleinwagen vor, während umgekehrt Unternehmen aus dem Massenmarkt in die Luxusklasse streben. Aber ob klein, ob groß: Das

Problem ist nicht nur, daß Autos zu schnell fahren, sondern zu langsam. Sie stehen nämlich im Stau oder fahren zwanzig bei Stop-and-go-Verkehr. Stehzeug statt Fahrzeug, formulierte es ein Paradiesvogel aus der Branche. Völlig unhinterfragt, wie es scheint, werden an jeder Ampel Verkehrsströme zerschnitten, wird die Gegenfahrbahn als Überholspur benutzt, wobei man oft nur knapp, manchmal gar nicht dem Tod entkommt. Die Schadstoffbelastung und der umweltfreundliche Antrieb sind immerhin breit in der Diskussion.

Die Möglichkeiten der Verbesserung, die allein die vorhandenen Technologien bieten, werden bei weitem nicht ausgeschöpft. Vor einigen Jahren wurde ein europäisches Projekt namens PROMETHEUS ins Leben gerufen: *Programme for a European Traffic System with Highest Efficiency and Unprecedented Safety,* Programm für ein europäisches Verkehrssystem mit höchster Effizienz und nie dagewesener Sicherheit. Ein hoher und begrüßenswerter Anspruch. Doch was ist herausgekommen? Die vielgepriesene Telematik soll sich auf Anzeigetafeln mit der angepaßten Geschwindigkeit, auf Hinweise zur Stauumfahrung, auf Stadtpläne und Durchsagen über die Wahl der richtigen Route beschränken. Alles sicherlich anerkennenswerte Verbesserungen, aber suboptimal gegenüber den Möglichkeiten, die die Informatik mit Hilfe des Global Positioning System (GPS) heute bietet, nämlich die Einzelfahrzeuge kontinuierlich und sogar automatisch über kritische Strecken zu steuern: der Autopilot – dahinter bleibt man weit zurück. Der Stau wird umfahren, nicht verhindert. All das könnte als ein getreues Spiegelbild der Gesellschaft erscheinen, in der Probleme und Mißstände nicht gelöst, sondern verwaltet und ruhiggestellt werden. Hier würde eine entschlossenere Nutzung moderner Technologien zur Verbesserung der Lebensqualität beitragen.

In der Technologieabteilung beim IG Metall-Vorstand führte vor einigen Jahren jemand den Film »Zeitsprung« von Franz Alt über die »Verkehrswende« vor. Eine Zukunftsvision ohne Lärm und Luftverschmutzung; alle fahren mit der Straßenbahn, mit dem Fahrrad oder gehen zu Fuß. Aber daß niemand mehr Auto fährt, das erschien uns nicht realistisch. Man müßte doch auch den Individualverkehr so verbessern, daß er die Umwelt nicht mehr so belastet wie bisher. Und man müßte die *Ursachen* dafür beheben, daß immer mehr Güter mit dem Lkw befördert werden als mit der Bahn. Wer seine Waren erst zum Umschlagplatz befördern, dort umladen und am Zielort dieselbe Prozedur wieder umgekehrt vollführen muß, der nimmt natürlich lieber den Lastwagen, mit dem er den zweifach »gebrochenen« Verkehr mit seinem erhöhten Zeit- und Kostenaufwand vermeidet. Wer fährt schon – wie ich – anderthalb Stunden mit zweimal Umsteigen zur Arbeit, wenn er mit dem Auto die halbe Zeit braucht?

»Man müßte . . .!« Trauen wir uns doch mal, sagten wir uns. Wir bildeten eine Projektgruppe und arbeiteten eine solche Zielkonzeption aus. Es gibt im ganzen Land Dutzende, wenn nicht Hunderte verdienstvoller Lösungsansätze, ob in kleinen Ingenieurbüros oder in Forschungseinrichtungen, in Automobilunternehmen und Hochschulen oder bei Einzelerfindern; manche davon schicken mir ihre Konzepte. Was fehlt, ist ihre Zusammenführung und Koordination. Denken wir nur an das Konvoi-Fahren auf der Autobahn, das Prof. Voy von VW vor einigen Jahren im Fernsehen präsentierte, den Hybridbus oder die Hybridbahn, die ich weiter vorn schon erwähnt habe, und die auf Schiene und Straße fahren können. Es gibt Entwicklungen für selbständig fahrende Güterwaggons und ein automatisches Waggonerkennungssystem – mit einem Satz: Es gibt ein fast unbegrenztes Potential an menschlicher Problemlösungskapazität und -bereitschaft, das nur darauf wartet, sinnvoll eingesetzt zu werden. Das alles – und das scheint der entscheidende Schwachpunkt zu sein – bleibt nur völlig unkoordiniert in zahllosen Einzelinitiativen zersplittert. So sagten wir uns: Versuchen wir doch einmal eine zusammenfassende Zielkonzeption, der sich möglichst alle einzelnen Ansätze zuordnen lassen, damit nicht wieder ein fruchtloses Gegeneinander stattfindet. Darin werden bestimmte grundlegende Technologien benannt – über deren Auswahl man streiten kann –, die aber als Grundlage für eine durchgreifende Verbesserung des Verkehrssystems dienen können. Im Unterschied zu einer manchmal etwas abgehobenen Ökodebatte, die glaubt, auf Technologie verzichten zu können, nahmen wir an, man benötige gerade die beste Nutzung von Technologie zum Schutz der Umwelt und der Menschen. Die Kernelemente – bildlich dargestellt – waren:

- Null-Übergang, d. h. kein gebrochener Verkehr,
- Sauberer Antrieb,
- Koppeln und Entkoppeln, d. h. Fahrzeuge zu Zügen, Züge zu Einzelfahrzeugen,
- Magnetschwebetechnik,
- Autopilot.

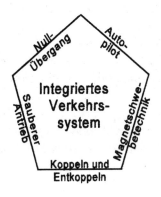

Die Magnetschwebetechnik wollten wir als eine Möglichkeit zur Verminderung des Landschaftsverbrauchs aufnehmen, weil sie durch ihre höhere Steigfähigkeit (zehn statt drei Prozent) weniger Brücken und Tunnels braucht. Auch dient sie, weil sie entgleisungssicher ist, dem Schutz von Menschenleben. Die leidenschaftlich geführte Debatte um den Transrapid bezieht sich, wie heute fast einhellig versichert wird, auf die Streckenführung und auf die angezweifelte Wirtschaftlichkeit, nicht aber auf die Tech-

nologie des magnetischen Schwebens. Manche vermuten sogar, die Stärke der Emotionen – bei weitem nicht vergleichbar etwa denen über den Ausstoß von Dieselrußpartikeln beim Lkw – rühre daher, daß der Transrapid einem Tigerhai so ähnlich sieht. Das wäre dann ein Design-Problem.

Integriertes Verkehrssystem

Städte ersticken im Stau

Fahrzeuge, die 150 fahren können und mit 25 dahinstottern, Schwaden von giftigen Abgasen, 80 km Stau bei der Fahrt in den Urlaub, lärm- und abgasgeplagte Anwohner an Ein- und Ausfallstraßen, Ozonloch und Treibhauseffekt ... – selten ist der Widerspruch zwischen einer hochentwickelten Technik und einer unbefriedigenden Gesamtsituation so zugespitzt wie bei unserem Verkehrssystem. So viele interessante und verdienstvolle Lösungsansätze es gibt, vom E-Mobil bis zu regenerativen Energien, Verkehrsleitsystemen und Global Positioning System über Satellit und vieles andere, es ändert sich nichts zum Besseren.

Konstruktive Vision

Was fehlt, so die hier vertretene These, ist eine zusammenfassende Vision für ein Verkehrssystem, das leistungsfähig, menschen- und umweltfreundlich zugleich ist. Dem Mobilitätsbedürfnis ist Rechnung zu tragen; Menschen und Güter sollen schnellstmöglich von einem Punkt zum andern gelangen. Intelligente Konzepte zur Vermeidung überflüssigen Verkehrs sind notwendig. Der Antrieb soll sauber und ohne Schadstoffausstoß erfolgen, um die Gesundheit der Menschen zu schonen, mit geringstmöglichem Energieverbrauch und soweit wie möglich unter Einsatz erneuerbarer Energien. Unfälle mit Toten und Verletzten können mit Hilfe der Telematik, wenn diese wirklich optimal und nicht nur für Staumeldung und -umfahrung eingesetzt wird, ebenso vermieden werden wie Staus auf Autobahnen, an Grenzen und in den Städten; ebenso aber auch das Warten in Regen und Kälte an geschlossenen Bahnhöfen auf verspätete Züge.
Alle vorhandenen Ansätze, ob alt oder modern, ob technische, organisatorische oder Rahmenbedingungen, müssen in einer gemeinsamen Anstrengung zusammenkommen, damit sie durchgesetzt werden können. Wie der Kernpunkt einer solchen Vision für ein Verkehrssystem der Zukunft aussehen könnte, soll das nachstehende Bild zeigen.

Mögliche Kernbestandteile eines integrierten Verkehrssystems

Der öffentliche Verkehr und der Individualverkehr werden häufig als Gegensätze gesehen. Oft stellt man sich vor, den einen auf Kosten des anderen zurückzudrängen, bis hin zur völligen Beseitigung (»Verkehrswende«). Ein konstruktiver Ansatz könnte hingegen darin bestehen, die Vorteile des einen Systems auf das jeweils andere zu übertragen. Der öffentliche

Verkehr hat zwei entscheidende Vorteile: Sauberer Antrieb durch Elektrizität (mit Ausnahme der meisten Busse) und auf der Schiene einen durchgehenden Verkehr, der nicht durch Querstrecken unterbrochen wird wie die innerstädtischen Straßen. Umgekehrt hat das Auto einen entscheidenden Vorteil, nämlich den zielreinen Verkehr. Weder muß man umsteigen noch unterwegs anhalten (außer im Stau). Deshalb fahren Millionen von Menschen mit dem Auto, weil sie sich das Umsteigen und Warten ersparen wollen.

Überträgt man nun die systemspezifischen Stärken spiegelbildlich auf das je andere Verkehrssystem, so ergibt sich: Autos sollten mit *sauberem Antrieb* fahren, das bedeutet vor allem elektrisch. Das muß nicht zwangsläufig mit Batterie sein, in Frage kommt auch die Technik des Stromabnehmers. Eine interessante Variante dafür ist das Electrical Vehicle Roadway System des amerikanischen Ingenieurs Musachio, bei dem stromführende Abschnitte der Leitung jeweils nur bei Bedarf durch zwei Kontakte aktiviert werden. Besonders die Busse in den Städten (Obus) und die endlosen Lastwagenkolonnen auf den Autobahnen könnten durch den Bezug ihrer Antriebsenergie über Stromabnehmer zu einem umweltfreundlichen Transportsystem umgewandelt werden. Um einen zielreinen Verkehr zu ermöglichen, sollten die Autos zu Zügen zusammengefaßt werden können, aber Züge auch wieder aufgelöst werden können in Einzelfahrzeuge, die ohne Umsteigen oder Umladen die Fläche versorgen *(Koppeln und Entkoppeln)*. Das ist bei weitem nicht so abwegig, wie es sich beim ersten Anhören vielleicht ausnimmt. Für den Güterverkehr arbeiten Verkehrwissenschaftler an solchen Konzepten. Das Konvoi-Fahren von Prof. Voy (VW) ging vor einigen Jahren durch die Medien.

Man sollte alles tun, um das leidige Umsteigen zu vermindern *(Null-Übergang)*. Wenigstens den Gepäcktransport könnte man erleichtern, von einem Zug zum andern, vom Hotel zum

Bahnhof. Eines Tages wird man sicherlich nicht mehr jedes Fahrzeug einzeln steuern, mit einer kräfte- und nervenzehrenden Konzentration, wobei jeder Fehler mit der Todesstrafe bedroht ist. Diese Kräfte sollte man für wichtigere Dinge einsetzen. Sicherlich wird man zum *Autopiloten* kommen. Ob man dafür warten muß, bis die Bildverarbeitung das komplexe Verkehrsgeschehen bewältigt, ist eine offene Frage. Man sollte sich verdeutlichen, daß Schienen das seitliche Abkommen von der Spur verhindern und Kupplungen das Auffahren. Wie viele Menschenleben hätte man damit schon retten können! Die *Magnetschwebetechnik* ist heute belastet durch eine sehr emotionsgeladene Diskussion über den Transrapid, dessen Streckenführung Berlin-Hamburg und deren Wirtschaftlichkeit. Jenseits von diesem konkreten Anwendungsfall geht es aber auch darum, ob hier ein Entwicklungsschritt der Verkehrstechnologie möglich wird, bei dem – wenn die Behauptungen zutreffen – viel bewegtes Gewicht eingespart wird, weil der Motor in die Strecke verlegt wird, Räder und Achsen entfallen, dadurch 40 % Energie eingespart wird, weniger Tunnel und Brücken erforderlich sind durch größere Steigfähigkeit usw. Zur Rad-Schiene-Technik könnte sich hier eine Ergänzung und Weiterentwicklung ergeben, die nicht nur auf Fernstrecken, sondern auch auf Nahverkehrsstrecken, Flughafenanbindungen u. ä. einsetzbar ist.

In dieser Weise gibt es zahlreiche verfügbare Technologien und Organisationsformen des Verkehrs – dazu gehört selbstverständlich auch die *Telematik* –, die zusammengeführt und realisiert werden müßten, um eine durchgreifende Verbesserung der Verkehrsverhältnisse zu bewirken. Gerade in Deutschland ist dies notwendig, mit seiner zentraleuropäischen Lage, die durch die zunehmende Verflechtung mit den wachsenden mittel- und osteuropäischen Ländern das Verkehrsaufkommen nochmals signifikant erhöhen wird.

Einer aus unserer Projektgruppe wurde bald darauf Leiter der IG Metall in Braunschweig. Er betrieb mit großer Tatkraft die Gründung der RESON, der regionalen Entwicklungsgesellschaft Südostniedersachsen, deren Hauptaufgabe die Vernetzung der dort zahlreich angesiedelten Einrichtungen und Betriebe der Verkehrstechnologie ist. Der Geschäftsführer ist Verkehrswissenschaftler. Dies ist ein Weg zur Realisierung einer Verkehrskompetenzregion, in der die vielen Ansatzpunkte zu einer sinnvollen Verkehrskonzeption zusammengeführt werden.

Ideenfieber: Labor für Produktinnovation

Hochschulen und Fachhochschulen sind ihrer Aufgabenstellung nach eigentlich Brutstätten von Ideen. Wenn auch oft kritisiert wird, daß sie zuwenig praktisch nutzbare Forschungsergebnisse hervorbringen, gibt es doch interessante Beispiele für die Verbindung wissenschaftlichen Sachverstands mit Kundenbedürfnissen, Produktideen und Kapital. Eines davon stellt die Aktion »Ideenfieber« des Labors für Produktinnovation an der Fachhochschule Gießen/Friedberg dar. Es sind also nicht nur Arbeitnehmervertreter oder – wie ich – hauptamtliche Gewerkschafter, die Produktideen fördern und positiv denken, sondern auch Wissenschaftler.

Der Professor und das ansteckende Ideenfieber

Reinhard Zulaufs Produktbörse untersucht bereits 5000 Anregungen auf Marktreife
Von Volker Trunk

GIESSEN/FRIEDBERG: Die Geister, die er rief, wird er nicht mehr los. Doch Reinhard Zulauf ist kein Zauberlehrling, sondern ein patenter Mensch. Der 48jährige Leiter des Labors für Produkt-Innovation der Fachhochschule Gießen-Friedberg hat die Republik mit seinem »Ideenfieber« infiziert. Er fahndete nach Anregungen für neue Produkte und wurde mit Vorschlägen geradezu überschüttet.

Die Ideenakquisition, zusammen mit der Wetterauer Volksbank durchgeführt, zeitigte binnen eines Jahres eine solchen Erfolg, der selbst den optimistischen Rheinländer Zulauf verblüffte. Eine Kampagne der Superlative: Mehr als 50 externe und interne Arbeitsgruppen brüten über den 5000 Anregungen und klopfen die Einsendungen auf »Marktreife« ab.

Eine Standortdebatte der besonderen Art nahm ihren Anfang. Der Maschinenbauer, seit sechs Jahren Professor in Friedberg, formuliert das so: »Wir müssen dafür sorgen, daß Leistung wieder Spaß macht.« Dahinter steckt die These, daß sich die Wettbewerbsfähigkeit des Hochlohnstandorts Bundesrepublik nur erhalten oder wiedergewinnen läßt, wenn entweder das hohe Lohnniveau aufgegeben wird (was ernsthaft niemand will) oder aber dem Kunden weltweit immer wieder neue Produkte geboten werden, die anderen derart überlegen sind, daß Käufer dafür einen höheren Preis zahlen.

Innovation also ist das Schlagwort. Keine einfache Sache. Im Land der Denker und Tüftler hat sich ein Zukunftspessimismus ausgebreitet, der Ansätze einer Aufbruchsstimmung allzuoft im Keim erstickt. Womöglich, spekulieren die Initiatoren über den Erfolg des »Ideenfiebers«, provozierte diese Gemengelage aus Zukunftsangst und Depression eine Gegenbewegung, die ihr Ventil fand.

Das klingt plausibel und bestätigt die Annahme des Professors: Es komme darauf an, Ideen zu bergen, Kreativität zu entfalten. »Positiv denken«, sagt Reinhard Zulauf, der in seinen Vorlesungen bisweilen das dumpfe Gefühl nicht los wird, »alten Opas« gegenüberzustehen, die Angst haben vor Veränderung. »Die Mentalität«, sagt er keß, »muß gebrochen werden«.

Der Hochschullehrer predigt breites Wissen und das Erkennen von Zusammenhängen. Wer im Bereich der Produktinnovation erfolgreich sein will, so sein Credo, benötigt neben Kenntnissen von technischen Prozessen betriebs-

147

wirtschaftliche und soziale Kompetenzen. »Unser Verständnis von Innovation beginnt und endet auf dem Markt. Wir müssen schauen, was der Kunde wirklich will«. Also gelte es, den Bedarf eines Produkts am Markt zu analysieren, bevor es entwickelt werde. Viele Unternehmer hängten dem »Irrglauben« an, daß sich ein technisch ausgereifteres Produkt zwangsläufig auch besser verkaufe.

Nichts anderes als eine Kundenbefragung war denn auch der Mitte Januar 1997 gestartete Kettenbrief, mit dem die Kampagne »Ideenfieber« ihren Anfang nahm. Mehrere tausend Haushalte in ganz Deutschland erhielten Post von der Fachhochschule. Darin die Aufforderung, möglichst viele Aufgaben für Erfinder zu suchen und der FH mitzuteilen. Außerdem sollten die Adressaten, ausgewählt nach dem Zufallsprinzip, Freunde, Bekannte, Verwandte ansprechen und zur Teilnahme motivieren.

Eine Erfolgsprämie wurde ausgelobt: Führt eine Aufgabenstellung zu einem neuen Produkt, wird der Aufgabensteller an Lizenzeinnahmen beteiligt. Sogar das bloße Vermitteln werde im Erfolgsfall honoriert. An die Lösung der Fragen machten sich Teams der FH-Produktinnovation sowie Erfinder, die mit der FH kooperierten. In möglichst kurzer Zeit sollten Patente angemeldet und Lizenzverträge abgeschlossen werden.

Intensiv werde derzeit an 100 Aufgabenstellungen gearbeitet, zwölf Patente seien angemeldet, etwa 5000 zum Teil hoch interessante Anregungen für neue Produkte lägen vor, sagt Zulauf: »Der Erfolg wurde zum Problem. Wir haben Fragestellungen für die nächsten hundert Jahre«. Um einen »Rückstau« künftig zu vermeiden, werden gute Ideen jetzt der Wirtschaft direkt zur Verfügung gestellt.

Voraussetzung für die Weitergabe patentrechtlich ungeschützter Anregungen war, daß die beteiligten Unternehmen eine »Ehrenerklärung« abgaben.

Das Labor für Produkt-Innovation versteht sich als Moderator des ganzen Prozesses. Den Erfindern will man die Angst nehmen, von den Firmen über den Tisch gezogen zu werden. Die Studenten der FH haben zugleich die Chance, während des Studiums konkret an der Lösung von Alltagsproblemen zu arbeiten. »Es gibt wohl nichts Motivierenderes, ein ideales Lernfeld«, meint Zulauf.

Der Professor legt sich krumm für die Idee. Er hält Vorträge vor den Handelskammern, wirbt bei den Geschäftsleitungen großer Unternehmen, die FH-Kampagne zu ihrer eigenen Sache zu machen. »Das betriebliche Vorschlagswesen ist im Kampf um Marktanteile im internationalen Wettbewerb hoffnungslos veraltet.«

Reinhard Zulauf als Sprecher der von sechs FH-Professoren ins Leben gerufenen Aktion muß freilich vorsichtig sein, wenn die Rede auf neue Produktideen kommt. Zu viel ausplaudern will er nicht, »richtig publik« sollen die neuesten Produkte erst mit dem Zeitpunkt ihres Erscheinens auf dem Markt werden. Was angesichts des Konkurrenzdrucks durchaus verständlich ist.

Einige Neuheiten aus den Räumen der Friedberger »Ideenschmiede« kann er aber doch vorstellen, den »haptischen Griff« etwa, der komplizierter klingt als das Prinzip funktioniert. Wie oft nämlich passiert es, daß man vor einer verschlossenen Tür steht und nicht weiß, ob sie sich öffnet, indem man am Griff zieht oder drückt. Das Problem löst ein kolbenförmiger Griff, der auf der einen Seite abgerundet und auf der anderen Seite spitz ist. Niemand kommt auf die Idee, mit der Hand an der spitzen Kante zu ziehen, durch bloßes Zugreifen bewegt man die Tür in die gewünschte Richtung. Auch muß sich Reinhard Zulauf bald nicht mehr ärgern, daß sich der Deckel des »Rote-Grütze-Glases« nur mit Kraftaufwand drehen läßt. Studenten machten sich dran, des Professors Problem zu lösen, indem sie ein von einer Lasche verdecktes Loch ins Blech montierten und an die Innenseite des Deckels eine Membran klebten. Zieht man die Lasche raus, dringt Luft ein, es zischt, die Membran legt sich über den Inhalt. Wiederverwertbar ist das Glas, selbst Einkochen ist damit kein Problem. In der Großserienfertigung kostet die Technik einen Pfennig pro Glas, das Patent ist bereits angemeldet. »Vorschnelle Bedenkenträger« sind dem Professor ein Greuel. Der Start des »Ideenfiebers«, räumt er ein, sei ein recht eigenmächtiger Akt gewesen. Heute amüsiert sich Zulauf darüber. Die Vorgesetzten nämlich waren im Vorfeld nicht über die Kettenbrief-Aktion unterrichtet worden. Sogar das Landeskriminalamt habe Untersuchungen angestellt, was es mit dem Kettenbrief auf sich habe, sagt der Professor – und grinst schelmisch. Später seien aus den Reihen der Ermittler drei Produktanregungen eingegangen. »So kann es kommen«.

Frankfurter Rundschau 27. 01. 1998

8. Die Politik

So wird Stein auf Stein gesetzt, um eines Tages ein Gebäude namens Alternative Fertigung oder *job creation* fertigzustellen. Bisher sind wir ja meist im Bereich der Wirtschaft geblieben und wenn die Politik einbezogen war, dann auf örtlicher oder Landesebene. Es ist aber unser Bestreben, auch die Bundespolitik für unser Konzept zu gewinnen – auch wenn diejenigen, die sich mit Innovation befassen, eher sagen: Innovation kommt immer von den Rändern her, von der Peripherie, von unten. Sie beginnt nicht bei den Zentralen der Macht, weil diese mit dem Bestehenden verheiratet sind. Man wird zugestehen müssen, daß das wohl wahr ist.

Natürlich müßte der Wirtschaftsminister etwas für die Schaffung von Arbeitsplätzen tun, der Arbeitsminister, der Forschungsminister, der oft Zukunftsminister genannt wird, ja auch der Bundeskanzler, ferner der Verkehrsminister, der Umweltminister. Einer aus unserer Technologieabteilung war Teilnehmer an den Beratungen über das Programm »Arbeit und Technik« im Bundesforschungsministerium. Dieses Programm, so ziemlich das einzige der letzten Bundesregierung, das Arbeitnehmerinteressen zum Gegenstand hatte, war Jahr für Jahr erneuten Angriffen ausgesetzt und sollte gekürzt oder ganz zu Fall gebracht werden. Es hat wertvolle Ergebnisse besonders bei der Humanisierung der Arbeit erbracht, die wir z. T. heute aus Japan reimportieren, ohne zu wissen, daß sie einmal bei uns erarbeitet worden sind. Der Prophet im eigenen Vaterland . . . Als sich abzeichnete, daß etwas Neues an seine Stelle treten müßte, plädierten wir für das Thema Beschäftigung. Das Programm solle auf die Schaffung von Arbeitsplätzen ausgerichtet werden.

Der Vorschlag wurde eingebracht und auch in verhältnismäßig kurzer Zeit aufgegriffen: Der Forschungsminister trat im März

1997 an die Öffentlichkeit und verkündete ein »Programm für Arbeit und Innovationen«. Er begründete es so: *»Mit meiner Initiative will ich die Reformprozesse der Bundesregierung in den Bereichen Steuern und Renten ergänzen. Deshalb bezeichne ich das ›Programm für Arbeit und Innovationen‹ auch gern als dritte Säule der Reformpolitik. Steuer- und Rentenreform setzen auf der Kostenseite an. Aber soviel Kosten senken und Leistung steigern können wir gar nicht, daß in den alten Strukturen Arbeit für alle entsteht. Doch es gibt Lösungen. Und die Antwort heißt Innovation. Denn die Arbeitslosigkeit hat im wesentlichen strukturelle Gründe. Die ökonomischen Stärken unseres Landes liegen in traditionellen Industrien mit hoher Produktivität. Das Wachstum dieser Industrie führt aber nicht mehr automatisch zu mehr Beschäftigung. Wir brauchen neue Strukturen für innovative Produkte und Dienstleistungen. Wir brauchen Unternehmensgründungen in Zukunftsbranchen. Wir brauchen die Infrastruktur einer Wissensgesellschaft. Wir brauchen Investitionen für Innovationen. Dies alles soll das ›Programm für Arbeit und Innovation‹ anstoßen.«* Eine goldrichtige Erkenntnis, die aber nicht lange anhalten wird. Aber immerhin: Die Grundidee war in der Politik angekommen. Bemerkenswerterweise geschah das gerade in einer Zeit, in der das »Bündnis für Arbeit«, das allerdings keinen solchen Innovationsteil enthielt, gescheitert war. Nur schade, daß von der »Beschäftigung durch Innovation« nicht viel übrig geblieben ist. Oder haben Sie noch einmal davon gehört? Vielleicht deswegen, weil die dritte Säule, ein aus unserer Sicht richtiger Politikansatz, im Widerspruch zu den beiden anderen, aus unserer Sicht eher falschen stand?

Der »Ruck« des Bundespräsidenten

Doch der Grundgedanke der Innovation wirkte weiter. Zu wiederholten Malen begegnete ich auf Podiumsdiskussionen einem Hauptabteilungsleiter aus dem Deutschen Patentamt. Wenn er mich so für Innovationen Partei ergreifen hörte, sagte er jedesmal: Sie reden wie mein Präsident. Besuchen Sie ihn doch mal. Gesagt, getan: Prof. Häußer war sehr kooperativ. Vor Jahren hatte er schon erkannt, daß Deutschland aus Mangel an Innovationen den Anschluß zu verlieren drohte, hatte 1982 die »Deutsche Aktionsgemeinschaft Bildung – Erfindung – Innovation« (DABEI) gegründet, die der Politik viele wichtige Impulse zur Innovationsförderung, zur Unterstützung der Erfinder und des Patentwesens oder wenigstens zur Abwehr von Verschlechterungen gegeben hat. Anhand des 1995 herausgegebenen Memorandums, von dem nachfolgend nur die Titelzeilen wiedergegeben sind, können Sie sich selbst davon ein Bild machen.

Politisch handeln für den Innovationsstandort Deutschland
Memorandum der Deutschen Aktionsgemeinschaft Bildung – Erfindung – Innovation

A   Information – Beratung – Kommunikation
A 1 Bundesweite Informationszentrale schaffen
A 2 Patentinformation zur Bund-Länder-Sache machen
A 3 Information über Forschung und Entwicklung erleichtern

B   Patentwesen
B 1 Keine Erhöhung der Patentkosten
B 2 Ermäßigte Patentgebühren wie in den USA
B 3 Keine Funktionsbehinderungen beim Deutschen Patentamt

B 4 Statt Bußgeld Patentgebührenrechnungen
B 5 Honorarordnung für Patentanwälte
B 6 Patentamts-Schiedsstelle auch für freie Erfinder
B 7 Stärkeres Urheberrecht bei besonderer Erfindungshöhe

C   Innovative Verwertung
C 1 Wirksame Hilfe bei Verwertungsproblemen
C 2 Mehr zinsgünstiges Risikokapital
C 3 Qualifizierte Erfindungsbewertung schaffen
C 4 Wieder Steuerbegünstigung für Einkünfte aus Erfindungen

D   Betriebliche Erfindungen und Verbesserungen
D 1 Betriebliches Vorschlagswesen ausbauen wie in Japan
D 2 Mehr Information zur Einführung des Vorschlagswesens
D 3 Wieder Steuerbegünstigung für Verbesserungsprämien

E   Kreativität und Bildung
E 1 Eigenständige Kreativitätspädagogik entwickeln
E 2 Problemlösendes Verhalten für die Jugend erstrebenswert machen
E 3 Nutzungsnahe Innovationsberatung für alle
E 4 Technologie- und Innovationsvereine gründen
E 5 Kreativitätsschädigende Lehrpläne im Bildungswesen überprüfen
E 6 Mehr Innovationsorientierung an deutschen Hochschulen

F   Gesellschaftspolitische Initiativen
F 1 Innovationsausschuß für den Deutschen Bundestag
F 2 Jährlicher Innovationsbericht
F 3 Positives Medien-Engagement für Erfinder
F 4 Herausragenden deutschen Technikpreis stiften
F 5 Bessere Rahmenbedingungen für die Erfinderarbeit
F 6 Mehr visionäre Langzeitperspektiven

Ich bin der Aktionsgemeinschaft auch beigetreten. In zahllosen Reden, Vorträgen und Artikeln hat Häußer eindringlich auf die Notwendigkeit verstärkter Innovationsaktivitäten hingewiesen. Dem Bundespräsidenten hat er die Anregung gegeben, einen herausragenden deutschen Technikpreis auszusetzen. Dieser Preis ist inzwischen etabliert und hat viel Beachtung gefunden. 1997 wurde er erstmals vergeben und gleichzeitig mit einer Ideenbörse im Amtssitz des Bundespräsidenten, dem Schloß Bellevue, verbunden. Das war für viele der dort eingeladenen Erfinder und Repräsentanten von Innovationen ein großes Stück Anerkennung, die ihnen sonst so häufig vorenthalten wird. Wie leicht und wie oft werden die Erfinder als Spinner abgetan und erst anerkannt, wenn sich ihre Idee durchgesetzt hat, oder nicht einmal dann, weil jemand anders sie um ihre Idee gebracht hat und nun den Ruhm und den Gewinn einheimst. Wahrscheinlich hat das auch etwas mit der bei uns fortwirkenden obrigkeitsgläubigen Gesinnung zu tun: Das Neue, das Kleine, das noch nicht Etablierte gilt nichts gegenüber den allseits anerkannten Machtinhabern, vor denen man kuscht. Welche Klischees bei uns gegen Erfinder wirksam sind, ersehen Sie aus einem Auszug eines Artikels im Handelsblatt, in dem der dort beschriebene Erfinder ständig gegen angenommene Kriterien wie verrückt, versponnen, chaotisch, Raritäten- oder Schmunzelkabinett in Schutz genommen wird.

Erfinder / Kein Geld für die Vermarktung

Christoph Klein gegen die Großen
dieser Welt
Von Georg Weishaupt

Im Land der Dichter und Denker haben es Erfinder schwer. Christoph Klein versucht seit Jahren, seine Inhalierhilfe für Asthmakranke zu vermarkten. Der Widerstand der Pharmabranche, Pech mit Partnern und Geldnöte gefährden seine Existenz und seine Erfindung.

Handelsblatt, Montag, 13.4.98

GROSSGMAIN. Sieht so ein Erfinder aus? Jung, dynamisch, kurzer Haarschnitt, keine Brille, kein Bart. Christoph Klein (31) entspricht überhaupt nicht dem Klischee des verrückten, versponnenen Tüftlers. Der smarte Rheinländer ist kein Daniel Düsentrieb, der sich seltsame Gebilde in einem chaotischen Labor ausdenkt. Seine Erfinderstube ist völlig unspektakulär: eine Arbeitsecke neben dem ehelichen Doppelbett. »Ich brauche nur meinen Kopf, einen PC, einen Stift und Papier«, klärt Klein seinen Besucher über das Handwerkszeug des modernen Erfinders auf.
Auch die Ergebnisse seiner Grübeleien sind nichts für das Raritäten- oder das Schmunzelkabinett: eine Zeichenhilfe für Hand- und Heimwerker und ein Inhaliergerät für Asthmakranke.
Die Idee für das medizinische Gerät kam ihm vor sieben Jahren. »Ich bin selbst Asthmatiker und weiß, welche Panik ein Anfall nachts auslösen kann.« Gerade dann muß es schnell gehen, so Kleins Erfahrung. Es komme darauf an, daß möglichst rasch eine große Menge des Wirkstoffs in die Lunge gelangt.
Er stellte fest, daß die bisherigen Inhalierhilfen »anatomisch totaler Schwachsinn sind«. Die wie ein L geformten Plastikröhrchen sorgen dafür, daß »80 bis 90 % des Medikaments nicht in die Lunge gesprüht werden, sondern im Rachen hängenbleiben«. Entsprechend lange dauere es, bis der Patient eine beruhigende Wirkung verspürt.
Klein ersetzte die L-Form einfach durch ein gerades Rohrstück. Der Erfolg: Wenn der Asthmatiker den Kopf in den Nacken legt, erreicht so der Großteil des Medikaments tatsächlich die Atemwege.
Eine gute Idee, die auf großes Interesse stoßen wird, dachte Klein, der Betriebswirtschaftslehre studierte, nach dem vierten Semester aufgab und einige Jahre in der Baufirma seines Vaters rackerte. Irrtum! »In der pharmazeutischen Industrie waren die Leute in der Forschung und Entwicklung begeistert, jedoch nicht die Kaufleute«, erinnert er sich. Sie befürchteten offensichtlich einen

Absatzeinbruch, weil die Patienten auf einmal mit kleineren Mengen des Medikaments auskommen konnten.

Allein in Deutschland geht es um einen Markt für sogenannte Dosieraerosole von fast zwei Mrd. DM. Von den L-förmigen Dosierhilfen werden jedes Jahr weltweit rund 600 Mill. Stück hergestellt. Das Geschäft teilen sich die Großen der Pharmabranche wie Novartis, Glaxo Wellcome, 3M und Rhône-Poulenc.

Kein Interesse, lautet der Kommentar von den Aerosol-Herstellern. Offiziell führen sie Zulassungs- und Dosierprobleme als Gründe für ihre Absage an, obwohl das renommierte Strömungsphysikalische Institut der Fachhochschule Münster den höheren Wirkungsgrad eindeutig nachgewiesen hat.

Um so höher war die Initiative des Bundespräsidenten auch deshalb zu werten, weil er – im Unterschied zu Kanzler, Ministern und Ministerpräsidenten – keinen exekutiven Unterbau hat und dennoch seiner symbolischen Handlung der Preisverleihung noch einen ersten Schritt der Realisierung folgen ließ. Viele andere Politiker mit ihren Heerscharen von Beamten und ihren Milliarden von Fördertöpfen könnten – und sollten – sich daran ein Beispiel nehmen. Was könnten sie bewirken, wenn sie nur endlich Roman Herzogs Beispiel aufnähmen und beherzigten!

Für die Durchsetzung des Innovationsgedankens war das eine wichtige Station. Noch mehr galt das für die sogenannte Berliner Rede des Bundespräsidenten vom April 1997. Darin forderte er, es müsse endlich ein Ruck durch die Gesellschaft gehen. Die Innovationsfeindlichkeit und das Beharren auf überkommenen Strukturen lähme die Gesellschaft. Den Verlust der wirtschaftlichen Dynamik, die Erstarrung der Gesellschaft, eine unglaubliche mentale Depression bezeichnete er als die Stichworte der Krise. Die vor uns stehende Aufgabe sei eine neue industrielle Revolution, die Entwicklung zu einer globalen Gesellschaft des Informationszeitalters. Dieser Herausforderung werde bei uns mit Mutlosigkeit und Krisenszenarien begegnet. Wer Initiative zeige, wer neue Wege gehen wolle, drohe unter einem Wust von wohlmeinenden Vorschriften zu ersticken. Unser eigentliches

Problem sei ein mentales: uns fehle der Schwung zur Erneuerung, die Bereitschaft, Risiken einzugehen. Es gebe kaum eine neue Entdeckung, bei der nicht zuerst nach den Risiken und Gefahren gefragt werde, keineswegs aber nach den Chancen.

Der Beifall war allgemein. Den Kommentatoren fiel durchweg auf, daß auch diejenigen applaudierten, die eigentlich mit der Kritik an den verkrusteten Strukturen gemeint waren. Jeder berief sich darauf, daß es einen Ruck geben müsse, daß Innovation notwendig sei. Die meisten meinten damit das, was sie bisher immer schon getan hatten. Ändern sollten sich die anderen.

SPD: Innovation und Gerechtigkeit

Inzwischen war ein Player aufgetreten, mit dem die wenigsten gerechnet hatten: die SPD. Man hatte sich schon daran gewöhnt, daß die sogenannten Konservativen in Sachen Innovation weniger konservativ sind als die sogenannten fortschrittlichen Kräfte, die in den letzten Jahren – das war nicht immer so – eher die Bedenken als das vorwärtstreibende Element vertreten haben. Jetzt kam der, wie es heißt, wirtschaftsfreundliche Gerhard Schröder und setzte durch, daß außer der Gerechtigkeit auch die Innovation ins Wahlprogramm aufgenommen wurde. In einer wahlstrategischen Meisterleistung wurde der Begriff mit einem Innovationskongreß »besetzt«, aber auch programmatisch gefüllt. Die Frage ist nur, wie. Wer wissen möchte, ob wirklich ernst gemacht wird mit einer beschäftigungswirksamen Innovation, muß sich diese Programmatik näher ansehen. Denn es ist klar, daß man den Begriff beliebig füllen kann. Schauen wir uns also an, was die SPD auf dem Innovationskongreß für Vorstellungen präsentiert hat. Auch hier nehmen wir die Überschriften, treffen eine Auswahl und gehen dort ins Detail, wo es unser Thema berührt.

Manifest
»Innovationen für Deutschland«

Innovationsfelder für die Zukunft
1. Forschung und Technologie stärken:
   - Erhöhung des Anteils der privaten und öffentlichen FuE-Ausgaben,
   - Reform der Organisationsstrukturen in den FuE-Einrichtungen,
   - Verbesserung des Transfers von Forschungsergebnissen,
   - Bessere Nachwuchsförderung für junge Wissenschaftler und Hochschulabsolventen,
   - Bündelung der Forschungsförderung in zukunftsweisenden Leitprojekten,
   - Innovationen nicht nur anschieben, sondern auch freisetzen.

   »Wir müssen Basisinnovationen für neue Produkte realisieren, die unseren industriellen Paradebranchen in Maschinen-, Fahrzeug- und Anlagenbau, in der Elektrotechnik und in der chemischen Industrie Wachstumsperspektiven über zwei bis drei Dekaden eröffnen.«

2. Qualität von Unterricht und Lehre verbessern – Chancengleichheit sichern.

3. Berufliche Aus- und Weiterbildung zukunftsorientiert gestalten.

4. Existenzgründungen und Klein- und Mittelbetriebe fördern.

5. Dienstleistungen systematisch entwickeln.

6. Neue Formen der Arbeitsmarktpolitik, Arbeitszeitgestaltung und Arbeitsorganisation.

7. Den Staat modernisieren.

8. Neuer Konsens – neue Sozialstaatlichkeit.

   »Der Weg zur Zukunfts- und Wettbewerbsfähigkeit führt über mehr Produkt-, Prozeß-, Technologie- und Verhaltensinnovationen. Notwendig ist Pionierarbeit auf neuen Güter-

märkten, in neuen Hochtechnologiefeldern, in Wissenschaft und Forschung, bei Qualifikation und der Anpassung unserer institutionellen Strukturen.«

Die Erkenntnis ist also vollbracht. Die Frage ist offen, ob es auch zu einer praktischen Verwirklichung kommt, ob die Idee zur Tat drängt. Betrachten wir daher noch die einschlägigen Passagen von Gerhard Schröder auf dem Leipziger Parteitag, wo er zum Kanzlerkandidaten gewählt wurde:

»Bedenkt man den gesellschaftlichen Bedarf, den wir haben, dann haben wir nicht zuviel, sondern eher zuwenig Technik. Deshalb müssen wir Wissenschaft und Wirtschaft zusammenführen. In diesem innovativen Klima müssen sich unsere Besten den Kopf darüber zerbrechen, wie man die Umwelt- und Verkehrsprobleme mit neuen Produkten, mit neuen Verfahren und Dienstleistungen lösen kann. Daran, was die Menschen in ihrem Alltag an Produkten und Dienstleistungen am nötigsten brauchen, muß Forschergeist orientiert werden. Nur dann tragen sich diese Innovationen im übrigen auch wirtschaftlich.«

Auch hier wird man allerdings wachsam sein müssen, ob man nicht der bewährten Tradition derer folgt, die immer wieder, wenn sie endlich die Notwendigkeit von Innovation eingesehen haben, wie von einem starken Gummiband gezogen, bei der Qualifikation landen, bei dem, was sie können und gelernt haben. Schließlich haben die meisten, wenn sie schon nicht Lehrer sind, mal eine Lehre gemacht. Wir müssen auch erkennen, daß es inzwischen viele Unternehmer gibt, die fragen: Was kann ich mit dem, was meine Leute können und wissen, eigentlich produktiv anfangen? Wie kann ich helfen, sie für neue Anforderungen auf neuen Märkten zu qualifizieren?

CDU-Kongreß Innovation

Da die SPD das Thema Innovation mit ihrem Kongreß im Mai 1997 so gekonnt besetzt hatte, mußte die CDU wohl nachziehen. Jedenfalls veranstaltete sie im Januar 1998 in Bonn einen Kongreß »Innovationen« mit dem Untertitel »Wir gestalten das 21. Jahrhundert menschlich«. Um die politischen Rahmenbedingungen für Innovation besser beurteilen zu können, fuhr ich hin. Dort gab es u.a. ein einschlägiges Referat eines Vorstandsmitglieds von Bertelsmann, der viele richtige Feststellungen traf, von den Chancen von Multimedia über die Notwendigkeit, das Neue zu begrüßen und darin nicht immer gleich den Untergang des Alten, Bewährten zu beklagen; Unternehmen müßten innovieren, um am Markt zu bleiben. Es käme nicht mehr auf Größe an, sondern auf Schnelligkeit. Wer die Lösung für ein Problem definiere und damit entscheidende Weichenstellungen für die Entwicklung vornehme, setze sich am Markt durch. Wirtschaft und Politik dürften sich nicht gegenseitig mangelnde Innovations- und Reformbereitschaft vorwerfen. Deutlich war, daß er nicht, wie so viele andere, bessere Rahmenbedingungen zur Kostenentlastung forderte, im Gegenteil:

>*Auch die Globalisierung wird allzu oft als Alibi eines verfehlten staatlichen und wirtschaftlichen Innovationsmanagements mißbraucht. Wenn deutschen Unternehmen die Ideen ausgehen, dann hilft es ihnen auch nichts, wenn die alten Produkte noch eine Weile billiger im Ausland produziert werden können. Langfristig entscheidet vor allem die Innovationsfähigkeit über den Unternehmenserfolg.*«

Der Seitenhieb auf das verfehlte staatliche Innovationsmanagement half aber ebensowenig wie ein tapferes Referat von Angela Merkel über Innovationen im Umweltschutz, denn unentrinnbar hatte Helmut Kohl bereits am Beginn den Kurs abgesteckt: Die CDU stehe für die soziale Marktwirtschaft. Diese biete die besten Voraussetzungen für ständige Erneuerung. Innovationen seien Quelle des Wohlstands und Königsweg zu neuen Arbeitsplätzen.

Deutschland brauche innovative Produktionsverfahren und Spitzenprodukte, um im weltweiten Wettbewerb weiter mit an der Spitze zu stehen. Aber dann kam gleich die Steilkurve: Ebenso notwendig seien innovative Ansätze der Tarifpartner für mehr Flexibilität, ferner Reformen in der Steuer- und Sozialpolitik. Anschließend benannte er die begonnenen und durchgeführten Reformvorhaben, von der Rentenreform bis zur großen Steuerreform und zur Wirtschafts- und Währungsunion. Jetzt gehe es darum, den Kurs beizubehalten. Wie dieser im einzelnen aussieht, läßt sich am zuverlässigsten den Beschäftigungspolitischen Leitlinien der Bundesregierung entnehmen:

Beschäftigungspolitische Leitlinien der Bundesregierung

Die Bundesregierung will ihre Beschäftigungspolitik an folgenden Leitlinien ausrichten:
- Die Sensibilität der weltweit eng verflochtenen Güter- und Finanzmärkte fordert heute in besonders hohem Maße eine glaubwürdige, solide und konsequent stabilitätsorientierte Wirtschafts-, Finanz- und Geldpolitik.
- Die internationale Wettbewerbsfähigkeit der deutschen Wirtschaft sowie ihre Investitions-, Innovations- und Beschäftigungsdynamik müssen durch Entlastung von Steuern, Sozialabgaben und sonstigen Kosten sowie durch konsequente Deregulierung und Privatisierung gestärkt werden.
- Strikte öffentliche Ausgabendisziplin auf allen Ebenen und in allen Bereichen ist eine unabdingbare Voraussetzung für die dringend gebotene Rückführung der Staats- und Abgabenquote.
- Mit dem Umbau der sozialen Sicherungssysteme muß deren langfristige Leistungsfähigkeit gewährleistet und damit zugleich die Grundlage für eine dauerhafte Bewahrung des sozialen Konsenses in unserer Gesellschaft gefestigt werden.

– Tarifpartner und Staat müssen strukturelle Hindernisse für
  mehr Beschäftigung mit einer moderaten Arbeitskostenent-
  wicklung sowie mit einer flexibleren Anpassung an regionale, sektorale, qualifikatorische oder betriebliche Gegebenheiten überwinden.
– Mit Hilfe einer wettbewerbs- und innovationsfördernden
  Politik muß ein günstigeres Klima für unternehmerische
  Selbständigkeit entstehen, um insbesondere die Strukturan-
  passungsfähigkeit des Mittelstandes sowie das Leistungs-
  und Beschäftigungspotential von Existenzgründern und von
  kleinen und mittleren Unternehmen ausschöpfen zu können.
– Um die großen Wachstums- und Beschäftigungschancen
  neuer Technologien und Dienstleistungen zu nutzen, bedarf
  es einer Politik, die Bildung und Forschung konsequent mo-
  dernisiert, den Ausbau einer leistungsfähigen Basis an wis-
  senschaftlich-technischem Wissen in Deutschland fördert
  und optimale Rahmenbedingungen für neue Wachstumsfel-
  der, wie den Übergang zur Informationsgesellschaft, schafft.
– Eine moderne, leistungsfähige Infrastruktur sowie eine zu-
  kunftsgerichtete Energie- und Umweltpolitik sind Grundlagen einer erfolgreichen und ökologisch verträglichen Modernisierung der Wirtschaft.
– Europäische Integration und freier Welthandel sind von
  zentraler Bedeutung nicht nur für die wirtschaftliche Zukunft unseres Landes, sondern für ein starkes Europa in einer freien, friedlichen und ökonomisch stabilen Welt.
Quelle: Jahreswirtschaftsbericht 1996 der Bundesregierung.

Also doch eher die Abmagerungskur, die Austeritätspolitik nach
bewährtem Muster, obgleich Millionen Arbeitslosen ja nicht unbedingt für die Zweckmäßigkeit dieser Methode sprechen.

Für das Thema Innovation waren dies drei bemerkenswerte
Initiativen: Der Bundespräsident, die SPD und die CDU haben

jeweils ihre Position markiert. Gewiß ist Programmatik etwas anderes als die konkrete Realisierungsarbeit, von der dieses Buch überwiegend berichtet. Aber man kann auch nicht ausschließen, daß die zu Papier gebrachten Einsichten eines Tages verwirklicht werden. Ich verzichte darauf, auch noch die Positionen der FDP und von Bündnis 90/Die Grünen aufzuführen. Die FDP hat sich in dieser Hinsicht zurückgehalten, vielleicht weil es ihrer liberalen Grundposition entspricht, daß der Nachtwächter Staat sich nicht einmischen soll. Von den Grünen und anderen Ökologen ist schon länger bekannt, daß sie sich für den ökologischen Umbau der Industriegesellschaft und eine ökologische Steuerreform einsetzen, die einen starken Anreiz zur Entwicklung energiesparender und umweltschonender Technologien geben soll. Viele andere Vorhaben vom Braunkohlentagebau bis zum Elbtunnel, von der Startbahn bis zur Autobahn werden von ihnen problematisiert, wofür sie sich vom Bundesverband der Deutschen Industrie den Vorwurf der Morgenthaupolitik zugezogen haben. Die Umwelttechnologien schauen wir uns im nächsten Kapital an.

9. Umwelttechnologien

Es war wohl kein Zufall, daß mir im April 1998 die Stelle des Umweltreferenten beim IG Metall-Vorstand übertragen wurde. Das hatte natürlich einen Vorlauf. Nicht allein, daß die Stelle über ein Jahr vakant geblieben war, was ich, wie viele andere, heftig kritisiert hatte. Wie kann man in der heutigen Zeit, wo Umweltschutz unter den dringendsten Problemen der Gesellschaft rangiert, ein solches Thema unbearbeitet lassen? Wichtiger war, daß im September 1997 der Bundesverband Windenergie in Bonn eine Protestaktion gegen die Verschlechterung des Stromeinspeisegesetzes durchgeführt hatte. »Aktion Rückenwind«

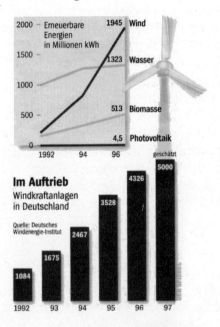

Quelle: DER SPIEGEL 47/1997

164

hieß sie. Ich unterstützte sie, obgleich nicht so richtig zuständig. Die IG Metall wurde sogar Mitveranstalter; ein Vorstandsmitglied von uns hielt eine Rede, die positiv aufgenommen wurde. Viele Betriebsräte aus der Branche der Windanlagenbauer nahmen teil. Sie hatten erkannt, daß sie sich für ihr Produkt, für ihren Absatz, für die Erhaltung günstiger Rahmenbedingungen einsetzen mußten, wenn sie ihre Arbeit behalten wollten. 15.000 Arbeitsplätze waren entstanden.

Die Unterstützung von vielen Seiten war beträchtlich. Bemerkenswert war vor allem die aktive Teilnahme des Bauernverbandes: ganz klar, bietet doch die Errichtung einer Windkraftanlage beim weiteren Rückgang der Landwirtschaft eine Alternative. Die Aktion Rückenwind war ein ausgesprochener Erfolg. Die vorgesehene Absenkung der Vergütung für die Einspeisung regenerativ gewonnenen Stroms konnte verhindert werden. Man bemerkte den Arbeitsplatz-Effekt unmittelbar. Waren bis dahin verschiedene Hersteller in Schwierigkeiten gewesen – die Firma Tacke Windenergie in Rheine ging in Konkurs –, so hatten die Investoren nun wieder eine gewisse Kalkulationssicherheit; die Aufträge zogen an; die Arbeitsplätze konnten gehalten oder ausgeweitet werden.

Ich weiß ja nicht, wie Sie über die mit den Windmühlen verbundene Landschaftsverschandelung oder -verspargelung denken. Sie wissen, daß dieses Bedenken sehr stark von einigen Naturschützern, von den Nachbarn solcher Anlagen, aber auch von der konventionellen Stromwirtschaft vertreten wird. Hier besteht ein massiver Zielkonflikt zwischen Umweltschutz und Landschaftsschutz, um nur diesen Aspekt herauszugreifen. Ich persönlich denke, bei einer wirklich durchdachten Abwägung könnten ästhetische Maßstäbe hinter ökologischen Erfordernissen zurücktreten. Wenn die drohende Klimakatastrophe, wenn der Treibhauseffekt die Existenz der Menschheit und der Natur auf der Erde wirklich in dem Maße gefährdet, wie viele meinen, dann müßten Windanlagen, die den Strom heute schon wirtschaftlich

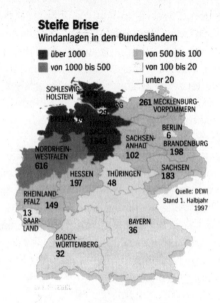

Steife Brise
Windanlagen in den Bundesländern

■ über 1000   ■ von 500 bis 100
■ von 1000 bis 500   □ von 100 bis 20
□ unter 20

SCHLESWIG-HOLSTEIN

HAMBURG 29

261 MECKLENBURG-VORPOMMERN

BREMEN

NIEDERSACHSEN 1343

BERLIN 6

SACHSEN-ANHALT 102

BRANDENBURG 198

NORDRHEIN-WESTFALEN 616

HESSEN 197   THÜRINGEN 48   SACHSEN 183

RHEINLAND-PFALZ 149

Quelle: DEWI
Stand 1. Halbjahr 1997

13 SAARLAND

BAYERN 36

BADEN-WÜRTTEMBERG 32

Quelle: DER SPIEGEL 47/1997

auf äußerst klima- und umweltfreundliche Art produzieren, bei der kein Öl verbrennt, kein Abgas und kein CO_2 anfällt, dann müßten solche Anlagen auch akzeptiert werden, wenn sie die beschriebenen anderen Nachteile aufweisen. Umwelt- und Naturzerstörung im Vergleich mit dem Anblick einer unberührten Landschaft: Bei solch einer Entscheidung müßten existentielle Gesichtspunkte den Vorrang vor ästhetischen haben – so meine ich.

Umweltmediation heißt ein neuer Zweig der Umweltpolitik, Vermittlung zwischen unterschiedlichen Positionen in Umweltfragen. Heute treffen wir vielfach hier Gegner, dort Befürworter an, für welche Frage auch immer. Die Befürworter lassen nur die positiven Aspekte gelten, die Gegner nur die negativen. Jeder wertet, ob insgeheim oder ausdrücklich, den anderen negativ, oft als schlechten Menschen, der schuld sei an dem jeweiligen Übelstand. Jede(r) beruft sich, vielfach mit Recht, auf die negativen bzw. positiven Fakten, die seine Wertung begründen. Aber er bemerkt nicht den Irrtum, der in der einseitigen Auswahl dieser Fakten liegt, der eine zutreffende, realitätsgerechte Einschätzung ausschließt, weil in Wirklichkeit immer positive und negative Fakten zusammen auftreten. Deshalb scheint mir Umweltmediation von äußerster Dringlichkeit.

Ich habe das Für und Wider von Windanlagen ja nicht deshalb erörtert, um dem schrillen Chor gegensätzlicher Meinungen noch eine weitere, mehr oder weniger unmaßgebliche anzufügen. Ich wollte nur an diesem einen Beispiel – jedes andere wäre genauso geeignet, ob Photovoltaik oder Elektroantrieb, Wasserkraftwerke oder Hackschnitzelverbrennung – aufzeigen, daß die Umstrittenheit von Vorhaben, Projekten, Bauten oder Technologien unter ökologischen Gesichtspunkten einen bisher viel zu wenig beachteten Arbeitsplatzeffekt hat: Wenn wir uns nicht einigen können, bleiben viele Vorhaben unrealisiert, und damit werden auch viele Arbeitsplätze verhindert. Die Doktorarbeit über das Arbeitsplatzverhinderungspotential von ungelösten ökologischen Streitigkeiten ist noch nicht geschrieben.

Power Group Windenergie-Betriebsräte

Nach der erfolgreichen Aktion »Rückenwind« beschlossen die Betriebsräte, sich weiterhin für ihre Arbeitsplätze einzusetzen. Fand ich das schon enorm weitsichtig, so steigerte sich meine Bewunderung noch, als sie sich entschieden, nicht nur ihr eigenes Produkt, die Windkraftanlagen, sondern insgesamt die erneuerbaren Energien zu unterstützen. Das traf sich bestens mit der Festlegung, die ich für meinen neuen Job getroffen hatte und die genau darin bestand, den Schwerpunkt meiner Arbeit auf die Durchsetzung der regenerativen Energien zu legen. Nirgends sonst liegen Lösungsmöglichkeiten für unsere größten Probleme, nämlich Arbeitslosigkeit und Umweltgefährdung, so eng beieinander wie in diesen Technologien. Die Vorräte an Öl und Gas, Kohle und Uran gehen in absehbarer Zeit zur Neige; auch schaden sie unserer Gesundheit und bedrohen unser Klima. Deshalb müssen sie dringend ersetzt werden. Und dieser Ersatz steht bereit: Die Sonne, die vor Jahrmillionen die fossilen Vorräte geschaffen hat, scheint auch heute noch jeden Tag auf diesen Planeten und gibt uns ein Mehrfaches der Energie, die wir verbrauchen. Die Photovoltaik verschafft uns die Möglichkeit, Strom daraus zu gewinnen; mit Solarkollektoren können wir ihre Wärme auffangen und unsere Wohnungen, Büros und das Warmwasser damit aufheizen; Windanlagen verschaffen uns eine weitere Möglichkeit, Strom zu erzeugen.

Es sind moderne Technologien, die es uns erlauben, mit viel Intelligenz und ohne die Millionen Tonnen von Kohle, Öl und Gas unsere Energiebedürfnisse zu decken. So entsprechen sie eigentlich genau dem Paradigmenwechsel von der Industrie zur Information, von der beherrschenden Stellung des Materiellen zu einer des Geistes, von der Tonnenideologie zur *smart energy,* zur intelligenten Energieerzeugung.

Schwierig ist nur der Übergang von den konventionellen auf die Zukunftsenergien. Es ist ja verständlich, daß die großen Energieversorgungsunternehmen, die Mineralölkonzerne, die Automobilindustrie und so viele andere, die ihre Größe und ihre Erfolge der Vergangenheit auf der konventionellen Energieerzeugung, -umwandlung und -verwendung gründen, zunächst daran festhalten, so lange es geht. Zunächst einmal müssen sie ihre alten Investitionen abschreiben – aber müssen sie deshalb die neuen Investitionen wieder in die alten Technologien stecken? Der Übergang auf das Neue liegt auch in ihrem eigenen Interesse. Aber das Objektive auch subjektiv zu erkennen, braucht Zeit, Einsicht, Überzeugung und oft auch Nachdruck.

Es handelt sich um einen Transformationsprozeß mit vielen, mit zahllosen Akteuren, die nach vorn und nach hinten und nach vielen Seiten ziehen, aber insgesamt den Fortschritt bewirken, der unausweichlich ist. Wenn man sieht, daß in Alzenau und Gelsenkirchen zwei Solarzellenfabriken entstehen, dann weiß man: Es sind nicht nur Spinner, die in der Solarenergie die Zukunft sehen.

Aber die vielen einzelnen Initiativen und Aktionen bedürfen der Koordinierung und des gemeinsamen Handelns, soviel hatte ich begriffen, ob in Reutlingen oder München, bei den Windkraft-Freunden oder beim Wuppertal-Institut: Man braucht einen Kristallisationskern, damit die vielen Partikel, die alle vorhanden sind, wirksam werden können. Es nützt wenig, wenn jeder seine isolierte Solarkampagne macht und seine Kräfte nicht mit den anderen zusammenschließt. Es mag ja altmodisch klingen, aber Einigkeit macht stark. Wir sind jetzt eine Powertruppe für die erneuerbaren Energien, sagte ich zu den Windkraft-Betriebsräten.

Solartage in Reutlingen

In Reutlingen nahm ich im April 1998 an einer Podiumsdiskussion im Rahmen der Solartage teil, eines Treffens von Freaks der erneuerbaren Energien und des Umweltschutzes: eine wahre Volksbewegung. Das Thema der Podiumsdiskussion: »Neue Arbeitsplätze durch erneuerbare Energien«. Das Einleitungsreferat hielt eine ehemalige Umweltministerin aus Schleswig-Holstein, jetzt Abteilungsleiterin im Wuppertal-Institut für Klima, Umwelt und Energie. Sie brachte die Dinge so richtig auf den Punkt. Es war gerade die Zeit, als die Grünen wegen ihrer Forderung nach einem Benzinpreis von fünf Mark unter Druck standen und die CSU sich gegenüber der CDU abgrenzte mit heftiger Kritik an der ökologischen Steuerreform im Wahlprogramm-Entwurf. Die Umweltdebatte hatte sich schon stark auf das Für und Wider dieser Rahmenbedingungen verengt.

Wichtig war ihr die Botschaft, daß die Arbeitsplatzpotentiale

der erneuerbaren Energien nicht allein durch eine Erhöhung der Energiepreise erschlossen werden könnten, sondern daß es eines umfassenden Bündels unterschiedlicher Maßnahmen und Instrumente bedürfe, darunter auch konkreter Projekte für regenerative Energien, wie z. B. Windparks oder Solargeneratoren in größerem Maßstab und in höherer Anzahl. Positive Beschäftigungswirkungen seien von der Realisierung der folgenden Strategien zu erwarten:
– dem Einstieg in eine ökologische Steuerreform,
– Korrekturen am gegenwärtigen energierechtlichen Rahmen,
– einer umfassenden Solaroffensive.
Sie schlug dazu eine Aufklärungs- und Imagekampagne, die Gründung eines Solarkonsortiums und die Bildung einer Solarkoalition vor, die aus Energieversorgern, Industrie, Bauwirtschaft, Gewerkschaften, Banken, Versicherungen, der öffentlichen Hand und den Kommunen bestehen solle. Ich stelle Ihnen das Vorschlagspaket deswegen so detailliert dar, weil es mir – im Unterschied zu vielen abstrakten und deshalb wirkungslosen Forderungen – aus praktischer Erfahrung entstanden schien.

Ich erklärte offiziell die Bereitschaft der IG Metall, an der vorgeschlagenen Solarkoalition mitzuwirken. Es waren noch einige maßgebliche Solarfans im Podium, so etwa einer, der die Technologie im südlichen Afrika vertreibt, die waren auch zur Mitarbeit bereit. Im Plenum meldete sich der Umweltreferent der Stadt Reutlingen zu Wort und schlug vor, angeregt durch meinen Bericht über den Solargenerator in München-Riem, drei konkrete Projekte in Angriff zu nehmen: Auf die Dächer einer Firma, die demnächst aus der Gegend von Stuttgart zu ihnen ziehen würde, solle ein Solarkraftwerk gesetzt werden, ähnliches solle beim größten ortsansässigen Betrieb versucht werden, außerdem beim städtischen Entsorgungsbetrieb. Das Bau- und das Rechtsreferat in die Planung der Solargeneratoren einzubeziehen, sollte kein Problem sein, meinte der Umweltdezernent. Diese Behörden braucht man nämlich, wenn man ausloten will, wieweit die Stadt bereit ist zu gehen: Ob man Vorschriften zur Anwendung regenerativer Energien bei Neubauten für möglich hält, ob man wenigstens die Investoren von neuen Büro- oder Fabrikgebäuden entsprechend berät, ob man die kostendeckende Vergütung für Solarstrom anstrebt . . . Das sind Rahmenbedingungen auf örtlicher Ebene, die viel zu oft über den globalen Konzepten vergessen werden.

München: Umwelttechnologien Beine machen

Weil der Anlauf mit dem Solarkraftwerk auf dem Dach der Messe in München so erfolgreich war, wollten wir das gern wiederholen und den Ansatz weiterführen. Wir, das war meine damalige Mitveranstalterin und ich, hatten mittlerweile das Institut für Neue Arbeit (I.N.A.) gegründet. Im April luden wir zu einer Tagung »Umwelttechnologien Beine machen« in den stilvollen Räumen einer Stiftung im Nymphenburger Schloßrondell ein. Die Schirmherrschaft hatte der bayerische Umweltminister übernommen. Er entsandte als Vertreter einen Beamten, der in Kurorten darauf hinwirkt, daß dort die Luft rein bleibt – davon könnte man in den Ballungsgebieten gewiß viel lernen. Das Impulsreferat hielt der Rektor der Landwirtschaftlichen Hochschule Weihenstephan. Er war mit einem elektrisch angetriebenen Twike gekommen, das man ergänzend auch mit Pedalen fortbewegen kann. Die Einheit von Wort und Tat, von Reden und Handeln war hier offenkundig. Er schilderte die Gefahren der Klimakatastrophe, die Umweltbelastungen durch Verbrennung fossiler Energien, aber auch die Arbeitsplätze, die durch die neuen, umweltfreundlichen Technologien gewonnen werden könnten. Es war unübersehbar, daß er der spiritus rector vieler wegweisender Initiativen wie des Freisinger Pfennigs (für kostendeckende Vergütung von Solarstrom) war.

Der Projektleiter von Siemens Solar, der den Solargenerator

auf der Messe aufgebaut hatte – er war mittlerweile für den Deutschen Umweltpreis vorgeschlagen – stellte zusammen mit zwei Betriebsräten, nicht ohne Stolz, das gemeinsame Werk vor. Er schilderte aber auch die Voraussetzungen, die für das Gelingen erforderlich waren: daß maßgebliche Personen ihren Einfluß geltend gemacht hatten, um Hindernisse zu überwinden und die notwendigen Synergien zwischen seinem Konzern, der Staatsregierung, der Messegesellschaft, dem Energieversorgungsunternehmen und vielen anderen zu entfalten – und daß das nicht ohne weiteres wiederholbar wäre. Der Oberbürgermeister habe bei der Einweihung gesagt, solche Dächer gäbe es in der Gegend kein zweites Mal. Das habe seinen Ehrgeiz entfacht – und er habe welche gefunden. Ich verschweige einstweilen, wo. Das wäre wieder ein geeignetes Projekt, aber diesmal nicht mit einer Million, sondern mit zwei Millionen Watt. Sicherlich bedarf es vieler Anstrengungen, um es durchzubringen.

Es ging uns ja immer darum, Lösungsmöglichkeiten für die drängendsten Umweltprobleme aufzuzeigen und zu praktizieren. Deshalb hatten wir als Referenten Praktiker eingeladen. Der nächste war der Hersteller des einzigen in Deutschland serienmäßig hergestellten Elektro»autos«, des Leichtfahrzeugs CityEl. Er schilderte, wie dieses Fahrzeug, vor allem als Zweitfahrzeug für die von den meisten zurückgelegten Kurzstrecken, mit umweltfreundlichem Antrieb, möglichst auch mit erneuerbarer Energie aufgeladen, einen Beitrag zur Luftreinhaltung leisten kann. Bei geringem Gewicht und kurzen Strecken sei auch die Batterie kein Problem mehr. Der Großversuch in Rügen mit Elektrofahrzeugen, der in der Presse überwiegend in seinen negativen Ergebnissen aufgegriffen wurde, hat ja in Wahrheit ergeben, daß auch batteriebetriebene Fahrzeuge in Städten durchaus funktionstüchtig sein können und eine umweltpolitische Bedeutung haben. Die Energiebilanz ist nur dann ungünstig, wenn man ein Auto, das mit einem Riesengewicht für Benzinbetrieb konstruiert wurde, nun mit einem anderen Antrieb versieht.

172

Die Firma City Sun stellte ihr elektrobetriebenes Fahrrad vor. Zwei Motoren und zwei Batterien im Anhänger schieben das Rad, lautlos gleitet es über den Asphalt und erleichtert die Benutzung des Fahrrads auch über längere Strecken. In Japan rollen davon eine Million Exemplare. Das Problem war nur, Kapital für die Fertigung aufzubringen, ebenso wie beim CityEl für eine Ausweitung der Produktion. Aber dazu hatten wir einen Fachmann und eine Arbeitsgruppe.

Da wir wissen wollten, was man in München tun kann, um die Gesundheits- und Umweltsituation der Bürger zu verbessern, und was die regenerativen Energien und der saubere Antrieb dazu beitragen können, hatten wir den Referenten der Landeshauptstadt für Gesundheit und Umwelt eingeladen. Er stellte dar, wie seine Behörde auf dem Gebiet der Energieeinsparung mit drei Millionen Mark Fördermitteln für dreißig Millionen Investitionen ausgelöst hatte; 185 Arbeitsplätze sind dadurch entstanden. Dabei wurde nach dem Grundsatz vorgegangen, nur Maßnahmen zu fördern, die nicht ohnehin durchgeführt worden wären, um Mitnahmeeffekte zu vermeiden. Für die Verkehrssituation legte er den Schwerpunkt auf den Güterverkehr; denn hier seien – anders als für Pkws – bei den Grenzwertfestlegungen durch die Gesetzgebung die geringsten Fortschritte zu erwarten. Er setzte auf den Übergang vom Benzinmotor über Erdgas zum Wasserstoffmotor. Das ist auch das Konzept von BMW, dem ortsansässigen Automobilunternehmen. Es wurde zwar anschließend kritisch diskutiert, unter anderem weil Erdgas einen hohen Anteil von radioaktivem Radon enthalte, aber wir folgten wieder dem Motto: Anerkennen, was der andere tut, denn auch mit dem Erdgas-Wasserstoff-Konzept sind Verbesserungen für die Abgassituation verbunden. Aber unterhalb des Güterverkehrs, im Personenverkehr, würden wir unseren Ansatz des sauberen elektrischen Antriebs weiterverfolgen. Leider äußerte sich der Umweltreferent auch gegenüber der Obus-Lösung skeptisch, d. h. Omnibusse mit einer Oberleitung elektrisch anzutreiben. Sein Haupteinwand, durchaus verständlich für jemanden, der in der Kosten-klemme der öffentlichen Verwaltung steckt, waren die hohen Investitionskosten.

Natürlich – Geld ist immer der erste Engpaß, wenn jemand ein Produkt, ein gutes technisches Konzept und auch einen Markt hat. Um das Finanzierungsproblem zu besprechen, hatten wir uns den Vertreter eines Ökologie-Investment-Fonds namens Ecovest geholt. Er schilderte das Contracting-Modell, mit dem das Hindernis der hohen Anfangsinvestitionen in regenerative Energien überwunden werden kann. Der Fonds schießt das Investitionskapital vor, und die Rückflüsse ergeben sich aus den eingesparten Betriebskosten – schließlich braucht man bei der Solar- und Windenergie keinen Treibstoff. Einfach, aber genial – dieses Konzept. Der Fonds steht aber auch anderen ökologischen Investitionen offen und, was das Nächstwichtige ist, er bietet auch professionelle Unterstützung beim Erstellen eines Business Plans und bei der Vermarktung. Auch der Geschäftspartner meiner Mitveranstalterin hatte sich, wie ich erfuhr, mittlerweile aufgrund meiner Anregung Venture Capital besorgt. ›Wieviel?‹, war meine Frage. ›Einige Millionen.‹ ›Woher?‹ ›Aus Frankreich.‹ In der folgenden Woche verhandelten sie bereits mit dem E-Mobil- und dem E-Fahrrad-Unternehmer über die Bereitstellung von Risikokapital und über einen Geschäfts- und Marktöffnungsplan.

Sie sehen: Man muß auf die Leute zugehen und ihnen vernünftige Vorschläge machen, statt Vorwürfe zu erheben, was sie nicht tun oder falsch machen oder daß sie so verkrustet und innovationsfeindlich sind. Heute wird enorm viel Energie verausgabt, um andere anzuklagen, die Wirtschaft, die Banken, die Regierung, die Politiker, die Gewerkschaften – auf jeden Fall jemand anders. Nie fühlt man sich selbst verantwortlich, immer sind andere schuld. Wenn wir uns für unser eigenes Schicksal verantwortlich fühlen, müssen wir selbst die Ärmel aufkrempeln und das uns Mögliche tun.

Das gilt auch für die SPD. Ob die SPD über die selbstgewählte

Beschränkung auf die Verteilungsgerechtigkeit und das Soziale hinausgeht und sich nicht nur für die Verteilung, sondern auch für die Produktion des Wohlstands zuständig fühlt, ob sie das Schaffen von Arbeitsplätzen betreibt und nicht nur die Versorgung der Arbeitslosen – das ist bisher noch nicht recht zu erkennen.

Nach der Veranstaltung fragte ich mich: Warum kommen diese wichtigen Leute zu uns? Warum schickt der Umweltreferent in die Stadtratssitzung einen Vertreter? Was ist ihr Interesse? Was kann, was muß ich tun, um ihren Kundennutzen zu mehren, ihnen, neudeutsch, einen *added value* zu bringen? Wo ist der Engpaß? Wieder wurde klar: Es fehlt ein Kristallisationskern für die vielen gutwilligen Initiativen. Sie müssen organisiert werden, zum gemeinsamen Handeln zusammengeführt werden. Man darf nicht nur Pläne und Studien, auch nicht nur Demonstrationsprojekte, nicht nur Forschung und Entwicklung, Bildung und Ausbildung betreiben, nein, es müssen auch konkrete Maßnahmen folgen, und sie müssen der Größe des Problems halbwegs angemessen sein. *Think big, think positive, nothing is impossible.* Ein paar Tage darauf rief ein Medienvertreter an: Er hätte die Veranstaltung sehr positiv gefunden, weil sie so handlungsorientiert war. Vom Reden zum Handeln, vom Wort zur Tat: Nicht die im Medienzeitalter um sich greifende symbolische Politik löst unsere Probleme – es scheint nur so. Reales, gemeinsames, vernetztes Handeln ist angesagt. Die Runde, die sich hier gefunden hatte, würde ich mit der Solarkoalition zusammenbringen, beschloß ich.

Agenda 21

Eine meiner ersten Amtshandlungen als Umweltreferent meiner Gewerkschaft war ein Besuch beim Agenda-Transfer-Büro, das das Land Nordrhein-Westfalen in Bonn unterhält. Es hat die Aufgabe, die lokalen Aktivitäten für die Agenda 21, die in Rio de

Janeiro zum Schutz der Umwelt beschlossen wurde, zu koordinieren, zu ermutigen und zu verbreiten. Ich wollte mit dem Geschäftsführer erörtern, ob er auch eine bundesweite Aktion für erneuerbare Energien im Rahmen der Agenda 21 für sinnvoll hielte, was auch der Fall war. Weit mehr aber gefiel ihm das Konzept *job creation,* mit Produktideen Arbeitsplätze schaffen, vorbeugend etwas gegen Arbeitslosigkeit tun, nicht erst nachher, wenn das Kind in den Brunnen gefallen ist, Sozialpolitik betreiben. Die Agenda 21 stellt nämlich Umweltschutz und soziale Anliegen gleichwertig nebeneinander, sie hat beides zum Inhalt, und will beides nach dem gleichen Prinzip betreiben: vorsorgend und nicht erst nachsorgend tätig zu sein.

Arbeitsplätze im Umweltschutz

Fast eine Million Menschen arbeiteten im Jahre 1994, dem letzten zuverlässigen Erhebungszeitpunkt, in Deutschland für den Umweltschutz. Das sind 2,7 Prozent aller Erwerbstätigen, mithin

Beschäftigungswirkungen des Umweltschutzes in Deutschland
– Bezugsjahr 1994 –

davon 256.000 Beschäftigte (27 %) direkt durch die Erstellung von Umweltschutzgütern

davon 192.000 Beschäftigte (20 %) indirekt durch die Erstellung von Umweltschutzgütern (Herstellung von Vorleistungen für die Produktion von Umweltschutzgütern)

Beschäftigungseffekte durch Umweltschutz in Deutschland im Jahre 1994 insgesamt: 956.000 Personen

davon 508.000 Beschäftigte (53 %) mit unmittelbaren Umweltschutzaufgaben

Quelle: Projektgemeinschaft DIW/ifo/IWH/RWI 1996.

Beschäftigte mit unmittelbaren Umweltschutzaufgaben in Deutschland (1994)			
Bereiche	gesamt	alte Länder	neue Länder
Gebietskörperschaften	193.500	143.900	49.600
• Planungs-, Verwaltungs- und Vollzugsbehörden	51.700	40.000	11.700
• Hoch- und Fachhochschulen	11.500	10.000	1.500
• Abwasser-, Abfallbeseitigung, Straßenreinigung	71.600	57.000	14.600
• Park- und Gartenanlagen	57.400	36.000	21.400
• Natur- und Landschaftsschutz	1.300	900	400
Öffentliche und private Entsorgungsunternehmen	72.800	46.800	26.000
Altstoffgroßhandel	21.200	18.800	2.400
Sonstige Dienstleistungen	32.500	26.000	6.500
• Umweltberater	5.500	4.000	1.500
• Schornsteinfeger	5.000	4.000	1.000
• Gebäudereiniger	22.000	18.000	4.000
Handwerk	•	•	•
Produzierendes Gewerbe	50.000	40.000	10.000
Organisationen ohne Erwerbscharakter	9.500	8.000	1.500
Organisationen und Maßnahmen der Arbeitsförderung	128.300	•	128.300
• Arbeitsbeschaffungsmaßnahmen	55.000	•	55.000
• Maßnahmen nach § 249 h AFG	73.300	•	73.300
Summe (erfaßte Bereiche)	507.800	283.500	224.300

Quelle: Projektgemeinschaft DIW/ifo/IWH/RWI 1996.

hat jeder 37. Beschäftigte seinen Arbeitsplatz dem Umweltschutz zu verdanken.

Davon entfielen 508.000 auf unmittelbare Umweltschutzaufgaben, 448.000 auf die Herstellung von Umweltprodukten (Investitionsgüter, Betriebsmittel und Betriebsstoffe). Von den im unmittelbaren Umweltschutz Beschäftigten waren fast 200.000 bei den Gebietskörperschaften tätig. Die meisten sind dort mit Abwasser- und Abfallbeseitigung einschließlich Straßenreinigung befaßt (70.000), der Pflege von Grünanlagen (57.000) sowie mit Planung, Verwaltung und Vollzug (52.000).

Besonders hoch ist der Anteil des Umweltschutzes an der Beschäftigung in den neuen Bundesländern. Trotz ihres geringeren Anteils an der Bevölkerungszahl haben die neuen Länder mit 224.000 fast soviel Umweltbeschäftigte wie die alten Länder mit 283.000. Vor allem auf dem zweiten Arbeitsmarkt mit Arbeitsbeschaffungsmaßnahmen nach § 249 h AFG sind 80 Prozent umweltschutzbezogene Projekte. Damit leistet der Umweltschutz einen maßgeblichen Beitrag zur – wenn auch unzureichenden – Stabilisierung des ostdeutschen Arbeitsmarktes. Insgesamt entfallen etwa vierzig Prozent aller Arbeitsbeschaffungsmaßnahmen auf den Umweltschutz. In den neuen Ländern wurden 1994 73.000 Personen bei Umweltsanierung und -verbesserung gefördert, mit den Schwerpunkten Braunkohle (11 Prozent), Chemie (14 Prozent), Metall/Stahl (5 Prozent) und sonstige Umweltsanierung (43 Prozent). Der Umweltschutz bietet auch weiterhin ein beträchtliches Reservoir für Arbeitsbeschaffungsmaßnahmen, besonders im Naturschutz, der ökologischen Wald- und Landschaftspflege, der getrennten Abfallverwertung, dem Ausbau der Fernwärme und des Lärmschutzes sowie der Abwasserentsorgung im ländlichen Raum.

Von entscheidender Bedeutung ist jedoch nach wie vor das Beschäftigungspotential auf dem ersten Arbeitsmarkt, das die Herstellung von Umweltschutzgütern bietet. Hierbei sind die erneuerbaren Energien von hervorragender Wichtigkeit, weil sie es mittelfristig gestatten, die umweltschädliche Verbrennung fossiler Energieträger und die Nutzung der wegen ihrer radioaktiven Strahlung gefährlichen Kernkraft abzulösen. Güter, die der Nutzung erneuerbarer Energien dienen, wurden 1993 im Wert von 625 Millionen Mark produziert. Dazu gehören Solarzellen für Stromerzeugung aus Sonne, Solarkollektoren für Wärmegewinnung, Wasserkraftanlagen und Windkraftanlagen. Dieser Industriezweig erfuhr zwischen 1976 und 1992 eine jährliche Ausweitung von durchschnittlich sechs Prozent und wuchs damit doppelt so stark wie die Industrie insgesamt. Der Export stieg in dieser Zeit im Schnitt sogar um 18 Prozent jährlich. Deutschland belegte beim Export von Umweltgütern wechselnd den ersten oder zweiten Platz.

Umweltschutztechnologien stellen also einen bedeutsamen Wachstumsmarkt dar, mit dem ein steigender Anteil von Arbeitskräften beschäftigt werden kann. Dies trifft sogar verstärkt für den Dienstleistungssektor mit 530.000 Umweltbeschäftigten zu

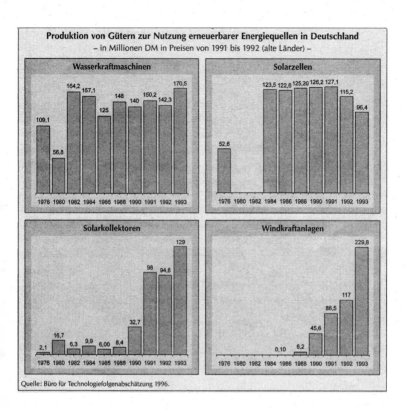

Produktion von Gütern zur Nutzung erneuerbarer Energiequellen in Deutschland
– in Millionen DM in Preisen von 1991 bis 1992 (alte Länder) –

Wasserkraftmaschinen

1976	1980	1982	1984	1986	1988	1990	1991	1992	1993
109,1	56,8	164,2	157,1	125	148	140	150,2	142,3	170,5

Solarzellen

1976	1980	1982	1984	1986	1988	1990	1991	1992	1993
52,6			123,5	122,6	125,20	126,2	127,1	115,2	96,4

Solarkollektoren

1976	1980	1982	1984	1986	1988	1990	1991	1992	1993
2,1	16,7	6,3	9,9	6,00	8,4	32,7	98	94,8	129

Windkraftanlagen

1976	1980	1982	1984	1986	1988	1990	1991	1992	1993
					0,10	6,2	45,6	88,5	117

(1993: 229,8)

Quelle: Büro für Technologiefolgenabschätzung 1996.

gegenüber 420.000 im produzierenden Gewerbe. Insgesamt gilt, daß Umweltgüter – mit ihrem Potential intelligenter Lösung drängender Gegenwarts- und Zukunftsprobleme – einen wichtigen Beitrag zur Beschäftigung leisten. Allerdings sind große Anstrengungen nötig, um die wichtigsten Umwelttechnologien zur breiten Anwendung zu bringen und die dafür erforderlichen konkreten Voraussetzungen und Rahmenbedingungen zu schaffen.

Das Arbeitsplatzpotential im Umweltschutz

Für die Zukunft bietet der Umweltschutz somit ein großes Potential an Arbeitsplätzen. Nach einer Studie von EUROSOLAR könnten bei größeren politischen Bemühungen innerhalb der Europäischen Union bis zum Jahre 2010 zwanzig Prozent der Energie durch erneuerbare Energieträger erzeugt werden. Derzeit sind es in Europa 7,9 Prozent, in Deutschland jedoch lediglich 1,7 Prozent. Wir sehen daraus, daß das Potential, aber auch der Nachholbedarf in Deutschland ungewöhnlich hoch ist, wenn man nur den europäischen Durchschnitt erreichen will.

Durch Maßnahmen zur rationellen Energienutzung könnten in Deutschland nach Berechnungen des Fraunhofer-Instituts für Systemtechnik und Innovationsforschung sowie der Enquête-Kommission »Schutz der Erdatmosphäre« des Bundestages bis zu 500.000 Jobs geschaffen werden. Das Umweltbundesamt errechnete 90.000 Arbeitsplätze pro Jahr durch eine Einsparung von 40 Prozent CO_2 bis zum Jahre 2020. Das Beschäftigungspotential einer ökologischen Steuerreform, die ja ebenfalls eine Anreizfunktion für den Ausbau erneuerbarer Energien und der rationellen Energienutzung darstellen soll, wird auf 600.000 Arbeitsplätze geschätzt.

Selbstredend ist, da niemand in die Zukunft blicken kann, jede solche Prognose mit erheblicher Unsicherheit behaftet. Einigermaßen sicher wissen wir aber, daß die erneuerbaren Energien durch ihren dezentralen Charakter eine weit größere Anzahl von Arbeitskräften binden als die zentralen Großkraftwerke, die zudem vor einem massiven Rationalisierungsschub stehen. Der Beschäftigungsfaktor im Verhältnis von konventionellen zu erneuerbaren Energien wird auf bis zu 1:50 veranschlagt.

Damit wird deutlich, daß das Potential des Umweltschutzes, wenn wir es für die nahe Zukunft in Deutschland optimistisch auf bis zu 500.000 Arbeitsplätze schätzen, rechnerisch etwa ein Zehntel der heutigen Arbeitslosenzahl absorbieren könnte, Qualifizierungs- und Mobilitätsprobleme einmal zurückgestellt. Notwendig ist die umfassende, flächendeckende und systematische Erschließung des innovativen Potentials aller Industrie- und Dienstleistungszweige, auch und vor allem neuer Bereiche, die uns vielleicht bisher noch gar nicht bekannt sind. Vor gut hundert Jahren hat jede seriöse Prognose ausgesagt, daß die besten und zuverlässigsten Beschäftigungschancen bei den Pferdezüchtern mit ihren exponentiell ansteigenden Wachstumskurven lagen. Wenige Jahre später war dieser Markt nahezu tot, aber es entstand ein neuer. Wer hätte damals voraussagen können, daß einmal ein Siebtel der arbeitenden Bevölkerung im Automobilbau und seiner Zulieferung tätig sein würde? Wer hätte Anfang des vorigen Jahrhunderts wissen können, daß die von ihrem Land vertriebenen Bauern einmal in der Industrie unterkommen würden? Wer kann heute sicher voraussagen, wie einige es sich zutrauen, daß Vollbeschäftigung nie mehr zurückkehrt? Eine solche Prognose bewirkt jedenfalls Lähmung und Resignation. Niemand kann in die Zukunft blicken. Öffnen wir uns also für die genauso denkbare Alternative: Die heute wegfallende Erwerbsarbeit wird ersetzt durch Arbeit für neue intelligente Produkte, Arbeit in Information und Kommunikation, Unterhaltung und Medien, Sozialen Diensten und Kultur, Beratung und Finanzdienstleistung und vielem anderen mehr. Natürlich kann man das nicht mit Formeln wie der von der Halbierung der Arbeitslosigkeit herbeireden, sondern muß viel Arbeit und Überzeugungskraft hineinstecken. Deshalb sollten wir alles, aber auch alles tun, um dieses Potential durch unsere eigenen gemeinsamen Anstrengungen zu erschließen.

10. Versuch eines Resümees:
Ja, jetzt wird wieder in die Hände gespuckt

Lassen Sie uns, bevor wir eine Verallgemeinerung des vorgeschlagenen Politikansatzes versuchen, eine Zusammenfassung
und Bewertung vornehmen. Die Ausgangsthese, die wir jetzt anhand der Realität zu überprüfen haben, war: Es gibt ein Konzept
zur Schaffung von Arbeitsplätzen, das auf allen Ebenen der Gesellschaft praktiziert werden kann und auch schon praktiziert
wird. Es besteht in der Ermittlung von Vorschlägen und Ideen für
Projekte und Produkte und der gemeinsamen Realisierung durch
aktive und engagierte Menschen. Dafür muß man nicht warten,
bis »die da oben« einem die Genehmigung geben. Keinen fragen,
einfach machen! Dann entsteht soviel Druck, daß auch eine Regierung sich nicht entziehen kann. Im Mittelpunkt der Aktivitäten bleiben jedoch immer die Unternehmer, denen die gesell-
schaftliche Aufgabe der Schaffung von Arbeitsplätzen zufällt.
Unternehmer und ihre Manager können und sollen nicht ersetzt,
sondern allenfalls in ihrem Wirken ergänzt und unterstützt,
manchmal auch angeschoben und motiviert werden, die eigentliche unternehmerische Aufgabe der *job creation* in größerem Umfang zu erfüllen, als es derzeit der Fall ist.

Für das Vorgehen wurde der Begriff »Alternative Fertigung«
gewählt, weil er am ehesten die zwei Elemente zum Ausdruck
bringt, daß es um Alternativen zur Arbeitslosigkeit geht und daß
etwas Praktisches getan wird; dabei sind Dienstleistungen einge-
schlossen, über die Produktion im engeren Sinne hinaus. Der Begriff »Alternative Fertigung« oder »Alternative Produktion« bezeichnet den Umstand, daß es sich hier um eine tatsächlich seit
geraumer Zeit praktizierte Vorgehensweise handelt und nicht um
ein Phantasiegebilde, um ein am grünen Tisch ersonnenes Vorha-

ben. Verwandte Begriffe sind: Diversifikation, (Produkt-)Innovation, Rüstungskonversion, Qualitatives Wachstum, *job creation.*

Es wurde bis hierher eine Vielzahl von praktischen Beispielen vorgeführt, wie das Konzept und mit welchen Ergebnissen es in der Praxis funktioniert: mit all den Schwierigkeiten und Widersprüchen des menschlichen Lebens, der oft leidenschaftlichen Motivation der Akteure und dem oft übermächtigen Widerstand der beharrenden Kräfte, daraus resultierenden Niederlagen, aber auch Erfolgen. Wir haben gesehen, daß nur konstruktives Handeln hilft, und räumen jederzeit ein, daß ein Bedenkenträger ausreichend Kritikpunkte finden würde, um durch Weglassen des Positiven das Konzept für untauglich zu erklären.

Ich habe Ihnen geschildert, wie der Ausbau der Airbus-Familie, die Weiterführung der Entwicklung des ICE und der Magnetschwebetechnik, die Entwicklung und Produktion von Windenergieanlagen einen Personalabbau tausender Menschen ebenso verhindern konnte wie die Schließung von sechs Werken. Ein Management Buy Out mit Mitarbeiterbeteiligung sicherte später erneut den Bestand eines Flugzeugwerkes. Die Durchsetzung einer neuen Lok in einem Panzerwerk erhielt dreißig Arbeitsplätze und ergab neue Exportchancen auf dem skandinavischen Markt.

Eine Reihe anderer Vorhaben ist erst auf den Weg gebracht, doch kann man aus dem Erfolg der vorhergehenden extrapolieren, daß sie auch nicht erfolglos sein werden. Ich habe der Versuchung widerstanden, all diejenigen beim Namen zu nennen, die sich unverständlicherweise dem Vorhaben der Arbeitsplatzschaffung widersetzt haben, die am Alten festklebten und sich damit an den Arbeitslosen versündigten; die die Halbierung der Arbeitslosigkeit verkündigten und dann nichts zur Realisierung dieses Ziels unternahmen, ja sogar jedem Ansatz dazu entgegentraten. Denn wir wollen konstruktiv bleiben, aber auch beharrlich, und deshalb bitte ich alle, sich unsere Argumente anzuhören, ihren Widerstand aufzugeben und sich zu beteiligen an dieser großen und begeisternden Aufgabe, die Arbeitslosigkeit zurückzudrängen, die schöpferischen Kräfte in unserer Bevölkerung zu mobilisieren, den Einfallsreichtum in zielgerichtetes Handeln umzusetzen: für Ideen Absatz, für die Produktion Kapital, für die Halle ein Grundstück, für die Genehmigung die Unterstützung des Landrats zu organisieren. Nicht nein sagen, sondern ja; wenn es nicht geht, es gehend machen, keine Sprechblasen absondern, sondern die Ärmel aufkrempeln, sich demokratisch an der Gestaltung unseres Schicksals, an der Lösung unserer Probleme zu beteiligen, nicht erst gegen Neonazis demonstrieren, wenn sich deren Wut aufgestaut hat, sondern vorher etwas dafür tun, daß sie Arbeit bekommen und keine Neonazis werden, mit Verantwortungsethik die Dinge in die Hand nehmen und nicht mit Gesinnungsethik folgenlos die reine Lehre vor sich hertragen: Das alles sind Möglichkeiten, wie diejenigen, denen die weitere Entwicklung unseres Gemeinwesens nicht ganz gleichgültig ist, sich einbringen und beteiligen können. Arbeit und Technik von unten, demokratische Bürgerbeteiligung – das wäre angemessener als der Verweis auf unbezahlte Bürgerarbeit, die dem Arbeitslosen kein Entgelt und damit keine Teilhabe am wirtschaftlichen Austausch ermöglicht.

11. Eine Bürgerbewegung für Arbeit

Es gibt ein Rezept, mit dem wir, jeder und jede einzelne, gemeinsam zusätzliche Arbeitsplätze zustande bringen können, ein Vorgehen, mit dem vor allem Arbeitnehmer, Betriebsräte, aber auch Erfinder, Manager, Politiker, Hochschullehrer, ja selbst Kirchenfunktionäre beschäftigungswirksame Vorhaben anstoßen und zu ihrer Durchsetzung beitragen können – auch wenn die Unternehmer immer die Hauptakteure bleiben müssen. In der Werftindustrie, in der Luft- und Raumfahrtindustrie hat das Vorgehen die Bezeichnung »Alternative Fertigung« erhalten. Das Konzept besteht darin, vorhandene Ideen für Produkte und Dienstleistungen aufzuspüren oder neue zu entwickeln und sodann die für die Realisierung notwendigen Akteure von Entwicklung und Produktion, von Finanzierung und Absatz zusammenzubringen, sie zu vernetzen. Es handelt sich um nichts anderes als den normalen marktwirtschaftlichen Prozeß der *Innovation,* der Initiierung von neuen Produkten und Geschäftsfeldern, der lediglich aufgrund einer gewissen Erstarrung und Verkrustung, aufgrund eines einseitigen Kostensenkungs- und eines zurückgebliebenen Leistungsdenkens teilweise zum Stillstand gekommen ist. Diesem Vorgang muß nachgeholfen, muß neuer Schwung gegeben werden, und das ist möglich, wie zahlreiche, wenn auch noch zu wenige Beispiele zeigen. Jeder Prozeß kommt zum Erliegen, jeder Organismus stirbt, wenn er sich nicht erneuert. Jedes Produkt veraltet, wird von Nachahmern billiger kopiert, gerät unter Kostendruck und muß schließlich aufgegeben werden. Wenn kein Nachfolgeprodukt, kein Ersatz, keine Innovation vorbereitet worden ist, stirbt mit ihm der gesamte Geschäftszweig – und damit sterben auch die Arbeitsplätze. Das ist heute weithin die Realität. Nicht was mit den vorhandenen Ressourcen an Menschen und Kapital geleistet werden kann, bestimmt das Denken vieler

Manager, sondern was es kostet und wie man die Kosten senken kann. Ein destruktives Denken und Handeln anstelle eines konstruktiven; was man nicht tun kann, statt was man tun kann, trägt entscheidend zur ständig steigenden Arbeitslosigkeit bei.

Aber an der Schwelle zum neuen Jahrtausend bestimmt eine neue Herausforderung das wirtschaftliche Handeln: intelligente Produkte und Verfahren, Information und Medien, Kultur und die Bewältigung unserer Schicksalsfragen, allen voran der Arbeitslosigkeit und der Umweltzerstörung. Mit Intelligenz statt mit quantitativer Tonnenideologie und Zahlenakrobatik können wir etwa die Sonne anzapfen und unsere Energieprobleme lösen, ohne den Planeten zu zerstören. Innovation, die Entwicklung und Nutzung neuer Ideen, ist deshalb die Alternative zur Personalabbau- und Kahlschlagpolitik, ob in der Wirtschaft oder im Staat. Wie dazu viele Beiträge von engagierten Bürgern geleistet werden können, wie es in vielen Fällen geschehen ist und noch täglich geschieht, zeigt eine Reihe von erfolgreichen Beispielen, mit denen bewiesen ist, daß das Konzept der Alternativen Fertigung in der Praxis funktioniert.

Der Praxistest: Erfolgreiche Produktideen

Bei der Fusion der Flugzeugunternehmen MBB und VFW sollten Anfang der achtziger Jahre fünftausend Stellen abgebaut und sechs kleinere Werke geschlossen werden. Ein von Mitarbeitern erarbeitetes Alternatives Unternehmenskonzept verhinderte dies: Mit dem Ausbau der Airbus-»Familie«, der Weiterführung der ICE-Entwicklung und der Magnetschwebetechnik, der Entwicklung und Produktion von Windenergieanlagen konnten Entlassungen und Werksschließungen verhindert werden. Zwei neue Unternehmensbereiche für Zukunftstechnologien wurden gegründet. Ein Management Buy Out mit Mitarbeiterbeteiligung sicherte später den Bestand eines Flugzeugwerkes in Speyer mit der Produktion von Airbus-Teilen. Der von MBB-Mitarbeitern vorgeschlagene Zeppelin wird heute in seinen Marktchancen für den weltweiten Transport schwerer Lasten, für die Verbindung indonesischer Inseln, für Tourismus, Werbung oder die Vorteile einer stationären Fotografie aus der Luft erkannt. Prototypen wurden gebaut; eine Halle zum Bau eines mehr als zweihundert Meter langen Luftschiffs steht vor der Grundsteinlegung. In einem Panzerwerk in Kiel setzte der Betriebsrat, der bis heute ein maßgebliches Mitglied der Bewegung zur Alternativen Fertigung in seinen Reihen zählt, eine neue Großlokomotive durch, ja, er besorgte sogar Subventionen über die Landesopposition. Er rettete auf diese Weise 450 Arbeitsplätze, später wurden es 600. Die Dieselelektrik wurde als neuer Geschäftszweig etabliert, die beträchtlichen Exportchancen vor allem nach Norwegen zielstrebig genutzt.

Im Kernforschungszentrum Karslruhe gelang dem Betriebsrat die Durchsetzung des Vorschlags, als Alternative zur Nuklearforschung innerhalb der Mikrotechnik die Medizintechnik als Forschungsschwerpunkt zu etablieren und den Bau einer Synchrotronstrahlungsquelle zu erreichen. Der Ersatz von veralteten Schichtstoffprodukten, den ich im Wirtschaftsausschuß immer wieder gefordert hatte, durch moderne gedruckte Schaltungen und Multilayer bescherte der Belegschaft von Dielektra in Köln auf der Weihnachtsfeier die frohe Botschaft, daß ihr Werk nicht geschlossen wurde, sondern 450 Arbeitsplätze erhalten blieben. Der Betriebsrat von MBB in Augsburg konnte im Zuge seiner Konversionsbemühungen den Bau und die Vermarktung einer Laserschweißanlage durchsetzen. Der größte Solargenerator der Welt auf den Dächern der Messe in München sicherte der Fertigung von Siemens Solar für ein Jahr die Arbeitsplätze. Der Auftrag entstand auf einer Veranstaltung im Patentamt, wo der Kontakt zum kommunalen Auftraggeber geknüpft wurde – und schreit nach Folgeaufträgen.

Die Idee, die Solartechnik zum Uhrenantrieb zu verwenden,

entstammte einer Diskussion im Rahmen der Rüstungskonversion. Die daraus hervorgegangene Solar- und Funkuhr hat einen Beitrag zum Überleben der schon fast totgesagten Uhrenindustrie geleistet und ihr neue Möglichkeiten gegenüber der ostasiatischen Konkurrenz verschafft. Die Entwicklung einer facharbeiterorientierten Steuerung für Werkzeugmaschinen gab dem Maschinenbau, der damals in einer tiefen Krise steckte, neue Chancen. Ein kretischer Bischof hat, weil ein Schiffsuntergang 279 Menschen in den Tod riß, neben vielem anderen eine erfolgreiche Schiffahrtslinie gegründet, hat einen ergonomischen Olivenbaum züchten lassen und damit die Arbeitsbedingungen tausender Frauen verbessert; und er hat dazu beigetragen, daß auf seiner Insel Arbeitslosigkeit weitgehend unbekannt ist. Eine Stadt in der Normandie hat bei einer kanadischen Firma 20 Hybridzüge bestellt, die auf Schiene und Straße fahren können, wie es dem Urheber der Alternativen Fertigung, dem einstigen Chefkonstrukteur von Lucas Aerospace, Mike Cooley, vorgeschwebt hatte. Die Betriebsräte der Windkraftanlagenhersteller konnten mit einer Protestdemonstration die Verschlechterung der Stromeinspeisevergütung verhindern und damit 15.000 Arbeitsplätze sichern und ausbauen.

Gemeinsam ist allen diesen Fällen, daß sie von Menschen bewegt und betrieben wurden, die dafür eigentlich nicht im klassischen Sinne zuständig waren. Sie wollten ein Problem lösen, etwas gegen die Arbeitslosigkeit oder einfach nur für ihre Heimat tun. So kam auch die Innovationsmesse INNOVA in Pirmasens zustande, die Innovations Marketing GmbH in Kaiserslautern, die erfolgreich den BodyBass vermarktete, ein Abstandskontrollsystem für Lkw, eine Solarlampe, ein Zentrum für erneuerbare Energien mit dem Schwerpunkt Hackschnitzelkraftwerke, eine Computerfabrik in Augsburg mit hundert Arbeitsplätzen und vieles andere. In Lothringen gibt es eine Privatfirma, die darauf spezialisiert ist, Arbeitsplätze zu schaffen, wenn ein Unternehmen Personal abbaut. 70.000 Arbeitsplätze haben sie in fünfzehn Jahren zustandegebracht, hochprofessionell und erfolgreich. Warum sollten wir so etwas nicht können?

Sogar als Nebenprodukt ganz anderer Bemühungen entstanden Arbeitsplätze und Produktideen. Beim Einsatz für das lösemittelfreie Lackieren von Autos wurden auch die Herstellung und der Vertrieb der entsprechenden Lackieranlagen angestrebt und erreicht; das Eintreten für humane Arbeitsbedingungen bei der Bildschirmarbeit brachte der Büromöbelbranche einen Aufschwung: mit höhenverstellbaren Tischen, Fußstützen und Beleghaltern, ergonomischen Stühlen, Blendschutz und angepaßten Beleuchtungssystemen. Eine Aktion »Neueinstellungen statt Überstunden« brachte tausende, die Aktion »Neueinstellungen statt Leistungsverdichtung« immerhin einige hundert Arbeitsplätze. Der Schutz der Umwelt beschäftigt heute knapp eine Million Menschen, und 500.000 mehr könnten es sein. Vergleichbare Beschäftigungschancen bestehen in den Informations- und Kommunikationsindustrien, aber auch in vielen anderen Branchen – sie müssen aber genutzt werden, und dieses Nutzen muß durch entschlossenes Handeln herbeigeführt, und es kann nicht durch noch so entschlossenes Reden herbeigefordert werden.

Erfolgsbedingungen

So vorzugehen bedarf verschiedener Voraussetzungen, die heute in unserer Gesellschaft nicht vorherrschend sind.

Vom Reden zum Handeln

Diejenigen, die etwas getan haben, haben praktisch und konkret gehandelt und nicht nur geredet, und sie hatten dabei ein Ziel vor den Augen. Nicht abstrakte Analysen, Programme, Studien und Datensammlungen, nicht Reden, Schreiben und Fordern (von anderen), nicht symbolische Politik, die vorgibt, das Nötige zu tun, es aber bei Ankündigungsrhetorik und gekonnten Inszenierungen bewenden läßt – all das schafft allein keine Arbeitsplätze, sondern Erfolg ist nur in Verbindung mit dem realen, konkreten, praktischen Handeln denkbar. Information darf nicht losgelöst sein von der Aktion, das Ideelle nicht vom Materiellen. Natürlich muß man zuerst eine Idee haben, ein Ziel, eine Vision. Aber dann muß man sie auch verwirklichen! Dazu gehören zahllose konkrete Einzelschritte, gegen alle Widerstände, mit Einfallsreichtum und Zähigkeit, möglichst ohne Vorwürfe und Beschimpfungen, so berechtigt sie auch wären. Das weiche Wasser bricht den Stein.

Von der Prozeß- zur Ergebnisorientierung

Wenn man Erfolg haben will, muß man auch erfolgs- und ergebnisorientiert vorgehen: das Ziel benennen und nicht nur den Prozeß. Als die SPD 1959 im Godesberger Programm den Sozialismus als Ziel aufgab, formulierte sie elegant: Der Weg ist das Ziel. Heute ist es vielfach üblich, sich an einem Prozeß als Selbstzweck zu beteiligen, ohne zu benennen, oft ohne zu wissen, zu welchem Ende er führt und führen soll. Das ist manchmal sympathisch, weil diese Handlungsweise so offen im Ergebnis ist und niemanden festlegt: Man wird schon sehen, was herauskommt, und das kann auch etwas Unvorhergesehenes sein. Oft ist es geschehen, daß wir ein Unternehmen aufgefordert haben, diese oder jene Maßnahme zu ergreifen, um Jobs zu schaffen, dieses oder jenes Produkt herzustellen. Oft wurde es abgelehnt, weil man nicht das tun wollte, was wir vorgeschlagen hatten. Man wollte die eigene Autonomie wahren. Aber man tat dann etwas anderes – auch recht! Das Ziel wurde auf einem anderen Weg erreicht. »Entscheidend ist, was hinten rauskommt.« Prozeß und Erfolg gehören zusammen!

Die Menschen in der Wertschöpfungskette vernetzen

Nicht die Behandlung einzelner, isolierter, abstrakter Elemente eines zusammengehörigen Prozesses gewährleistet den Erfolg, sondern nur das Ganze. Milliarden von öffentlichen Fördermitteln versickern nutzlos, weil sie isolierte Aspekte fördern, Studien und Demonstrationsvorhaben nicht verbreitet, nicht verallgemeinert werden. Es genügt nicht, wenn der Erfinder eine tolle Idee hat, die technologisch hervorragend ist und in die er verliebt ist. Sie muß auch einen Markt haben, braucht Kapital und Personal, Konstruktion, Entwicklung und Produktion, Zulieferer und Vertrieb, Gebäude und Maschinen, Werbung, öffentliche Fördermittel und viele Anträge und Genehmigungen – mit einem Satz: Die Idee braucht eine ganze Wertschöpfungskette. Erst wenn alles zusammenkommt, läßt sich die Idee verwirklichen. Deshalb muß man die Menschen zusammenbringen, sie vernetzen. Dazu gehören zahllose Telefonate und Schreiben, Reisen und Termine, Ausarbeitungen und Sitzungen, mit einem Wort: viel Arbeit. Dazu gehören die Niederlagen und Enttäuschungen, gescheiterte Projekte, Auseinandersetzungen und Widerstände, Leidenschaft und Augenmaß. Man trifft auf Unfähigkeit und Faulheit, auch auf die eigenen Grenzen, auf Bürokraten, die sich hinter nicht vorhandenen Zuständigkeiten verschanzen, Technokraten und Formalisten, Nörgler und Bedenkenträger. Überlegen Sie sich, zu welchen Sie gehören möchten. Möchten Sie lieber zu denen gehören, die etwas bewegen und voranbringen, die unsere größten Probleme lösen helfen, oder zu denen, die zu jedem Vorschlag, der von jemand anders kommt, nein sagen und damit zu dem gigantischen Erstarrungsblock von Stillstand beitragen, der heute den Fortschritt hemmt? »System Kohl« nannte es neulich ein Manager, wenn mittelmäßige Leute die Macht haben und die kreativen Erneuerer und Problemlöser unterpflügen. Anscheinend ist es in vielen Organisationen so, daß erst die Kreativen und die Macher etwas aufbauen, dann die Technokraten es perfektionieren und schließlich die Machtinhaber alle anderen an die Wand drängen und das Ganze zu Tode verwalten. Wenn danach nichts mehr passiert, kommt die Stunde der Seifenbläser und Verkündungsrhetoriker. Die grausame Wahrheit ist nur: Wenn wir diese Erstarrung nicht auf demokratische und zivile Weise aufbrechen und erneuern, stehen schon Kräfte bereit, die das mit Gewalt tun werden, wenn sie die Chance bekommen.

Durch konstruktive Kritik zur Gemeinsamkeit

Viele von uns erleben in der heutigen Zeit Veranstaltungen und Diskussionen, die nicht zum Ziel führen – wenn sie überhaupt eines haben –, die keine Einigung über ein angestrebtes Vorhaben erbringen, weil nahezu jeder Vorschlag, jede Idee zerredet wird. Trotz ungezählter Kurse in Kommunikationstraining und Moderationstechniken tritt wie vom Schicksal gesandt fast jedesmal mindestens einer auf, der jeden innovativen Vorschlag in Grund und Boden redet und, wenn der Urheber noch ein wenig darauf beharrt, ihn moralisch disqualifiziert. Dieser Kritiker übt, gruppendynamisch gesehen, durch seine Angriffslust eine ungeheure Macht aus. Beobachten Sie einmal, wie die anderen Beteiligten sich angstvoll ducken, statt dem Angegriffenen beizuspringen; wie dieser sich defensiv zu rechtfertigen versucht, statt dem Angreifer entgegenzutreten: Wer sich dagegen nicht wehrt, lebt verkehrt. Auf linke Traditionen kann sich solch eine destruktive Kritik übrigens nicht berufen: Schon Karl Marx hat ätzend die kritischen Kritiker kritisiert. Wenn man miterlebt hat, wie viele beschäftigungswirksame Vorhaben schon dieser Art von Kritik zum Opfer gefallen sind, könnte man glauben, die Kritik der Kritiker gehöre zu den wichtigsten Gegenwartsaufgaben: Wir sollten lernen, daß es eine moralische Untugend ist, andere Menschen und andere Meinungen niederzumachen, wir sollten jeden Vorschlag zunächst einmal positiv aufgreifen und sollten die Gefahr erkennen, daß mit dem Abbügeln von Vorschlägen oft auch eine Verhinderung von Arbeitsplätzen verbunden ist.

Destruktive Kritik ist aber nicht die einzige Form von Kritik. Die sinnvolle Funktion von Kritik ist ja, auf Mängel und Fehler hinzuweisen, damit diese entdeckt und vermieden oder behoben werden. Wichtiger als die Kritik an anderen ist die Kritik an sich selbst und in den eigenen Reihen. Ein Ingroup-Verhalten sagt: Unsere – wie auch immer definierte – Gruppe hat immer recht, die anderen haben immer unrecht. Das ist eigentlich immer falsch; denn jeder hat teils richtige, teils falsche Ansichten, macht Fehler. Wer sein Verhalten optimieren will, tut gut daran, konstruktiv-kritische Hinweise von anderen zu beachten. Das eigene Verhalten ist leichter zu beeinflussen als das von anderen. Das liegt vielleicht quer zum Mainstream. Aber in diesem Rahmen entfaltet Kritik eine positive, eine wichtige und hilfreiche Funktion. Dies nennen wir konstruktive Kritik. Sie muß ernstgenommen und ihr Anliegen sorgsam aufgenommen werden – wichtig für jede Moderation –, damit es bei der Lösung berücksichtigt und integriert wird. So gelingt es auch, die bei der Lösung beteiligten Menschen zu integrieren. Statt einer feindlichen Ausschließung unterschiedlicher Meinungen kommt es dann zu einer echten Gemeinsamkeit. Anerkennung des anderen und seiner – auch entgegenstehenden – Meinung, seiner Ideen und Respekt vor dem Mitmenschen sind die Grundlagen für gemeinsames Handeln, um Neues, um neue Arbeitsplätze zu schaffen. Man weiß ja, wie leicht manchem am Stammtisch die Forderung nach einer Ökodiktatur oder einer anderen Diktatur von den Lippen geht, um das jeweils gewünschte Ziel durchzusetzen. Deshalb ist es so wichtig, daß die Demokratie über funktionierende Meinungsbildungsprozesse und Realisierungsprozesse verfügt.

Der Ausgang aus selbstverschuldeter Unmündigkeit

Ständig lesen wir in der Zeitung, hören im Fernsehen: die Wirtschaft, der Markt, die Technik, die Globalisierung . . . Sie alle täten oder bewirkten dieses oder jenes. Die Ökonomie übt Terror aus, früher war es der Kapitalismus. So wird schon verbal die Verantwortung abgeschoben. Wirtschaft, Markt, Technik: Das sind in Wirklichkeit alles Menschen, das sind wir, wir selbst. Wirtschaft ist das tägliche Werk von Menschen, in welcher Rolle auch immer, nicht von anonymen Marktkräften. Die Wirtschaft – das sind auch nicht die Unternehmer allein, wie manche von ihnen gern glauben machen, wie aber auch die meisten gerne glauben. Die Arbeitnehmer, die Beschäftigten, die Mitarbeiter gehören genauso zur Wirtschaft. Wenn wir nicht allmählich aufhören, immer »den anderen« die Verantwortung zuzuschieben, werden wir nie den Ausgang aus unserer »selbstverschuldeten Unmündigkeit« (Kant) finden. Heute leben wir im Umbruch zu neuen Verhaltensmustern in der Wirtschaft, die mit japanischen Produktionskonzepten nur unzulänglich umschrieben sind, zumal sie einmal aus unserer eigenen Humanisierungspolitik nach Japan exportiert worden sind. Sich unternehmerisch verhalten: Das gilt nicht nur im Unternehmen, wo heute möglichst jeder mitdenken und seine Verantwortung für das Wohl des Unternehmens wahrnehmen soll. Es gilt auch für die Aufgabe, neue Arbeit für die infolge von Rationalisierungs- und anderen Prozessen aus den Unternehmen »Freigesetzten« zu finden. Wie wir an zahlreichen Beispielen gesehen haben, können Menschen sowohl inner- wie außerhalb der Unternehmen sich quasi-unternehmerisch verhalten, Produktionsideen aufgreifen und verwirklichen. Niemanden fragen, einfach machen, etwas unternehmen. Wir haben ohnehin 400.000 Unternehmer zu wenig, gemessen an anderen Ländern. Da jeder Selbständige im Schnitt vier Arbeitsplätze schafft, sind allein 1,6 Millionen neue Arbeitsplätze denkbar.

Warum sollen wir auch immer angstvoll auf irgendeine Obrigkeit schauen, ehe wir etwas unternehmen? Etwa weil Karl Valentin gesagt hat: *»Wollen hätten wir schon gemocht, aber dürfen haben wir uns nicht getraut.«?* Sind wir immer noch so obrigkeitsgläubig wie unter Wilhelm zwo und Hitler? Müssen wir auf den Bundeskanzler warten, um ein Bündnis für Arbeit hinzukriegen? Glauben Sie: Als einer unserer Freunde in der Pfalz zu einer Beschäftigungsinitiative aufrief, haben alle mitgemacht: die Betriebe, die Stadt, die Kirchen, die Presse, die Sparkassen, die Handwerkskammer, die Gewerkschaft, die umliegenden Landkreise. Selbstverantwortung heißt heute auch, zu erkennen, daß die Arbeitnehmer etwas tun müssen, damit sie morgen nicht arbeitslos sind.

Innovation zwischen Beharrung und Fortschritt: Mehr Demokratie wagen!

Wer heute Neues schaffen will, stößt auf zahlreiche Widerstände, Ängste und Bedenken. Die vorgebrachten Gründe sind austauschbar, das Ergebnis bleibt immer gleich. Es heißt unerbittlich: Nein! Genauso gut wäre das Gegenteil denkbar: zu jedem Vorschlag ja sagen und immer nur die Gründe gelten lassen, die dafür sprechen. Beide Extreme sind offenkundig nicht richtig. Die Wahrheit liegt in der Mitte: Weder die unkritische Bejubelung alles Neuen noch seine generelle Ablehnung sind eine angemessene Haltung, sondern eine Vermittlung zwischen dem Positiven, das da neu entsteht, und der Berücksichtigung der notwendigen Kritik daran. Weder Jasager noch Neinsager lösen die Probleme, sondern es geht um die Erarbeitung und Verwirklichung eigener Gestaltungsziele.

Gewiß haben Innovationsängste und -feindlichkeit auch damit zu tun, daß wir in einer zu Ende gehenden Epoche leben. Übergangszeiten ängstigen diejenigen, die am Alten festhalten, sich davon nicht lösen können, sich dem Neuen nicht gewachsen fühlen. Aber die neue Zeit kommt, und sie kommt unaufhaltsam. Sie kann nicht hinweggewünscht oder -gefürchtet werden. Es gilt, sie beherzt zu ergreifen, zu gestalten, ihre Chancen zu nutzen, nicht angstvoll und pessimistisch der vorbeiziehenden Karawane nachzuheulen. In einer Übergangszeit geht nicht nur Altes unter, es entsteht auch Neues. Es berechtigt genauso zum Optimismus wie das Verschwinden des Alten zum Pessimismus. Deshalb ist es wichtig, daß mehr Menschen ihren Blick in die Zukunft richten, wieder an den Fortschritt glauben und ihn gestalten, statt den Weltuntergang zu beschwören. Globalisierung heißt auch weltweite Kommunikation zwischen uns Menschen, Computer heißt auch Wissen und Kommunikation, Freude am Neuen, das auf jeder CEBIT Hunderttausende in seinen Bann zieht. Tourismus heißt nicht nur Umweltzerstörung, sondern auch Erholung und Spaß; für viele ist es die schönste Zeit im Jahr. Glauben wir doch wieder an die schöpferischen und gestalterischen Kräfte des Menschen und nicht nur an die Kräfte der Zerstörung; sonst rufen wir sie – nach dem Muster der sich selbst erfüllenden Prophezeiung – mit auf den Plan.

Neue Töne, ungewohnte Töne? Dann ist es höchste Zeit, gerade noch rechtzeitig vor dem Anbruch des neuen Jahrtausends. Lassen Sie uns brechen mit der veralteten Feindseligkeit gegen die Wirtschaft und gegen Leute, die wirtschaftlich etwas leisten. Ob es uns gefällt oder nicht: Wir brauchen solche Menschen, damit wir Arbeit haben. Daß jemand mit einem Vorhaben viel Geld verdient, ist kein Grund, es abzulehnen. Lassen Sie uns brechen mit der Unsitte, die Träger neuer Ideen, die Innovatoren, auszugrenzen, zu verspotten und fertigzumachen. Im Gegenteil: Wir sollten uns helfend und schützend um sie scharen, jeder sein Scherflein zur Verwirklichung der Idee beisteuern: der eine das Kapital, der andere die Beziehungen, der dritte die Werbung . . . Und wenn unter uns viele gegen Innovationen eingestellt sind, weil sie die Erfahrung machen mußten, daß mit Rationalisierungs- und Prozeßinnovationen ihre Arbeitsplätze beseitigt wurden, dann müssen wir aufzeigen, daß es auch Innovationen gibt, die Arbeitsplätze schaffen.

Wirtschafts- und Technikfeindlichkeit bedeutet auch, die eigenen Kräfte und Möglichkeiten abzulehnen. Lassen Sie uns lernen, mit uns selbst, mit unseren eigenen Kräften, mit unserer Gesellschaft und Wirtschaft, mit der Welt nicht in Zwietracht zu leben. Wir haben noch eine spezifisch deutsche Erblast abzutragen: Die zu spät gekommene und gescheiterte bürgerliche Revolution hat das selbstbewußte Individuum, das mit sich und der Welt im Einklang lebt und seine Geschicke selbst in die Hand nimmt, erst viel zu spät ermöglicht. Die restaurativen Kräfte an der Macht haben das ohnmächtige Individuum unterdrückt: Ihr da oben, wir da unten – das kann heute überwunden werden. Es ist wieder einmal Zeit, mehr Demokratie zu wagen.

Von der Nachsorge zur Vorsorge

Viele von Ihnen wissen, daß man in der Umweltpolitik darauf abzielt, nicht erst am Ende eines Prozesses die Schadstoffe herauszufiltern, sondern bereits am Beginn deren Entstehung zu vermeiden. Man versucht, wo immer möglich, vorsorgende Techniken und Behandlungsmethoden einzusetzen und nicht erst nachsorgende. Aber nur wenige wissen, daß die Agenda von Rio die sozialen Fragen gleichrangig neben die Umweltprobleme stellt, vor allem die Überwindung der Arbeitslosigkeit. Auch bei diesem gegenwärtig vielleicht größten und drängendsten Menschheitsproblem, das Ursache für Armut und Kriminalität, Wanderungsdruck und psychische Erkrankungen ist, darf man nicht erst helfend und lindernd eingreifen, wenn das Problem aufgetreten, wenn das Kind in den Brunnen gefallen ist, sondern man muß an den Ursachen ansetzen. Das aber geht nur mit der Schaffung von Arbeitsplätzen. In Frankreich gingen die Arbeitslosen auf die Straße und forderten mehr Geld: nur zu verständlich bei einem

Anspruch von dreihundert Mark gegen etwa neunhundert bei uns. Aber kurze Zeit schien ein Gegensatz zu entstehen zur Regierung Jospin, die Arbeitsplätze schaffen wollte. Mehr Geld *oder* Arbeitsplätze. Auch bei uns wendet sich Claus Offe, ein renommierter Soziologe und Sozialpolitiker, gegen die Schaffung von Arbeitsplätzen mit der Begründung, Vollbeschäftigung sei ohnehin nie mehr möglich. Statt dessen sei eine angemessene finanzielle Grundausstattung nötig. Auch der vielgelesene »Terror der Ökonomie« von Viviane Forrester spricht sich sarkastisch gegen die Schaffung von Arbeitsplätzen aus und plädiert statt dessen dafür, den Arbeitslosen ein erträgliches Auskommen zu verschaffen. Auch hier gilt wieder: Diese Positionen schließen sich nicht aus. Wir müssen Arbeitsplätze schaffen *und* etwas für die Arbeitslosen tun; am besten aber soviel Arbeitsplätze schaffen, daß es keine Arbeitslosen mehr gibt. Dazu muß man aber auch das Helfersyndrom hinter sich lassen, für das man Hilfsbedürftige braucht.

Offe veröffentlichte seine Position im April 1997 in einem Aufsatz mit dem Titel: »Was tun mit dem ›Überangebot‹ an Arbeitskraft?« (Gewerkschaftliche Monatshefte). Darin heißt es: *»Meine These ist, . . . daß die Mittel gar nicht zur Verfügung stehen und durch keine denkbare Konstellation politischer Kräfteverhältnisse herbeizuzaubern sind, die im Rahmen der institutionellen Gegebenheiten (und letztlich auf der Grundlage der geltenden institutionellen und Gerechtigkeitsvorstellungen) einen Zustand herbeiführen, der den Namen ›Vollbeschäftigung‹ verdient.«* (S. 240). Die einzigen verbleibenden Handlungsmöglichkeiten lägen nicht darin, *»die Menge der beschäftigten Arbeit zu vermehren, sondern die Zahl der Beschäftigung suchenden Arbeitskräfte (bzw. die Zeit, für die sie Beschäftigung suchen) zu vermindern«* (S. 241). Er weist selbst auf die Gefahr hin, daß man bei diesem Ansatz bei den Frauen und den »Ausländern« beginnen könnte, und lokalisiert diese Gefahr bei der Neuen Rechten.

Sämtliche von ihm zitierten Mittel zur Schaffung von Arbeitsplätzen – unter denen die Innovation noch nicht einmal vorkommt – erklärt er für untauglich: *»Man kann die Kosten der Beschäftigung (d. h. die Lohnnebenkosten) senken, die Steuern senken, die Kapitalkosten senken, die Qualifikation der Arbeitskräfte verbessern, die staatliche Nachfrage nach Arbeit steigern, Subventionen streichen, andere Subventionen erhöhen, Konjunkturprogramme auflegen und sogar die EU als Ebene für einen europäischen Beschäftigungs- und Sozialpakt ins Auge fassen.«* Durch noch so virtuose Bedienung dieser Schalthebel lasse die Lage sich nicht wesentlich beeinflussen (S. 240). Das amerikanische Beschäftigungswunder setzt er in Anführungszeichen und definiert es als *»Primitivarbeitsplätze zu Hungerlöhnen und ohne sozialrechtlichen Schutz«* (S. 241), ohne zu erwähnen, daß zwei Drittel der neu entstandenen Arbeitsplätze im hochqualifizierten Bereich liegen. Das Argumentationsmuster verläuft so: Das Ziel wird so hoch gesetzt, daß es nicht erreichbar ist, nämlich Vollbeschäftigung. Auch die Halbierung der Arbeitslosigkeit bis zum Jahr 2000 wird – zutreffenderweise – für unrealistisch erklärt. Daraus leitet sich dann aber unausgesprochen ab, daß Teilschritte für mehr Beschäftigung nicht in Betracht gezogen werden. In der Geschichte ist dieses Schema als Maximalismus an sich bekannt, fällt aber anscheinend niemandem auf. Was hingegen erreicht worden ist, wird nur in seinen negativen Aspekten wahrgenommen (»Hungerlöhne«).

Madame Forrester erklärt in ihrem Buch zunächst Arbeit zu einem Trugbild, zu einem hohlen Gebilde ohne jede Substanz. Sie sei Bestandteil einer untergehenden Welt, eines Mythos, wonach Arbeit der unverzichtbare Antrieb des privaten wie des öffentlichen Räderwerks unserer Gesellschaft sei (Der Terror der Ökonomie, Seite 7). Zwei Seiten weiter beklagt sie mit eindringlichen Worten das Schicksal von Millionen Menschen, die nur das Recht auf Elend hätten, häufig das Recht auf den Verlust eines Daches über dem Kopf und auf den Verlust jeglicher sozialer

Achtung und jeglicher Selbstachtung. Es sind Massen von Menschen, die darum kämpfen, nicht zu verkommen oder zumindest nicht allzu sehr und nicht allzu schnell.

Die Schilderung ist so einfühlend, greift mit so dramatischen Worten ans Herz, daß dem normalen Leser, der auch nur durchschnittlich sozial engagiert ist, die Autorin als eine kaum zu übertreffende Verfechterin der Rechte der Arbeitslosen erscheinen muß. Aber Vorsicht: kurz vorher hat sie den Begriff »Arbeitslosigkeit« bereits in Anführungszeichen gesetzt und – durchaus konsequent – für genauso sinnlos erklärt wie früher den Begriff der Arbeit. Aber dann kommt das Entscheidende:

»Man lenkt uns in dem Zusammenhang mit komplizierten, zumeist trügerischen Versprechen ab, die winzige Mengen an neuen Arbeitsplätzen in Aussicht stellen (die mit niedrigsten Löhnen verbunden sind); lächerliche Prozentsätze angesichts der Millionen von Individuen, die von der Beschäftigung ausgeschlossen sind und es noch Jahrzehnte bleiben werden.« (S. 10)

Hier wird eine Änderung des beklagten Zustandes abgelehnt. Im selben Atemzug wird bedauert, daß Millionen von Beschäftigung ausgeschlossen sind, und es werden alle Anstrengungen, um sie in Beschäftigung einzubeziehen, wegen zu geringer Größenordnung verworfen:

- winzige Mengen,
- niedrigste Löhne,
- lächerliche Prozentsätze.

Es ist eine große Verantwortung, die Menschen auf sich laden, wenn – sicherlich ganz unbewußt – das Mitleiden mit den schlimmen Zuständen sie dazu führt, den Ausweg aus diesen Zuständen zu blockieren. Es liegt aber auch eine große Verantwortung bei den Leserinnen und Lesern solcher Bücher – und das Buch von Frau Forrester steht nicht allein –, die argumentative Blockierung zu durchschauen und ihr nicht zum Opfer zu fallen.

Für die SPD wird es eine entscheidende Frage sein, ob es ihr gelingt, die traditionelle Orientierung auf Sozialpolitik, auf Nachsorge und Verteilungsgerechtigkeit zu überwinden und eine beschäftigungswirksame Innovationspolitik zu betreiben. Oder bleibt das bloße Wahlkampfrhetorik? Wenn heute soviel Hoffnung auf ein Bündnis für Arbeit gerichtet wird, ist daran zu erinnern, daß auch solch ein Bündnis sich nicht mit Randfragen und Verteilungsfragen, auch nicht mit der Umverteilung von Arbeit begnügen darf, sondern die konkrete und effiziente Schaffung von Arbeitsplätzen in den Mittelpunkt stellen muß, nicht als Forderung, sondern als konkreten Handlungsauftrag. Sozialpolitik und Gerechtigkeit reichen nicht aus, auch und gerade nicht für sozialdemokratische Politik:

»Die Herausforderung an sozialdemokratische Politiker heute ist es, eine effiziente, erfolgreiche Wirtschaftspolitik zu machen, ohne das Prinzip der Solidarität zu vergessen. Leistungsfähigkeit und Solidarität schließen sich nicht gegenseitig aus. Um gerecht zu sein, muß man zuerst einmal effizient, erfolgreich sein. Es hat keinen Sinn, das Elend gerecht zu verteilen.« (Felipe Gonzalez)

Wir brauchen nicht nur Sozial- und Arbeitsmarktpolitik, nicht nur die Umverteilung von Arbeit, nicht nur Qualifizierung und Arbeitsbeschaffungsmaßnahmen, sondern zunächst und vor allem neue Arbeitsplätze mit und nicht gegen Wirtschaft, Technik und Arbeit. Wie das funktionieren kann, haben die erfolgreichen Beispiele der Alternativen Fertigung gezeigt. Dies könnte ein eigenständiges deutsches Modell für die Lösung der Beschäftigungskrise sein. Wir sind nicht darauf angewiesen, das amerikanische Modell mit seinen Billigjobs, die ja auch ein Teil der Wahrheit sind, zu kopieren, das holländische Modell mit seiner Teilzeitarbeit oder das dänische Modell mit seinem Druck auf Sozialhilfeempfänger, einen Job anzunehmen – den es bei uns nicht einmal gibt. Besinnen wir uns auf unsere eigenen Kräfte!

Eigentlich müßte eine solche unternehmerisch ausgerichtete Politik auch den Konservativen und Liberalen entsprechen. Das

Engagement des Bundespräsidenten für Innovation zeigt das deutlich. Nur eine gewisse Ermüdung und Verbrauchtheit, vielleicht noch eine ideologische Selbstbeschränkung können erklären, warum sie das Notwendige nicht getan haben. Auch dort herrscht der Mechanismus der Projektion auf andere: Die Arbeitnehmer müssen sich mit weniger Lohn bescheiden, bei den Arbeitslosen und Sozialhilfeempfängern, bei den Kranken und den Kuren kann man sparen. Wenn nur jeder seine eigenen Hausaufgaben macht, statt dem jeweils anderen die Verantwortung zuzuschieben, werden unsere Probleme lösbar. Dann kann die Inszenierung beendet werden, in der Blüm zu den Unternehmern sagte, sie sollten Arbeitsplätze schaffen, Henkel sagt zu Blüm »Hofnarr«, Zwickel sagt zu Henkel »Eunuch«, und am Schluß sind die Arbeitsplätze vergessen. Jedes Volk hat die Regierung, die es verdient. Erst wenn sich im Volk, an der Basis etwas rührt, wenn sich dort Aktivitäten für neue Jobs entfalten, wird auch an den Spitzen von Wirtschaft und Politik genug Druck entstehen, damit der Stillstand überwunden wird. Die Bewegung der Alternativen Fertigung hat bewiesen, daß das möglich ist.

12. Handlungskonzepte für Arbeitsplätze

Ihr Menschen, habt doch mit euch selbst Erbarmen! – möchte man manchmal ausrufen, wenn man sieht, wie vorhandene Handlungschancen nicht ergriffen werden, wie der hohen Arbeitslosigkeit tatenlos zugesehen oder mit zu kurz greifenden Konzepten begegnet wird. In diesem Buch habe ich gezeigt, daß es ein taugliches Rezept gibt, welches in der Praxis funktioniert, wenn auch nur verstreut und in kleinem Maßstab, und welche Erfahrungswerte beachtet werden müssen, um die gröbsten Fehler zu vermeiden. Ich würde dem eigenen Anspruch nicht gerecht, wenn ich nun nicht versuchte, den Ansatz zu operationalisieren, d. h. in Handlungsschritte zu überführen, damit er auch in größerem Maßstab praktiziert werden kann. Wie immer wieder betont wurde, kann jeder Aktivitäten entfalten, also auch jede denkbare Handlungsebene. Mir riet schon vor Jahren Prof. Sparberg, der damalige IBM-Aufsichtsratsvorsitzende, das Konzept in die TUAC einzubringen, den internationalen Gewerkschaftszusammenschluß, denn der könne mit dem entsprechenden Arbeitgeberverband darüber verhandeln. Fangen wir erst einmal mit etwas Näherliegendem an, und das ist die nationale Ebene.

Deutschland: Innovations- und Beschäftigungsdialog

Eine Möglichkeit ist die Bildung eines Innovationsrates. Man könnte ihn auch Beschäftigungsrat nennen oder, wenn jemand glaubt, wir hätten schon zuviele Räte, auch Beschäftigungsdialog. Nur nicht »Runder Tisch« oder »Konzertierte Aktion«, diese Begriffe sind verbraucht. Wichtiger als der Name ist aber, wer den Rat einberuft, welche Zusammensetzung und welche Aufgaben er haben soll. Es liegt zunächst nahe, daß der Bundeskanzler oder einer der zuständigen Minister, der Wirtschafts-, Forschungs- oder Arbeitsminister die Initiative ergreift. Natürlich muß es eine Person sein, die nicht im alten Schema der Arbeitsmarkt- und Sozialpolitik verhaftet ist; jemand, der das Innovationskonzept glaubwürdig vertreten kann. Nicht jemand, der nur zuständig ist! Aber – seien Sie nicht schockiert – wenn »die da oben« sich weiterhin nicht bewegen, auch die jetzige Bundesregierung nicht, dann müssen wir es wahrscheinlich selber machen. Tragen Sie sich schon einmal in die Liste ein. Innovation von unten. Oder ein Bischof nimmt es in die Hand, ein Unternehmer, eine Fernsehmoderatorin, ein Patentamtspräsident . . .

Teilnehmer des Innovationsrates sollten innovationswillige Akteure und Entscheidungträger aus Wirtschaft, Politik, Wissenschaft, Gewerkschaft, Kirchen und Medien sein. Erfahrungen der Vergangenheit zeigen, daß eine Runde der Häuptlinge wenig bringt. Sie wollen sich profilieren, haben von der Sache kaum Ahnung und machen sich, damit ihre Unkenntnis nicht offenbar wird, gegenseitig Vorwürfe und Schuldzuweisungen. Davon haben wir schon mehr als genug. Die Häuptlinge sollen es absegnen, aber dann schleunigst das Feld den Indianern, der operativen Ebene, überlassen. Und hier kommt es darauf an, die innovativen Kräfte zu sammeln.

Es wird beklagt, daß auch in der Wirtschaft die beharrenden Elemente die Oberhand haben: die Kaufleute, die nur Zahlengrößen, Kopfzahlen und Gewinn ausrechnen, aber keine Techniker, denen es um die Substanz des Unternehmens und seine Zukunftssicherung geht. Die geringsten Kosten verursacht immer noch ein geschlossenes oder ein gar nicht erst entstandenes Unternehmen. Man braucht nicht etwa aus jedem »zuständigen« Gremium einen offiziellen Vertreter, nein, wir brauchen jemanden, der wirklich etwas von der Sache versteht, nicht nur theoretisch, sondern auch praktisch, jemanden, der nicht nur will, sondern auch kann. Kunst kommt von können, nicht von wollen, sonst müßte es bekanntlich Wulst heißen. Außerdem muß er noch dürfen, also den Rückhalt seiner Organisation besitzen.

Auf jeden Fall müssen die Unternehmen stark vertreten sein, auch Großunternehmen, nicht zu vergessen der Finanzsektor mit Banken, Versicherungen und Rückversicherungen – die wollen und sollen schließlich ihr Geld anlegen. Dann aber vor allem die innovativen Klein- und Mittelbetriebe; aber damit die überhaupt teilnehmen können, müssen sie bei Bedarf eine finanzielle Kompensation erhalten. Sehr wichtig sind noch die Erfinder.

Wenn die Angelegenheit einmal läuft, könnten branchenspezifische Arbeitsgruppen Lösungen für ihren Bereich erarbeiten. Von entscheidender Bedeutung für den Erfolg ist eine innovationsförderliche Moderation, die bei der Fülle der Meinungsäußerungen immer das Ziel im Auge behält, beschäftigungswirksame Innovationen herauszufiltern, festzuhalten und vor dem Zerreden zu bewahren, und die auf praktischen Lösungsschritten besteht. Das alles sind selbstredend nur Vorschläge und Anregungen. Wenn die Initiative zustande käme, ist kein Zweifel, daß die Beteiligten sie nach ihren Vorstellungen ausgestalten werden. Denn sie haben alle ihren eigenen Kopf, und viele benutzen ihn auch.

Aufgabe des Innovationsrates ist es, beschäftigungswirksame Projekte zu benennen und ihre Durchführung zu organisieren, die dafür erforderlichen Kontakte herzustellen und die potentiellen Teilnehmer zu vernetzen. Er erarbeitet einen Katalog von Innovationen und Vorhaben, bewertet ihn, versieht ihn mit Prioritäten und veranlaßt die Realisierung durch Koordination und Kooperation der erforderlichen Partner. Zu diesem Zweck bildet der Innovationsrat eine Arbeitsebene, die für die Durchführung der Maßnahmen verantwortlich ist.

Europa: Weißbuch für Beschäftigung

Die Europäische Kommission hat in ihrem 1994 vorgelegten Weißbuch für Wachstum, Wettbewerbsfähigkeit und Beschäftigung neben einer Reihe anderer Maßnahmen, die die wirtschaftlichen Rahmenbedingungen verbessern sollen, mehrere Entwicklungsschwerpunkte vorgeschlagen, in die vorrangig investiert werden sollte:

Entwicklungsschwerpunkt I: Informationsnetze

Dabei werden besonders hervorgehoben: innerbetriebliche Kommunikationsnetze, eine allen zugängliche Datenbank für Wissenschaft und Freizeit, die Weiterverbreitung der Fernarbeit (Telearbeit), die Weiterentwicklung der Vorsorgemedizin und die ärztliche Vorsorge daheim für ältere Menschen. Ein dazu erlassener Aktionsplan umfaßt die Maßnahmen: Verbreitung der Nutzung der Informationstechnologien, darunter die Initiierung von europäischen Anwendungsprojekten und allgemein relevanten Diensten (Verkehr, Gesundheitswesen, allgemeine und berufliche Bildung, Zivilschutz und Stärkung der Zusammenarbeit zwischen Verwaltungen). Dazu kommt die Entwicklung grenzüberschreitender Basisdienste in Europa und der dazu erforderliche Ausbau der Basisnetze (ISDN und Breitband). Drei Programme für die Entwicklung elektronischer Dienste wurden eingeleitet: Elektronische Bildkommunikation, elektronischer Datenzugriff (zugänglich für alle Benutzer in der Gemeinschaft) und elektronische Post. Folgende Anwendungen wurden als vorrangig angesehen: Telearbeit, Fernunterricht mit dem Ziel der Vernetzung von mindestens hundert Hochschulen, Telematik im Gesundheitswesen mit einer Multimediaverbindung zwischen Krebsbekämpfungszentren, Knochenmarksbanken und den wichtigsten Sozialversicherungszentren. Die Behörden sollten besser untereinander verbunden werden, und der Zugriff von Unternehmen und Bürgern auf die Informationen der Behörden sollte erleichtert werden.

Entwicklungsschwerpunkt II: Transeuropäische Netze für Verkehr und Energie

Für den europäischen Verkehr wird der Leitplan für Hochgeschwindigkeitszüge weiterverfolgt, und es gibt weitere Leitpläne für den kombinierten Verkehr, den Straßenverkehr mit 55.000 km transeuropäischen Verbindungen, darunter 12.000 km Autobahn, die Binnenschiffahrt, die Eisenbahn-, Flughafen- und Hafeninfrastruktur. Für den Eisenbahnverkehr wurden als strategisch wichtig die Brenner-Transversale, die Strecke Lyon – Turin und Paris – Barcelona – Madrid eingestuft; für den Straßenverkehr die Verbindung Berlin – Warschau – Moskau. Eine bessere Kombination zwischen den verschiedenen Verkehrsträgern soll mit der Verbindung London – Heathrow – Ärmelkanaltunnel erreicht werden; und eine größere Interoperabilität der Netze durch Verkehrsmanagement-Systeme.

Im Energiebereich ist vor allem der Ausbau der Stromverbundsysteme und der Erdgasleitungen aus Osteuropa angestrebt.

Wie immer diese Projekte im einzelnen zu bewerten sind, ob der Ausbau der Elektrizitätsnetze wirklich, wie behauptet wird, der Umwelt dient oder nicht eher dem besseren Absatz französischen Atomstroms: In jedem Fall folgt die Kommission dem Bestreben, der Arbeitslosigkeit nicht tatenlos zuzusehen, sondern eine Anzahl von Großprojekten, sogenannten Megaprojekten aufzulegen, die Beschäftigung schaffen sollen. Damit folgt sie stark einer französischen Tradition, die mehr auf Staatsinterventionismus setzt. Die deutsche Regierung dagegen hat sich vehement gegen die Aufnahme eines industriepolitischen Mandats in den Vertrag von Maastricht gewandt. Trotzdem mußte der deutsche Bundeskanzler auf der Konferenz der Regierungschefs im Juni 1994 in Korfu zehn solcher Megaprojekte zustimmen.

Insgesamt geht die Kommission davon aus, daß wir eine Zeit durchlaufen,

> *in der eine Kluft entsteht zwischen einerseits der Geschwindigkeit eines technischen Fortschritts, bei dem es hauptsächlich um das ›wie produzieren‹ geht (Herstellungsverfahren und Arbeitsorganisation) und der somit Arbeitsplätze vernichtet, und andererseits unserer Fähigkeit, rechtzeitig auf neue (individuelle und kollektive) Bedürfnisse und mit neuen Produkten zu reagieren, die neues Beschäftigungspotential bergen.«*

Das verstärkte Aufgreifen dieser Vorschläge, möglicherweise mit gewissen Modifikationen unter umweltpolitischen Gesichtspunkten, wäre somit ein Beitrag zu einer Beschäftigungspolitik auf europäischer Ebene. Zu bemerken ist allerdings, daß hier der Vorrang auf öffentlich zu finanzierenden Infrastrukturinvestitionen liegt, so daß eine Ergänzung um stärkere Initiativen im privatwirtschaftlichen Bereich wünschenswert erscheint.

Betrieb und Unternehmen

Es ist ein großer Unterschied, ob Sie auf der Ebene des Betriebes oder des Unternehmens tätig werden. Unter Betrieb soll hier eine jede örtliche Fabrik oder Dienstleistungseinheit verstanden werden, während das Unternehmen eine Mehrzahl solcher Betriebe im nationalen oder internationalen Rahmen umfaßt. Es hat Menschen gegeben, die für ihren Betrieb neue Produkte ersonnen haben und dann sehr enttäuscht waren, daß diese in einem anderen Betrieb ihres Unternehmens hergestellt wurden. Natürlich ist das auf den ersten Blick bedauerlich. Aber Arbeitslosigkeit existiert nicht nur im Ort, in der Region, sondern auch im ganzen Land, in Europa und weltweit. Positive Maßnahmen, die ich für jemand anders treffe, haben in einer vernetzten Welt positive Rückwirkungen. Für negatives Verhalten gilt das allerdings ebenfalls. Wir dürfen bei der Konkurrenz zwischen Betrieben nicht stehenbleiben.

Das beste Mittel zur Überwindung dieser Konkurrenz ist die Formulierung gemeinsamer Zielvorstellungen, die einen Lösungsansatz für alle enthalten. Das Combine Committee von Lucas Aerospace hat seinen Corporate Plan für das gesamte Unternehmen entwickelt. Als bei MBB und VFW das Alternative Unternehmenskonzept für beide Unternehmen gemeinsam aufgestellt wurde, verschwanden wie mit einem Zauberschlag die häßlichen Eifersüchteleien und das Gezerre um das »Wer-kriegt-was«. Der Kampf um die Arbeitspakete, ob nun die Türen und Tore nach Donauwörth oder nach Speyer kommen, die Hubschrauberwartung nach Kassel oder Ottobrunn, die Rumpfschalen nach Nordenham oder Stade, die Innenausstattung nach Toulouse oder Hamburg, endete abrupt, als alle für ein gemeinsames Ziel eintraten und nicht mehr der eine sich auf Kosten des anderen saturieren wollte. Die traurige Realität ist oft, heute weit mehr als damals, daß beim Zusammenlegen von Kapazitäten, bei der Realisierung der hochgepriesenen Synergieeffekte, ein gemeinsames Auftreten deshalb nicht stattfindet, weil der eine Betrieb hofft, bei der Auflösung des anderen Betriebes etwas Arbeit abzubekommen. Während dies ein Nullsummenspiel ist, können beim Einsatz für zusätzliche Arbeitsfelder alle gewinnen, ohne sich gegenseitig etwas wegzunehmen. Gemeinsamkeit – um das so oft mißbrauchte Wort Solidarität sparsam zu verwenden – stellt sich heute nicht mehr so einfach her, sondern durch die gemeinsame Erarbeitung und Vertretung ideenreicher Problemlösungskonzepte.

Was ich Ihnen also als erste Priorität vorschlage, wenn Sie im Unternehmen für Innovation und Beschäftigung aktiv werden wollen, ist die Erarbeitung eines Konzepts für Produktions- und Dienstleistungsalternativen im gesamten Unternehmen, von dem alle Betriebe etwas haben. Dies sollte nach Möglichkeit nicht nur eine Aufzählung einzelner Produkte umfassen – so wertvoll auch dies schon ist – sondern sich aus der Gesamtaufgabe, aus dem Unternehmensziel ableiten: eine ganzheitliche Aufgabenstellung, wenn Sie so wollen: eine Vision. Worauf es dabei entscheidend ankommt, ist die Berücksichtigung neuer, zukünftiger Entwicklungen, nicht nur »fertiger« Märkte. Da dies heute bei den etablierten Entscheidungsträgern oft zu kurz kommt, ist auch das Engagement frischer, junger Kräfte von unten, aus der Belegschaft, oder sogar von außen, aus Hochschulen, von der Presse, der Politik her notwendig. Wenn Sie das überraschend, vielleicht sogar schockierend finden: Ich werde später ein Beispiel bringen.

Worauf es also ankommt, ist eine ganzheitliche Unternehmenskonzeption, die nicht einfach das Bestehende fortschreibt und optimiert, sondern die Zukunft berücksichtigt. Nehmen Sie etwa den integrierten Technologiekonzern, den Edzard Reuter bei Daimler-Benz mit ebenso viel öffentlichem Aufsehen zusammenstellte, wie ihn sein Nachfolger wieder aufgelöst hat. Ich wage unpopulärerweise zu sagen: Reuter hatte recht. Er brachte die verschiedenen Verkehrstechnologien unter einem Dach zusammen, weil es eine objektive Notwendigkeit ist, daß all die verstreuten Einzeltechnologien, die verschiedenen Verkehrsträger in ein Gesamtverkehrssystem integriert werden. Nur hatte der Konzern dafür kein inhaltliches Konzept. Zweimal habe ich Präsentationen seiner Zukunftskonzepte angehört: Beidemal verliefen sie, wenngleich von ganz unterschiedlichen Instanzen entwickelt, in denselben Bahnen. Zwei entgegengesetzte Szenarien, das eine im wesentlichen ein Verkehrswendekonzept, also weitgehend ohne Auto, das andere die Fortschreibung und schrittweise Optimierung des bestehenden Autos. So ergibt sich fast von selbst, daß das eine ausscheidet und nur das andere, das konservative Konzept, übrigbleibt. Es ist nur konsequent, wenn Schrempp jetzt durch die Fusion mit Chrysler das Produkt Auto global forciert, noch dazu in einer bewundernswerten unternehmerischen Leistung. Nicht zu vergessen, wie die gesamte Automobilindustrie – wenn auch mit hohen Opfern vor allem an Beschäftigung – in wenigen Jahren die Krise bewältigt hat, wobei ein ganz wesentliches Moment die Produktinnovation war. Aber heute warnen Analysten, daß zwei Drittel aller Firmenfusionen für die Aktionäre im Desaster endeten (SPIEGEL 20/98 S. 118): *»Gerade in sogenannten reifen Märkten versprechen strategische Allianzen Aussicht auf schnelle Expansion, ersparen sie den Beteiligten doch teure Neuentwicklungen und einen zeitraubenden Vertriebsaufbau.«* Da ist sie wieder, die Innovationsbremse: der Ausweg in die Größe statt der Übergang ins Neue. Man bleibt bei *big* statt *smart,* groß statt intelligent.

Aber Kritik daran ist müßig: Es gilt, den eigenen Kopf anzustrengen und selbst Alternativen, Konzepte und Visionen zu entwickeln. Die technischen Elemente dafür sind ja weitgehend vorhanden, und – wo nicht – können sie entwickelt werden. Mit einer entschlossen eingesetzten Telematik können Staus nicht nur aufgezeigt und umfahren, sondern auch vermieden werden. Mit sauberem Antrieb, ob Strom oder Wasserstoff, kann die Schadstoffbelastung nicht nur kontinuierlich abgebaut, sondern ganz beseitigt werden. Wenn die Verkehrssysteme kompatibel gemacht werden, können Sie zielrein vom Haus zur Arbeit fahren, ohne Umsteigen, aber auch ohne Stau. Ein vorsichtiger Ansatz dafür wurde Ihnen oben im Kapitel 7 vorgestellt.

In derselben Weise kann und muß in anderen Branchen, Betrieben und Unternehmen das Angebot auf die Anforderungen und Chancen der Gegenwart und Zukunft abgestimmt und zu Gesamtkonzeptionen verdichtet werden. Auf die Dauer sind Arbeitsplätze nur sicher, wenn sie den Anforderungen der Zukunft entsprechen, nicht nur denen der Gegenwart oder gar der Vergangenheit. Die hohe Arbeitslosigkeit in Europa hat auch damit zu tun, daß wir zwar stark sind in den etablierten Märkten der mittleren Technologien, während wir die Spitzentechnologien immer wieder den Amerikanern und Japanern überlassen.

Deshalb gehört es zu einer unternehmensbezogenen Innovationspolitik auch, den Unternehmen, wo dies noch nicht erkannt ist, die Notwendigkeit nicht nur von Prozeß-, sondern auch von Produktinnovationen deutlich zu machen. Die Untersuchung eines wirtschaftswissenschaftlichen Lehrstuhls an einer westdeutschen Universität hat ergeben, daß in Betrieben mit mehr als achtzig Beschäftigten der untersuchten Region die Notwendigkeit von Innovationen überhaupt nicht erkannt wurde. Hier besteht zunächst ein großer Aufklärungsbedarf. Auch den Arbeitnehmern und ihren Vertretungen muß bewußt sein, daß jeder Geschäftszweig abstirbt, wenn er nicht rechtzeitig auf neue, wettbewerbsfähige und den Kundeninteressen entsprechende Produkte umgestellt wird, und daß durch unterlassene Produktinnovationsaktivitäten ihre Arbeitsplätze unmittelbar gefährdet sind. Genauso notwendig ist es, darauf hinzuwirken, daß Forschung und Entwicklung in ausreichendem Maße im Unternehmen vorhanden sind, daß zusätzlich aber auch das Forschungspotential von Hochschulen und Forschungseinrichtungen in Anspruch genommen wird. Die schon erwähnte Universität betreibt deswegen mit ihrem wirtschaftswissenschaftlichen Lehrstuhl ein Projekt in Kooperation mit dem Wirtschaftsministerium des Landes, um in den Betrieben den Gedanken der Innovation zu verbreiten. Dazu gehört aber unabdingbar, daß für die durch Prozeßinnovation entfallenden Arbeitsplätze neue Stellen durch Produktinnovation geschaffen werden. Die Verbreitung dieser Erkenntnis kann auch über die Presse und Politiker erfolgen, da diese in aller Regel ein Interesse am Gedeihen ihrer Region haben.

Task Force Innovation

In welcher Organisationsform die Aufgabe der Produktinnovation, das Aufsuchen neuer Geschäftsfelder im Unternehmen angegangen wird, kann recht unterschiedlich sein. Man kann eine eigene Stabsstelle einrichten, eine Task Force aufsetzen, die aus den verschiedenen Unternehmensbereichen die – möglichst innovationswilligen – Teilnehmer auswählt, man kann diese Aufgabe bei der für Forschung und Entwicklung zuständigen Stelle ansiedeln oder als Chefsache direkt beim Vorstand, beim Vorstandsvorsitzenden oder beim Technikvorstand einrichten, um dem Anliegen mehr Durchschlagskraft zu verleihen. Oder man kann einen Innovationsmanager einsetzen, wie es die Firma Hailo getan hat (siehe Kasten: »Bei Hailo gibt es einen Innovationsmanager«).

Bei Hailo gibt es einen Innovationsmanager

»Kosten im Griff«/Neue Ideen sollen schneller umgesetzt werden

Hailo-Werk Rudolf Loh GmbH & CO. KG, Hailer in Hessen. Aluminiumleitern und Bügeltische zählt man nicht von vornherein zu High-Tech-Produkten. Und der mit jeweils etwa 40 Prozent Marktanteil größte Anbieter auf diesem Markt, das Familienunternehmen Hailo, muß sich denn auch gegen zunehmende Konkurrenz durch Anbieter aus Niedriglohnländern behaupten. Für Geschäftsführer Lutz Klimek heißt die Antwort darauf aber nicht Produktionsverlagerung. Klimek setzt auf Vorsprung durch Innovation. Er möchte bei allen Hailo-Mitarbeitern das Bewußtsein verankern, ständig innovativ sein zu müssen und an Produktverbesserungen mitzuarbeiten. Er ist sich aber auch bewußt, daß man Innovation nicht dem Zufall überlassen darf. Seit April gibt es daher einen Innovationsmanager, der die systematische Ideen-Entwicklung koordiniert. Ihm unterstehen sogenannte Champions-Teams, Innovative Scouts und Ibis-Teams. Die Champion-Teams sollen beispielsweise Leitern der nächsten Produktgeneration entwickeln. Die Innovative Scouts haben die

Aufgabe, weltweit nach neuen Ideen und Erfindungen zu suchen. Das sind Mitarbeiter, die von ihrer Aufgabe her eh mit Marktbeobachtung betraut sind wie der Exportleiter und die 10 Prozent ihrer Zeit für die systematische Suche neuer Ideen aufwenden sollen. In den Ibis-Teams (Ibis steht für »Ich bin innovativ. Ständig«) arbeiten 20 bis 25 Mitarbeiter an ständigen Produktverbesserungen. Das Ganze soll dazu führen, daß mehr Ideen entwickelt und schneller in verkaufsfähige Produkte umgesetzt werden.

Als erste Ergebnisse der Bemühungen um mehr Innovationen wertet Klimek eine Leiter, die oben konisch zuläuft und damit in Baumkronen geschoben werden kann, ohne Äste zu beschädigen. Oder ein Noppenkopf, der Leitern an Hauswänden mehr Halt gibt. Seit 1994 bietet Hailo Bügeltische mit integrierten Dampfabsaugern und dazugehörigen Bügeleisen. Und kurz vor der Markteinführung steht ein Bügeltisch mit einem Stehsitz, der vor allem die Wirbelsäule des Bügelnden entlasten soll. Aber auch neue Produkte entbinden nicht von ständiger Rationalisierung. Die Zahl der Beschäftigten von zur Zeit 350 wird trotz Wachstum auf etwa 300 sinken. Hailo hat in Haiger ein Werk mit Produktionsabläufen gestaltet, die alle 16 Sekunden eine Aluminiumleiter entstehen lassen. »Die Kosten haben wir im Griff«, sagt Inhaber Joachim Loh. Daher könne man es sich leisten, die Produkte zu 90 Prozent in Deutschland herzustellen.

Mit dem Gewinn ist Loh trotz aller Rationalisierungs- und Markterfolge nicht zufrieden. Hailo wolle daher in den kommenden Jahren überdurchschnittlich wachsen. Im vergangenen Jahr stagnierte der Umsatz bei 120 Millionen DM. Davon entfielen 45 Prozent auf Leitern, 30 Prozent auf Bügeltische, 10 Prozent auf Regalsysteme und 15 Prozent auf Kücheneinbauprodukte. In diesem Jahr erwartet Klimek einen Umsatzzuwachs von 2 bis 3 Prozent vor allem aus dem Ausland. Hailo gehört neben der Expresso-Deutschland Transportgeräte GmbH, Kassel (Umsatz 20 Millionen DM), und der Meta Regalbau GmbH & Co. KG, Arnsberg im Sauerland (60 Millionen DM Umsatz), zur Gruppe von Joachim Loh. Eine zweite Loh-Unternehmensgruppe gehört seinem Bruder Friedhelm. Sie umfaßt die Unternehmen Rittal, Ritto, Stahlo und Sistek.

Frankfurter Allgemeine Zeitung 9.8.1996

Bei dem Erfahrungsbeispiel von Hailo gibt es neben der Hauptsache, der Einsetzung eines Innovationsmanagers, von Innovationsteams und Innovativen Pfadfindern (Scouts) zwei Punkte zu beachten. Zum einen ist das wiederum der Übergang vom einzelnen *Produkt zum System* Bügeltisch. Jedes Unternehmen muß darauf achten, ob ein solcher Übergang bei seinen Produkten ebenfalls notwendig und wo er möglich ist. Das andere ist die Methode, wie man nach neuen Ideen sucht. Man stellt ja häufig fest, daß viele Unternehmen einer Branche dieselben neuen Ideen haben und verwirklichen. Dann jagen sie sich natürlich gegenseitig die Marktanteile ab. Ein Beispiel: In einem Dorf oder Stadtteil gibt es zwei gutgehende Restaurants. Das sehen verschiedene andere Leute, und machen fünf weitere Restaurants auf. Nun kann keines mehr richtig leben. Besser ist es deshalb, statt andere Produktideen zu kopieren, solche zu suchen, mit denen man ein Alleinstellungsmerkmal (Unique Selling Position) besitzt.

Ferner sei noch auf strukturelle Verkrustungen hingewiesen, die aufgebrochen werden müssen: Wenn institutionelle Hierarchie- und Machtebenen den Informations- und Innovationsfluß im Interesse ihres Machterhalts blockieren, die sogenannten Lehm- oder auch Lähmschichten, dann ist auch eine Organisationsreform notwendig. Die besten Ideen und Ideenträger nützen nichts, wenn sie ihre Ideen nicht durchsetzen können.

Das Auffinden der Produktideen ist auch für sich gesehen ein schwieriges Unterfangen. Wie wir in Kapitel 7 schon gesehen haben, ist das Angebot der öffentlichen Wissenschafts- und Forschungslandschaft für die Wirtschaft oft nicht transparent, so wie umgekehrt für die Wissenschaft der Bedarf der Wirtschaft nicht bekannt ist. Ein Vorschlag hierzu ist: Schlagen Sie Ihrem Unternehmen eine Beteiligung an der Technologie- und Innovationsoffensive TIO vor, die wir ebenfalls im Kapitel 7 schon vorgestellt haben. Die nähere Bewandtnis ist dem Kasten »Noch viel Sand im Getriebe« zu entnehmen.

TECHNOLOGIETRANSFER/
Evolution zu mehr Dynamik und Effizienz notwendig
Noch viel Sand im Getriebe
Von GERD NEUMANN

Der Technologietransfer zwischen Wirtschaft und Forschung in Deutschland leidet unter rigiden und wenig transparenten Strukturen. Es fehlt ein freier, weiter Informationsmarkt, auf dem sich Partner auch unbeeinflußt von Experten suchen und finden können.
HANDELSBLATT, Dienstag 14.4.98

KIPFENBERG. Die große Herausforderung für den Standort Deutschland heißt, vorhandene wie auch zukünftige technologische Entwicklungen und Innovationen möglichst schnell in die marktwirtschaftliche Umsetzung und Wertschöpfung zu bringen. Doch gerade in der Umsetzung und Verwertung neuer Technologien und Innovationen besteht das Hauptdefizit. Bei genauer Betrachtung sind in vielen Bereichen neue Technologien und Innovationen in großem Umfang vorhanden. Leider sind diese Ressourcen für die Wirtschaft nicht sichtbar, somit auch nicht erreichbar und nutzbar. Das kreative Humankapital unseres Landes steckt flächendeckend verteilt in einer unübersichtlichen, wenig transparenten Struktur von Forschungs-, Technologietransfer- und Beratungseinrichtungen, die selbst für Fachleute und Insider der Szene kaum überschaubar ist.

Die rigiden Strukturen sind leider für die aktiven Player in den Bereichen Forschung, Wissenschaft und Technologietransfer kaum zu durchbrechen und bedeuten in vielen Fällen eine fast unüberwindliche Hürde für die effiziente Zusammenarbeit mit der Wirtschaft. Hinzu kommt noch, daß ein nicht geringer Teil dieser Szene im Verborgenen seinen mit Staats- bzw. Ländermitteln subventionierten Tiefschlaf pflegt. Auch erinnern manche Handlungsweisen einzelner Transfer- und Forschungseinrichtungen stark an untergegangene planwirtschaftliche Systeme sozialistischer Staaten, da sie sich nur mangelhaft oder gar nicht an den Bedürfnissen von Wirtschaft und Gesellschaft orientieren. Es besteht daher dringender politischer Handlungsbedarf, um auf Bundes- und Landesebene allen Technologie-Transfereinrichtungen die notwendige Effizienz und Dynamik zu verschaffen.

Ein Unternehmer auf der Suche nach neuen Technologien steht vor einer schwierigen Aufgabe: Zunächst muß er unter den 1.150 Technologietransferstellen und den unzähligen Forschungseinrichtungen die richtige Institution mit dem richtigen Ansprechpartner finden. Bereits an dieser ersten

Hürde scheitern die meisten, weil sie schon bei der Suche nach der entsprechenden Transfereinrichtung eindeutig definieren müssen, nach welcher Problemlösung bzw. Innovation sie überhaupt suchen. Hat der Unternehmer dann eine Transfer- oder Forschungseinrichtung gefunden, so kann ihm diese im Regelfall nur die Technologien anbieten, die im eigenen Hause oder bestenfalls in der Region zur Verfügung stehen. In der Praxis heißt das, die Wahrscheinlichkeit, daß ein Wirtschaftsunternehmen aus München über die regionalen Transferstellen Informationen über in Hamburg oder Berlin verfügbare Technologien erhält, ist im derzeitigen System fast ausgeschlossen.

Auf der anderen Seite haben viele Transfereinrichtungen neue Technologien und Forschungsergebnisse anzubieten, die für die Wirtschaft interessant und lukrativ sein können. Im angebotsorientierten Technologietransfer sind aber ebenfalls eine ganze Reihe von Hindernissen zu überwinden, an denen in der Regel der Technologietransfer scheitert. Um hier einen Erfolg zu erzielen, muß die Transfereinrichtung für die angebotene Technologie zur richtigen Zeit die richtige Person mit den richtigen Interessen finden. Das ist im wahrsten Sinne des Wortes »die Suche nach der Nadel im Heuhaufen«.

Fazit: Man braucht ein »Nadelkis-sen«. Zur Zeit funktioniert aber weder der nachfrageorientierte noch der angebotsorientierte Technologietransfer zwischen Wirtschaft und Forschung in ausreichendem Umfang, weil auf der einen Seite die Wirtschaft die technologischen Ressourcen der Forschung nicht einschätzen kann und auf der anderen Seite die Forschungs- und Transferstellen nicht wissen, wer in der Wirtschaft gerade eine bestimmte neue Technologie sucht.

Durch die Schaffung einer Kommunikationsplattform, die sowohl den Bedürfnissen der Wirtschaft wie auch der Forschung Rechnung trägt, könnte man Dialog und Zusammenarbeit zwischen beiden Seiten nachhaltig fördern. Entscheidend ist dabei, daß die Kommunikation in der breiten Öffentlichkeit stattfinden muß. Hierbei haben die Printmedien eine Schlüsselfunktion, da sie derzeit das zentrale Informationsmedium für die Entscheidungsträger aus der Wirtschaft sind.

Erfahrungen mit Technologieveröffentlichungen in einer eigens für Entscheidungsträger aus der Wirtschaft entwickelten Darstellungsform in Wirtschaftsmedien (siehe Beispiele) bestätigen das große Interesse der Wirtschaft an neuen Technologien und Innovationen. Der Erfolg in Printmedien hängt aber entscheidend ab von einfacher Darstellungsform, hoher Informationsdichte und einfacher

Selektierbarkeit, wodurch auch große Mengen an Technologien und Innovationen überschaubar dargestellt werden können.

Die Darstellungsform muß so gewählt sein, daß die Wirtschaft selbst schnell erkennen kann, welche der technologischen Ressourcen für sie von Interesse sind. Entscheidend dabei ist der Vorteil, daß nicht mehr nur kleine Gruppen von »Fachleuten« die wirtschaftlichen Chancen einer neuen Technologie beurteilen, sondern daß ein weiter gefaßtes Publikum, die Leser von Wirtschafts- und Fachzeitungen sowie -zeitschriften sich über neue Technologien informieren, sie beurteilen und gegebenenfalls nutzen kann.

Mit ihren Veröffentlichungen von neuen Technologien und Innovationen öffnet die Rotec GmbH derzeit nur ein sehr kleines Fenster in die Forschungslandschaft. Dies wird sich in Zukunft positiv ändern, da mittlerweile viele Landesregierungen sehr daran interessiert sind, mit einer systematischen und übersichtlichen Darstellungsform von Forschungs- und Entwicklungsergebnissen der Wirtschaft einen Überblick über die technologischen Ressourcen zu verschaffen.

Um auf der anderen Seite für die Forschungs- und Transferszene eine möglichst große Transparenz der Interessenlage seitens der Wirtschaft (Kooperationswünsche, neue Technologien, Kauf von Know-How etc.) zu schaffen, wird bald, ebenfalls in Printmedien, eine Kooperations- und Kommunikationsplattform geschaffen, auf der Unternehmen auch in Form einer einfachen grafischen Darstellung ihre Interessen an neuen Technologien oder Kooperationen signalisieren können.

Der entscheidende Vorteil dieser Doppelstrategie: In möglichst großem Umfang werden die Ressourcen der Forschungs- und Transfereinrichtungen sowie die Interessen der Wirtschaft sichtbar, ohne Filter von Experten. Das bedeutet für den Markt der Informationen: Wir geben dem Zufall die größtmögliche Chance, daß sich die richtigen Partner aus Wirtschaft und Forschung finden können. Landesregierungen, Wirtschaftsverbände, Gewerkschaften sowie namhafte Forschungs- und Transfereinrichtungen sehen in diesem Konzept einen Weg, um mehr technologische Ressourcen in die wirtschaftliche Nutzung zu bringen und somit Arbeitsplätze zu sichern und neue zu schaffen.

Gerd Neumann, Geschäftsführer Rotec GmbH, Technologie-Informationsdienst für Wirtschaft, Wissenschaft und Medien, Kipfenberg.

Es gibt also verschiedene Möglichkeiten, wie ein Unternehmen Innovationen befördern kann und die einzelne Akteure einem Unternehmen vorschlagen können: Einsetzen einer Innovations-Task Force oder eines Innovationsmanagers oder die aktive Nutzung des bestehenden Informationsangebots über vorhandenes Innovationspotential. Bei allem aber ist immer darauf zu achten: Nicht noch eine und immer wieder noch eine Prozeßoptimierung, sondern auch und vor allem neue Produkte!

Und schließlich kann man ganz einfach einen Arbeitskreis Produktinnovation einrichten. Das kann selbst der Betriebsrat, der Gesamtbetriebsrat oder die Arbeitnehmerbank im Aufsichtsrat tun. Immer läuft es auf etwa die folgenden fünf Schritte hinaus:

1. Zusammenkunft innovationswilliger Akteure.
2. Zusammentragen von möglichen neuen Produkten, Geschäftsfeldern, Märkten, Projekten und Aufträgen.
3. Zusammenschreiben der gesammelten Ideen, nach Bewertung auf Realisierbarkeit und Prioritätenbildung. Man kann es Strukturkonzept, Unternehmens- oder Betriebskonzept nennen oder »Arbeitsplätze durch neue Produkte bei XYZ«. Ein möglicher Aufbau kann folgendermaßen aussehen:
   (a) Einleitung: Notwendigkeit der Erschließung neuer Geschäftsfelder.
   (b) Ausgangssituation: Auslastung, Auftragslage, Beschäftigungssituation.
   (c) Rahmenbedingungen: Wettbewerb, Wirtschaftslage, Währungssituation.
   (d) Bisherige Produktpolitik: Anzahl zurückgehender, reifer, aufsteigender und »in der Pipeline« befindlicher Produkte.
   (e) Zukunftsoptionen von Technologie und Markt.
   (f) Innovationsfelder.
      (fa) Neue Produkte in Forschung und Entwicklung
      (fb) Sparte I
      (fc) Sparte II

    (fd) Sparte III

    (fe) Aktivitäten und Anforderungen in Marketing und Vertrieb für neue Produkte

  g) Nächste Handlungsschritte.

  h) Schlußbemerkungen und Zusammenfassung.

4. Kontaktherstellung zu Kooperationspartnern.

5. Implementierung.

Region und Gemeinde

Eher noch vielfältiger als im Wirtschaftsunternehmen mit seinen überschaubaren und festgefügten Strukturen sind die Möglichkeiten, auf kommunaler und regionaler Ebene für die gezielte Schaffung von Arbeitsplätzen einzutreten. *Entscheidend ist, daß es jemand in die Hand nimmt.* Das kann ein sozial engagierter Unternehmer, ein Oberbürgermeister oder Landrat, ein Senior Manager, ein aktiver oder pensionierter Betriebsrat, ein Pfarrer, Bischof, Rechtsanwalt oder Journalist, eine angesehene Persönlichkeit oder auch ein weniger bekannter Mensch sein. Das können auch Sie sein. Gebraucht wird ein Kristallisationskern. Gutwillige und bereitwillige Kräfte, die dabei mitmachen, sind in großer Zahl vorhanden. Es gibt nicht viele, denen die katastrophale Arbeitslosigkeit gleichgültig wäre. Der Engpaß liegt nicht in der Erkenntnis des Problems Arbeitslosigkeit, eher schon in einigen verbreiteten Selbstblockaden und aus der Zeit der Prosperität überkommenen Denk- und Handlungsmustern, die mit einer Berücksichtigung folgender Grundelemente überwunden werden sollten:

1. Arbeitsplätze schaffen im ersten Arbeitsmarkt, die sich selbst aus den Erlösen ihrer Produkte und Dienstleistungen finanzieren.

2. Schonung der öffentlichen Kassen, indem keine Dauersubventionierung angestrebt wird, bei deren Beendigung die ganze

Maßnahme zusammenbricht und die Beschäftigten wieder arbeitslos werden, sondern allenfalls eine Anschubfinanzierung von drei bis fünf Jahren.

3. Unbedingte Einbeziehung, möglichst ein Vorrang privatwirtschaftlicher Akteure, die mit Professionalität und einer dauerhaften Gewinnerzielungsmöglichkeit auch eine dauerhafte Motivation zur Durchsetzung und Aufrechterhaltung des entsprechenden Geschäfts haben. Dies kann weder durch Idealismus noch durch die öffentliche Hand ersetzt werden.

Auf diesen Grundsätzen aufbauend empfehle ich nun nicht die übliche Litanei von öffentlich geförderten Projekten, von ABM, Umschulung und Qualifizierung, von Beschäftigungsgesellschaften und anderen Maßnahmen des zweiten Arbeitsmarktes, die es ja fast überall gibt, ohne daß sie deswegen durchgreifend zum Abbau der Arbeitslosigkeit beigetragen hätten. Schon eher sind solche noch unkonventionellen Methoden anzuraten wie die des Reutlinger Mypegasus, die aus Sozialplanmitteln den Aufbau von Betrieben finanzieren. Deshalb finden Sie am Schluß die Adressen von Ansprechpartnern, die über entsprechende praktische Erfahrungen verfügen.

Eine andere Zwischenform ist das aktive Aufsuchen offener Stellen in den Betrieben, wie es etwa für Sozialhilfeempfänger der Landkreis Hanau, das niederländische Maatwerk oder die Arbeitnehmerüberlassungsgesellschaft in Speyer betreibt.

Es geht mir allerdings nicht um die Ansiedlung von Gewerbe- und Technologieparks, um weitere Technologietransfereinrichtungen oder um Wirtschaftsförderung im klassischen Sinne, die so gut wie jede größere Kommune nach besten Kräften betreibt. Es geht gerade darüber hinaus um zusätzliche Aktivitäten, die brachliegendes Innovations- und Beschäftigungspotential erschließen können.

Wenn man wirklich neues Potential aktivieren will, sollte man eine Arbeitsgruppe bilden, unter welchem Namen auch immer, aber nicht aus den pflichtschuldig entsandten Vertretern der etablierten Institutionen, die dieser Aufgabe schon bisher nicht nachgekommen sind, sondern aus Personen, die erkennen lassen, daß sie bereit sind, neue Wege mitzugehen, nicht bei Absichtsbekundungen, Schuldzuweisungen und Profilierungsbemühungen stehenzubleiben, sondern konkrete Maßnahmen durch eigene Arbeit in Angriff zu nehmen, die Arbeitsplätze hervorbringen. Schauen Sie also bei der Industrie- und Handelskammer, bei der Handwerkskammer, bei den ortsansässigen Betrieben, in der Universität oder Fachhochschule, beim Fraunhofer-Institut (oder was es bei Ihnen gibt), wer schon durch Initiative und Engagement aufgefallen ist, und laden Sie solche Personen ein. Initiiert und moderiert werden kann es durchaus von Vertretern der öffentlichen Hand, aber maßgeblich gestaltet werden muß es von der Privatwirtschaft, sonst gleitet es ganz schnell wieder in Bildung und Sozialpolitik ab. Ohne Kapitalisten geht der Kapitalismus nicht – eine Lehre, die die Menschen in den neuen Bundesländern gerade aufs schmerzlichste nachholen.

Die anderen gesellschaftlichen Gruppen sowie Kirche und Presse können sehr wohl unterstützend einbezogen werden. Bei allem geht es aber darum, schon durch die Initiative und die Einladung sicherzustellen, daß nicht die Bremser, sondern die Innovatoren am Tisch sitzen.

Diese Arbeitsgruppe stellt in einer ähnlichen Schrittfolge wie im vorigen Kapitel mögliche Maßnahmen, Vorhaben und Projekte zusammen, formuliert daraus so etwas wie ein regionales Strukturkonzept, organisiert die Kontakte zu den noch fehlenden Durchsetzungsakteuren, kümmert sich um die Finanzmittel und betreibt die Implementierung.

Risikokapital

Ein wichtiger Bestandteil davon sollte die Bereitstellung von Risikokapital sein. Sie wissen: Alle Welt beklagt, daß die deutschen Unternehmen und Banken zu wenig risikofreudig seien, sich noch das Häuschen der Oma verpfänden lassen, ehe sie einem Erfinder einen Kredit geben. Aber das Beklagen hilft wenig, man muß die Situation ändern. Wie ich oben schon berichtete, hat sich eine Münchner Beratungsfirma in Frankreich vierzig Millionen Mark Risikokapital besorgt: Also versuchen Sie doch auch, eine solche Firma zu finden und zu motivieren. Immer wieder: Einfach zugehen auf die Leute, von denen man etwas möchte, vernünftige Vorschläge machen und sie nicht angreifen für das, was sie nicht tun, sondern daran arbeiten, daß sie das Notwendige tun.

Ein Landrat hat über die Beziehungen zu den Kreditinstituten seines Bereichs einen Risikokapitalfonds zustande gebracht. Risikokapital funktioniert so: Für eine erfolgversprechende Geschäftsidee wird Kapital investiert, indem der Kapitalgeber sich an der im Entstehen begriffenen Firma beteiligt. Der Betrag ist noch ziemlich gering, da die Firma noch klein ist. Unbedingt muß der Kapitalgeber auch Beratung für einen Business Plan, Marketing und Vertrieb und bei Bedarf technologische Entwicklung leisten. Wird das Unternehmen erfolgreich, verkauft der Venture-Capital-Geber seinen Anteil zu einem Mehrfachen des ursprünglich investierten Betrages. So haben alle profitiert: Der Innovator hat ein Geschäft aufgebaut, einige Arbeitnehmer haben einen Arbeitsplatz gefunden, der Kapitalgeber hat Gewinn gemacht und steckt ihn hoffentlich in das nächste Geschäft, und die Allgemeinheit hat ein paar Arbeitslose weniger. Ein ausgesprochenes Winner-Spiel, an dem wir auch lernen können, daß die Lösung des Problems Arbeitslosigkeit bereits auf der wirtschaftlichen Ebene erfolgen muß und nicht erst auf der sozialpolitischen. Lernen heißt sich verändern, heißt Neues lernen, aber auch Altes verlernen.

Eine Privatfirma zur Schaffung von Arbeitsplätzen

Das Schneidigste ist aber, in der Region eine private Firma aufzubauen, die nicht nur ein konkretes Produkt herstellt und vermarktet, sondern – nach dem Muster der lothringischen Gesellschaft zur Entwicklung von Industrie und Beschäftigung – gewerbsmäßig Arbeitsplätze schafft und nachweist. Das ist die streng marktwirtschaftliche Lösung. Zwar haben wir bei uns gewisse politische Voraussetzungen nicht, die in Frankreich erfüllt sind, zum Beispiel die Zustimmungsbedürftigkeit von Massenentlassungen durch den Präfekten. Aber wir könnten vermutlich auch durch politische Einflußnahme, etwa der Arbeitnehmer und Betriebsräte, der Öffentlichkeit, der Kirchen und Gewerkschaften, durch soziale Verantwortung eines Teils der Unternehmen dahin kommen, daß Firmen die Verantwortung für die von ihnen »Freigesetzten« übernehmen und Mittel bereitstellen, um für neue Arbeitsplätze zu sorgen. Dazu gehört, wie ich Ihnen schon im Kapitel »Re-Industrialisierung in Lothringen« geschildert habe, die gesamte Palette des Auffindens von Innovationen, der Bereitstellung oder Vermittlung von Kapital, Grundstück und Gebäude, Genehmigungen, Rekrutierung und Qualifizierung von Personal, technologische und kaufmännische Unterstützung und Beratung, Serviceleistungen wie Buchhaltung, Kopierer und Telefonzentrale: eben der Prozeß von Unternehmensgründungen in allen seinen Phasen und nicht bloß die isolierte Förderung einer Technologie oder eines Business Plans. Es gehört dazu eine große Verantwortung, nicht nur, weil es gerade in Mode ist, Leute zur Existenzgründung zu motivieren. Es besteht die Gefahr, daß diese Menschen ihr Leben lang nicht mehr von den Verbindlichkeiten herunterkommen, wenn sie nicht über die gesamte Bandbreite der Kompetenzen verfügen. Wenn Sie eine solche Firma in Angriff nehmen wollen, vermitteln wir Ihnen gern die notwendigen Erfahrungen.

Das Individuum

Wenn Sie das nun alles gelesen haben, was *man* tun könnte, tun
müßte und schon getan hat, so meinte mein Verleger, dann wäre
es doch das Beste, Ihnen ebenfalls Handlungsmöglichkeiten aufzuzeigen. Das möchte ich im letzten Kapitel auch versuchen.
Die Rolle des Individuums und sein Verhältnis zu der Organisation, der es angehört, ändert sich und muß sich ändern. In modernen, beteiligungsorientierten Organisationskonzepten haben
auch die Mitarbeiter etwas zu sagen. Das muß sich auch in der
Außendarstellung bemerkbar machen. Waren wir es bisher ge-
wohnt, daß die Organisation nach außen von einem Spitzenre-
präsentanten dargestellt wurde, der die entsprechend geglätteten,
stromlinienförmigen Aussagen zu treffen hatte, die vermeintlich
den Interessen des Unternehmens, des Verbandes oder der Behörde am besten entsprachen, so werden wir uns zunehmend
daran gewöhnen müssen, daß auch die vielen bisher Namenlo-
sen eine Stimme haben. Hinter dem offiziellen Schein tritt erst
die Realität der Vielen zutage, die täglich die wirkliche Welt in
all ihrer Widersprüchlichkeit, Vielfalt und Konflikthaftigkeit
produzieren und reproduzieren. Deshalb sind auch in diesem
Buch immer wieder reale und konkrete Personen mit Namen benannt. Im tatsächlichen Leben zählen sie genausoviel wie die
Großen Vorsitzenden.

Zahlreiche Erfahrungen sagen mir, daß unser Ansatz von den
meisten inländischen Zeitgenossen äußerst schwer zu verstehen
ist, weil er quer zu vielen Denk- und Handlungsmustern steht, die
sich in den Jahrzehnten des wirtschaftlichen Erfolgs seit dem
Wiederaufbau herausgebildet haben. Ärmelaufkrempeln ist aus
der Mode gekommen, jede Anstrengung, jedes Opfer, das nun
einmal für den Erfolg nötig ist, wird als Nachteil empfunden,
dessentwegen ein Vorhaben abzulehnen sei. Deshalb müssen wir
uns vorab noch einmal gründlich auf der Ebene der Haltungen
und Gedanken umschauen, ehe wir den alten Satz befolgen: »*Die*

Philosophen haben die Welt nur verschieden interpretiert, es kömmt aber drauf an, sie zu verändern.«

Von der Staatsgläubigkeit zum aufrechten Gang

In einem alten sozialistischen Lied aus den Zeiten von Lassalle kommt die Zeile vor ».. . und retten kann uns nur der Staat!«. Diese, wie viele APO-Jünger zu sagen pflegten, sozialdemokratische Staatsillusion gilt es auch heute noch zu überwinden. Warum fallen manchen Leuten immer gleich höhere Steuern ein, wenn sie irgendeinen Mißstand überwinden wollen? Fünfzig Prozent der Studierenden streben eine Beschäftigung im öffentlichen Dienst an, will jemand herausgefunden haben. Das ist angesichts von Privatisierung und Deregulierung nicht die Zukunftsperspektive. Wer seinen Platz auf dem Arbeitsmarkt der Zukunft finden will, muß eigene Ideen haben, entwickeln und einbringen, selbständig handeln und eigene Ziele verfolgen, nicht auf Anweisungen und Vorschriften warten. Heute schon stellen Betriebe bevorzugt Menschen ein, die mit eigenen Projekten zu ihnen kommen. Neulich rief ich einen früheren Studenten von der Fachschaft Maschinenbau in München an, der mit uns die Veranstaltung »Innovationen Beine machen« organisiert hatte. Ich fragte, wie es ihm mit Examen und Stellensuche ergangen sei. Er hatte die Zusage eines renommierten Beleuchtungsunternehmens, dort als Vorstandsassistent anzufangen. Und wie haben Sie das gemacht, fragte ich, wo doch andere sich mit fünfzig oder sechzig Bewerbungen die Finger wund schreiben? Ich habe gesagt, war seine Antwort, ich möchte dort promovieren. Sie waren an meinem Dissertationsthema interessiert. – Sie müssen etwas wollen im Leben!

Vom Untertanen zum Wirtschaftsbürger

Dazu gehört auch, sich im Unternehmen oder in der Behörde, wo man tätig ist, als selbständig handelnder und verantwortlicher Mensch zu fühlen und zu verhalten; anzuregen und durchzusetzen, daß die entsprechenden neuen Management-Modelle eingeführt, realisiert und nicht ins Gegenteil verkehrt werden. Natürlich weiß man, daß das Konzept der Selbstverantwortung oft schändlich mißbraucht wird, um mehr Leistung herauszupressen oder um besser Schuldzuweisungen vornehmen zu können. Aber deswegen können Sie doch nicht darauf verzichten, ein freier, oder wenigstens ein freierer Mensch sein zu wollen! Vielleicht kennen Sie die zehn Regeln des Intrapreneurs, das ist, abgeleitet von Entrepreneur, der Unternehmer, derjenige, der sich innerhalb eines Unternehmens unternehmerisch verhält.

Allen, die sich dem linken Spektrum unserer Gesellschaft zugehörig fühlen, sei zugerufen: Wir vertreten die Interessen der »abhängig Beschäftigten« nicht, wenn wir versuchen, sie in der Abhängigkeit festzuhalten, wenn wir die Chancen, die die neuen Produktionskonzepte bieten, nicht ergreifen. Die Emanzipation des Menschen aus Abhängigkeit und Unmündigkeit – die heute größere Chancen hat – bleibt unser Ziel. Dabei dürfen wir uns aber nicht damit bescheiden, in unwichtigen Fragen mitreden und sogar mitentscheiden zu dürfen, in den existentiellen aber nicht. Zu den existentiellen Fragen gehört aber, was wir produzieren und wie wir dafür sorgen, daß wir in Zukunft noch Arbeit haben.

Wenn einfache und Routinetätigkeiten wegrationalisiert oder in Niedriglohnländer verlagert werden, bleiben die qualifizierteren übrig. Die Anforderungen, Neues zu entwickeln und zu bewältigen, Komplexität zu beherrschen, mit Unvorhergesehenem zurechtzukommen, werden weiter ansteigen. Keine Frage, daß wir darum auch andere Unterrichtsformen an Schulen und Hochschulen brauchen, keinen Frontalunterricht mit passiv konsumierenden Zuhörern, sondern projektorientiertes, interdisziplinäres Erarbeiten von Inhalten. Deshalb finden Sie in der Liste der Ansprechpartner auch einen Professor, der mit – längst überfälligen! – innovativen Unterrichtsformen für die Grundschule experimentiert, und eine Anschrift, wo Sie einen alternativen Modellstudiengang für Maschinenbau und Elektrotechnik anfordern können. Wenn Sie also Lehrer oder Hochschullehrer sind, haben Sie hier auch Handlungs- und Wandlungsmöglichkeiten.

Und natürlich sollen Sie, auch wenn Sie am Anfang ihres Berufslebens stehen, die harte Arbeit und das Risiko nicht scheuen, sich mit einer guten Idee selbständig zu machen. Nur vertiefen wir dieses Thema hier nicht, weil es überall breitgetreten wird: mehr Modewelle als Realität. Richtig ist es trotzdem.

Vor dem Sozialstaat die wirtschaftliche Lösung

Keine Sorge, ich predige hier nicht das Diktat der Ökonomie, das nur Aktivitäten zuläßt, die »sich rechnen« – im Gegenteil. Ich habe den Begriff ein wenig verbogen. Ich möchte Sie dafür gewinnen, daß wir, wenn es ein Problem zu lösen gilt, nicht immer zuerst und ausschließlich in sozialen Kategorien denken: mehr Steuern, mehr Staat, Fördermittel und Sozialhilfe, sondern vor allem und zunächst an ökonomische Aktivitäten zur Problemlösung: Arbeitsplätze schaffen, die so wirtschaftlich sind, daß sie den Mitarbeitern einen dauerhaften und sicheren Arbeitsplatz bieten. Gerade stehe ich in der Auseinandersetzung mit einem Arbeitsministerium, das nicht mehr bereit ist, beschäftigungswirksame Innovationen zu fördern, weil das Sache des Wirtschaftsministeriums sei. Aber das Wirtschaftsministerium ist auch nicht zur Förderung bereit, weil wir mit unserer Initiative zu arbeitnehmerorientiert sind. Und wer bleibt auf der Strecke? Die Arbeitslosen. Was wäre, wenn der gewaltige Etat der Bundesanstalt für Arbeit zur Schaffung von Arbeit verwendet würde statt zur Verwaltung von Arbeitslosigkeit?

Wenn Sie arbeitslos sind: Protestieren Sie nicht nur gegen die Arbeitslosigkeit, sondern auch für die Schaffung von Arbeitsplätzen. Sagen Sie das auch Ihren Arbeitslosenzentren und -initiativen. Als ich einen entsprechenden Projektvorschlag an die Koordinierungsstelle der gewerkschaftlichen Arbeitsloseninitiativen schickte (deren Trägerverein ich angehöre), bekam ich nicht einmal eine Antwort. Auch in der Friedensbewegung ist der Gedanke der Rüstungskonversion niemals praktisch geworden. Zu tief sitzt in den meisten von uns die Haltung, zwar gegen das Falsche, aber nicht für das Richtige zu sein. Wir wissen zwar auf das genaueste, wogegen wir sind, aber meist nicht wofür.

Jüngst bekam ich eine Einladung zu einem Treffen, auf dem Kernkraftgegner, Arbeitslose, Friedensfreunde und Energiewende-Anhänger für Arbeitsplätze im Umweltbereich eine Lobby bilden wollen. Wenn Sie bei solchen Aktivitäten mitwirken, tun Sie etwas gegen die Arbeitslosigkeit und für die Umwelt. Verwalten Sie nicht nur das Unglück, sondern gehen Sie ihm an die Wurzeln. Das ist im guten Sinne radikal.

Ideen aufgreifen und verwirklichen helfen

Wenn ich Ihnen also einen Rat geben oder eine Bitte für Ihr praktisches Handeln unterbreiten darf: Schauen Sie sich in Ihrer Umgebung um oder in Ihrem eigenen Kopf, bei Kollegen, Nachbarn, Freunden, in der Zeitung. Wo gibt es Ideen, die man verwirklichen könnte? Setzen Sie sich mit Gleichgesinnten zusammen und sammeln Sie Vorschläge. Suchen Sie Unterstützer und Förderer, Anregungen und Kontakte, die hilfreich sein könnten. Gibt es an der Uni brachliegende Forschungsergebnisse, aus denen man Arbeitsplätze machen könnte? Und denken Sie nicht nur an den geistes- und sozialwissenschaftlichen Bereich. Vor allem Technik und Naturwissenschaften sind wichtig. Wenn niemand mehr Ingenieurwissenschaften studiert, fällt die materielle Basis nicht nur für Wohlstand und Kultur, sondern auch für den noch verbliebenen Sozialstaat weg. Kümmert sich jemand um die praktische Verwertung solcher Forschungsergebnisse, oder geht es den Professoren nur um die Veröffentlichung? Glauben Sie, daß die Technologie-Transfer-Einrichtung X genügend praxisorientiert auf die Wirtschaft zugeht? Glauben Sie, daß die Betriebe in Ihrem Umkreis Bedarf an externer Forschung und Entwicklung haben? Können Sie die notwendigen Kontakte herstellen? Kennen Sie einen Journalisten, der in der örtlichen Zeitung einen Aufruf bringen würde, Erfindungen einzuschicken? Dann müßten Sie nach dem Vorbild des Labors für Produktinnovation in Friedberg die Bewertung und Implementierung, vielleicht in Zusammenarbeit mit der örtlichen Sparkasse, organisieren. Sie sehen: Möglichkeiten gibt es genug, laufen wir nicht weg. Mit einem Satz: Vernetzen Sie sich, das Ziel immer fest vor Augen, und das Ziel heißt: Arbeitsplätze. Nicht Rahmenbedingungen, nicht Kosten senken, nicht soziale Leistungen kürzen, alles mit dem Versprechen, wenn diese Voraussetzungen erfüllt sind, dann wird es Arbeitsplätze geben, nein: direkt und unmittelbar Arbeitsplätze organisieren. Sie können sich auch mit uns vernetzen, unserem Netzwerk für Innovation beitreten, auf jeden Fall einen von den unten aufgeführten Kontakten ansprechen.

Was ein Bischof tun kann

In einer Sozialerklärung haben die beiden christlichen Kirchen sich in äußerst engagierter Weise für die Arbeitslosen und Sozialhilfeempfänger, gegen den Abbau von Sozialleistungen und für den Erhalt des Sozialstaates eingesetzt. Das ist anerkennenswert, aber nicht genug. Vorsorgend gegen die Arbeitslosigkeit eintreten, nicht erst nachsorgend den Sozialstaat einfordern, heißt die

Aufgabe. Die Kirche kann mehr tun, nicht nur wegen ihres beträchtlichen Vermögens. Was auch ein einzelner bewegen kann, hat der Bischof von Kasteli in Kreta bewiesen. Ein Fährschiff war 1966 auf dem Weg nach Piräus im Sturm gesunken, weil griechische Reeder immer wieder alte, nicht mehr seetaugliche Schiffe unzureichend umgerüstet hatten. 279 Menschen wurden in den Tod gerissen. Aber auch danach änderte sich nichts am Zustand der Schiffe.

Das ließ Bischof Irenäus nicht ruhen. Er kaufte einen finnischen Tanker und ließ ihn zum größten Fährschiff des Mittelmeers umbauen. Das Geld sammelte er in der Bevölkerung und brachte es in eine Volksaktiengesellschaft ein, die ANEK, in deren Hand heute der gesamte Seeverkehr zwischen Kreta und dem Festland liegt, aber auch ein Teil des Fährverkehrs zwischen Griechenland und Italien. Weitere solche Volksaktiengesellschaften wurden gegründet; die neueste will die Entwicklung der Provinz nach humanen und ökologischen Grundsätzen fördern. Schon früher hat der Bischof die erste Taubstummenschule ins Leben gerufen, auch eine Technikerschule, damit auf den Dörfern die Landmaschinen repariert werden konnten. Er hat Internate gebaut, damit die Kinder vom Land in der Stadt überhaupt Schulen besuchen konnten; er legte dafür das Bischofskreuz zur Seite und griff selbst zu Backsteinen und Maurerkelle. Viele, die das sahen, folgten nach dem ersten ungläubigen Staunen seinem Beispiel. Unterstützung leisteten daraufhin auch die christlichen Kirchen Deutschlands. Gegen den bäuerlichen Konservatismus setzte er die Losung: *Eine neue Zeit bricht an! Aufrecht, den Kopf erhoben, den Blick nach vorn – Schritt für Schritt. Mit Vernunft und Augenmaß, gewiß. Aber vorwärts müßt ihr gehen!*

Als Anfang der sechziger Jahre die Arbeitslosigkeit bedrohlich hoch wurde, setzte der Staat auf den großen Exodus der Arbeitskräfte. Nicht so Irenäus. Er hielt dagegen: Wir müssen Arbeitsplätze im eigenen Land schaffen. Er entwickelte, nicht zuletzt mit Hilfe der Evangelischen Kirche Deutschlands, zwei große Projekte: zum einen die »Orthodoxe Akademie«, die die Ökumene förderte, die Gemeinsamkeit mit den anderen christlichen Religionen, die den Touristen etwas vom wirklichen Leben der Insel näherbrachte und die Versöhnung mit den Deutschen predigte, von denen das Land einmal grausam unterdrückt worden war, ja, die Irenäus selbst zum Tode verurteilt hatten. Das zweite Projekt war ein Zentrum für landwirtschaftliche Entwicklung. Auf dem Flughafen empfing der Bischof 38 Holsteinrinder aus den USA. Ostfriesische Milchschafböcke ließ er mit dem kretischen Bergschaf kreuzen. Verbesserte Schweine- und Hühnerrassen kamen hinzu, eine Futtermühle und allem voran das Treibhaus für Tomaten, Gurken und Blumen, das nachgerade fast ein Rückgrat der bäuerlichen Wirtschaft und des Exports geworden ist. Er organisierte Frauenvereine – einst von Lesbos ausgegangen – in jeder Gemeinde, mit deren Hilfe er das einheimische Handwerk so förderte und verbesserte, daß die Frauen aus dem Verkauf ihrer Produkte ein eigenes Einkommen erhielten. Auch der Widerstand des traditionellen Patriarchats dagegen konnte überwunden werden. Jüngst haben sechzig Männer in ihrem Dorf eine Witwe zur Präsidentin der landwirtschaftlichen Genossenschaft gewählt.

Die Olivenernte ist Aufgabe der Frauen. Sechs Monate lang mußten sie früher jeden Baum immer wieder aufsuchen und auf Knien jede Olive vom Boden auflesen. Das Institut für subtropische Früchte züchtete einen neuen, nur mannshohen Olivenbaum, der genausoviel Früchte bringt wie die alten, viel größeren Bäume. Die Frauen können jetzt aufrecht um den Baum herumgehen und die Oliven mit der Hand pflücken. Den Bauern schnitt es ins Herz, die alten Bäume zu fällen, damit die neuen gepflanzt werden konnten. Aber durch Seminare in der Akademie, Gruppengespräche in den Dörfern, Predigten in den Kirchen wurde der neue Baum propagiert. Millionen davon sind inzwischen gepflanzt, und die Oliven können nicht nur unter humaneren Bedingungen geerntet werden, sondern auch mit geringeren Kosten.

Damit war es möglich, das Olivenöl zu wettbewerbsfähigen Preisen zu exportieren und diesen wichtigen Beschäftigungszweig bis heute zu sichern. Vergessen sei auch nicht, daß auf dieser seit Jahrhunderten entwaldeten und verkarsteten Insel wieder ein Stück Wald aufgeforstet wurde: in Zusammenarbeit des Bürgermeisters mit dem Direktor des Goethe-Instituts entstand ein Stück Wald, Friedenspark genannt. Selbst das bayerische Landwirtschaftsministerium half dabei und flog mit Maschinen der Bundeswehr die Schößlinge ein.

So können wir sehen, was es heißt, daß ein einzelner sich vernetzt und mit vielen anderen Personen Problemlösungen in die Hand nimmt, alte Gewohnheiten vom Thron stößt und mit neuen Produktideen Arbeit schafft. Probleme gibt es auch bei uns zu Hauf. Heute beträgt in Kreta, der Wiege Europas, die Arbeitslosigkeit 5,5 Prozent, während sie sich in ganz Griechenland, wie bei uns, auf 10,5 Prozent beläuft. Wollen wir da beiseite stehen und auf fremde Hilfe warten? Packen wir's an.

Anhang

Bürgerlied

Selbsbewußt

1. Ob wir ro - te, gel - be Kra - gen, Hel - me o - der Hü - te tra - gen, Stie - fel tra - gen o - der Schuh; o - der ob wir Rök - ke nä - hen und zu Schu - hen Dräh - te dre - hen, das tut, das tut nichts da - zu.

1. Ob wir rote, gelbe Kragen,
   Helme oder Hüte tragen,
   Stiefel tragen oder Schuh;
   oder ob wir Röcke nähen
   und zu Schuhen Drähte drehen,
   das tut, das tut nichts dazu.

2. Ob wir können präsidieren,
   oder müssen Akten schmieren
   ohne Rast und ohne Ruh;
   ob wir just Collegia lesen,
   oder aber binden Besen,
   das tut, das tut nichts dazu.

3. Ob wir stolz zu Rosse reiten,
   oder ob zu Fuß wir schreiten
   fürbaß unserm Ziele zu;
   ob uns Kreuze vorne schmücken,
   oder Kreuze hinten drücken,
   das tut, das tut nichts dazu.

4. Aber ob wir Neues bauen,
   oder Altes nur verdauen,
   wie das Gras verdaut die Kuh;
   ob wir in der Welt was schaffen,
   oder nur die Welt begaffen,
   das tut, das tut was dazu.

5. Ob wir rüstig und geschäftig,
   wo es gilt zu wirken kräftig,
   immer tapfer greifen zu;
   oder ob wir schläfrig denken:
   »Gott wird's wohl im Schlafe schenken«,
   das tut, das tut was dazu!

6. Drum, ihr Bürger, drum, ihr Brüder,
   alle eines Bundes Glieder:
   Was auch jeder von uns tu! –
   Alle, die dies Lied gesungen,
   so die Alten, wie die Jungen,
   tun wir, tun wir denn dazu!

Auswahl von Ansprechpartnern

Arbeitsplätze durch neue Produkte

Institut für Neue Arbeit (I.N.A.), Kemnatenstr. 39, 80639 München, Tel. 089/717095851, Fax -5852; Karlstr. 6, 63571 Gelnhausen, Tel. 06051/68250

Netzwerk für Innovation von Technik und Industrie e. V. (NITI), Kurt Schumacher-Str. 74a, 67663 Kaiserslautern, Tel. 0631/3166825, Fax -35

Beschäftigungs- und Qualifizierungsgesellschaft Zweibrücken (BQZ), Hallplatz 7e, 66482 Zweibrücken, Tel. 06332/92240, Fax -20

Business and Innovation Centre, Opelstr. 10, 67661 Kaiserslautern, Tel. 0631/703–0, Fax -703–119

Verein zur Förderung der beruflichen Bildung (VFBB, Kurt Waas), Primelweg 3, 67346 Speyer, Tel. 06232/42326, Fax 06232/640219

Walter Meyer, IG Metall Regensburg, Richard Wagner-Str. 2, 93055 Regensburg, Tel. 0941/60396–0, Fax -19

Institut für Medienforschung und Urbanistik (IMU), Hermann-Lingg-Str. 10, 80336 München, Tel. 089/544126–0, Fax 089/534771 (Thomas Meier-Fries, Frank Rehberg)

SCI, Neuer Pferdemarkt 13, 20359 Hamburg, Tel. 040/433335, Fax 040/4395106 (Hinrich Krey)

Dr. Dietrich Schulze, Betriebsrat Forschungszentrum Karlsruhe, Hermann von Helmholtz-Platz 1, 76344 Eggenstein-Leopoldshafen,Tel.07247/823330, Fax – 2852; Dagmar Hamdi, ÖTV-Vertrauensleute im Forschungszentrum Karlsruhe, Hermann von Helmholtz-Platz 1, 76344 Eggenstein-Leopoldshafen, Tel. 07247/822792

H. E. Müller, Leibnizstr. 56, 10629 Berlin, Tel. 030/88683459, Fax – 69

Projekt- und Trainingsgesellschaft (PTG), Dr. Dürrwanger-Str. 60, 86156 Augsburg, Tel. 0821/4086200 (Karl Eberle)

Produktinnovation/Erfindungen

Innovations Marketing GmbH, Kurt Schumacher-Str. 74 a, 67663 Kaiserslautern, Tel. 0631/31668 (Thomas Schwing)

Kontaktstelle für Information und Technologie, Paul Ehrlich-Str., Geb. 32, 67653 Kaiserslautern, Tel. 0631/205–2209, Fax -2198

Labor für Produkt-Innovation, Fachhochschule Gießen-Friedberg (Prof. Dr.-Ing.

Reinhard Zulauf, Prof. Dr. Ulrich Vossebein), Wilhelm Leuschner-Str. 13, 61169 Friedberg (Hessen)
Deutsche Aktionsgemeinschaft Bildung – Erfindung – Innovation (DABEI), An der Bruchspitze 50, 55122 Mainz, Tel. 06131/685250, Fax -56

Alternative Fertigung

Dr. Michael Cooley, 95 Sussex Place, Slough Berks SLI INN, Großbritannien, Tel. 00441753520866, Fax -575770
Innovations-/Technologieberatungsstelle Schleswig-Holstein (Lutz Oschmann), Skagerrakufer 5, 24159 Kiel, Tel. 0431/392827, Fax -8569
Heinz Otto, Lawaetzweg 3, 22767 Hamburg-Altona, Tel. 040/3806629
Peter Schönfelder, Daimler Benz Aerospace, 86136 Augsburg, Tel. 0821/80162247

Vermittlung auf bestehende Arbeitsplätze

Dr. Burckhardt Wenzel, Saarberg AG, Trierer Str. 1, 66111 Saarbrücken, Tel. 0681/4052770
Regionale Koordinierungsstelle für Arbeitsmarkt- und Beschäftigungspolitik (für Sozialhilfeempfänger im Main-Kinzig-Kreis), Gerhard Freund, Eugen Kaiser-Str. 9, 63450 Hanau, Tel. 06181/292–2329

Umwelttechnologien

E-Mobil
CityCom (Karl Nestmeier), Badstr. 4, 97239 Aub, Tel. 09335/97170, Fax 09335/971728
Bundesverband Solarmobil (bsm, Roland Reichel), Reifenberg 85, 91365 Weilersbach, Tel. 09194/8900 Fax 09194/4262

Photovoltaik
Siemens Solar GmbH, Frankfurter Ring 152, 80807 München, Tel. 089/636–59105 (Edwin Cunow, Leiter Vertrieb Projekte), Fax 089/636–59413
Angewandte Solarenergie ASE GmbH, Industriestr. 13, 63754 Alzenau, Tel. 06023/911712, Fax 06023/911700

Solarenergie Förderverein e. V., Herzogstr. 6, 52070 Aachen, Tel. 0241/511616,Fax 0241/535786
Braunsberger Energiesysteme (Mastervolt), Basaltstr. 38, 60487 Frankfurt/M., Tel. 97074691, Fax – 694

Wind
Bundesverband WindEnergie e. V., Am Michaelshof 8 – 10, 53177 Bonn, Tel. 0228/352276, Fax 0228/352360

Sonstiges
Zentrum für erneuerbare Energien (ZEE), Carl Schurz-Str. Geb. 4505, 66953 Pirmasens, Tel. 06331/93510

Neue Länder

Dr.-Ing. Michael Herrlich, PEER e. V., Dohnaweg 16, 04277 Leipzig, Tel. 0341/6896149
Lothar Gutjahr, 06052 Warnstedt, Sackstr. 13, Tel. 03947/91515

Innovation in Schul- und Hochschulausbildung

Innovative Studienmodelle in der Ingenieurausbildung: Wolfgang Neef/Thomas Pelz, ZE Kooperation an der TU Berlin, Steinplatz 1, 10623 Berlin, e-mail zek@tu-berlin.de
Selbsttätiges Lesen- und Schreibenlernen: Prof. Dr. Paul Helbig, Friedrich Alexander-Universität Erlangen-Nürnberg, Regensburger Str. 160, 90478 Nürnberg, Tel. 0911/5302532, Fax -715

Zum Autor

Georg Werckmeister, geboren 1938, Jurist, Programmierer, Datenschützer, seit 1978 bei der IG Metall in unterschiedlichen Arbeitsbereichen tätig (u.a. Betreuer von Luft- und Raumfahrt, Angestellten- und Technologiepolitik sowie Produktinnovation), ist heute Umweltreferent beim IG Metall-Vorstand.

Anschrift: Georg Werckmeister, Umweltreferent, IG-Metall-Vorstand, Lyoner Straße 32, 60528 Frankfurt am Main, Telefon 069/6693-2910, Fax -2521.